U0956099

手把手教你玩转
微店功能

王　俞◎著

中国宇航出版社
·北京·

版权所有 侵权必究

图书在版编目(CIP)数据

手把手教你玩转微店功能 / 王俞著. -- 北京 : 中国宇航出版社, 2016.5

ISBN 978-7-5159-1103-8

Ⅰ. ①手… Ⅱ. ①王… Ⅲ. ①网络营销 Ⅳ. ①F713.36

中国版本图书馆 CIP 数据核字(2016)第084332号

责任编辑 田芳卿
责任校对 卢 珊 装帧设计 宇星文化

出版发行 中国宇航出版社
社 址 北京市阜成路8号 邮 编 100830
(010)60286808 (010)68768548
网 址 www.caphbook.com
经 销 新华书店
发行部 (010)60286888 (010)68371900
(010)60286887 (010)60286804(传真)
零售店 读者服务部
(010)68371105
承 印 三河市君旺印务有限公司
版 次 2016年6月第1版 2016年6月第1次印刷
规 格 787×960 开 本 1/16
印 张 18 字 数 242千字
书 号 ISBN 978-7-5159-1103-8
定 价 42.00元

本书如有印装质量问题，可与发行部联系调换

自序

preface

随着移动互联网的飞速发展，微店自崛起至今，早已响遍大江南北。绝大多数新事物诞生时，总会遭受人们的质疑，微店也不例外。很多人对微店不理解，不认可，不看好，即使这样，也无法阻挡微店前进的步伐，因为微店的出现是社会发展的必然。

微店低门槛、零成本的经营优势，深受广大店铺经营者的喜欢。无论你是学生还是上班族，都可以开一家属于自己的微店。微店的诞生引起了新的一轮开店热潮，越来越多的人走进微店，想要实现自己的创业梦想。

开微店容易，经营好微店并非易事。虽然微店确实给一些人带来了不错的收益，但随着开店的人数不断上涨，微店竞争日趋激烈，经营微店远不如最初想象的那样简单。

在微店市场中，商家们为了争夺有限的流量，人人都使出浑身解数，促销手段越来越多样化。但很多店铺却依旧冷冷清清，即使想使用低价揽客，也未必能引来大量顾客光顾。这让很多微店店主迷惑不解。

那么，到底怎样才能做好微店运营和管理呢？

实际上，很多店主没有做好微店，很大一部分原因是对微店的功能缺乏了解。一些店主往往把眼光放在微店之外，希望借助营销机构、其他平台或名人推介做火自己的店铺。殊不知，其实钻石就埋在自家的后院。

随着微店的不断发展，越来越多的顾客渴望能够获得新的购物体验。

原来的店铺功能已经无法满足顾客的需求，无法给顾客带来很好的购物体验。正是基于此，很多微店平台都推出了大量新功能，比如满包邮、微店商圈、活动报名等。这些功能一方面给顾客带来了实惠，另一方面也可以帮助店主进行店铺管理和运营，提升用户体验和满意度。

对于微店来讲，“功能为王”的时代已经来临。在功能时代，无论是店主还是顾客，都渴望更具实践意义和管理意义的“功能”出现。店主也必须从这个角度出发，满足顾客在购物方面的诸多功能需求，不断进行微店功能建设。

这正是本书诞生的价值。本书从功能为王、商品功能、推广功能、促销功能、支付功能、订单功能、客户功能和评估功能八大板块入手，为大家详细讲解微店的基本功能及延伸功能，以图文并茂的形式帮助广大店主了解如何使用这些功能。

现在越来越多的中小企业都拥有了自己的微店，微店已不再是个人创业的专属工具，同时也是企业在手机上实现销售、服务的工具。另一方面，在微店如火如荼的发展中，想要做好微店，不懂微店功能建设根本行不通。相信有了此书，一定会能使广大微店店主轻松掌握微店功能，灵活运用微店功能，最终促进微店的经营发展。

目录
contents

第 7 章
客户功能：用心维护，培养顾客忠诚度 /223

第 8 章
评估功能：多角度评估店铺是否盈利 /255

第1章

CHAPTER ONE

功能为王，引爆微店利润狂潮

“微店”让创业者真正实现了零成本开店，但商场如战场，并非所有人都能做好微店。

现实中，同样是开微店，有人做得好，有人做得不好，其中很大的一个原因，就是大家对微店功能的理解、把握和运用不同。

想要给顾客带来不一样的购物体验，店主必须在运用好微店现有功能的基础上，开动脑筋，做好功能建设，发挥微店最大的价值，这样才能引爆微店利润狂潮。

1.1

微店 2.0 时代，功能才是王道

在微店购物的“启蒙时代”，人们逐渐适应了微店购物带来的便捷和快乐。但如今微店已经多如牛毛，一方面顾客渴望向更高层次的购物体验迈进，另一方面，店主也需要做好功能提升，改善客户体验，吸引顾客，促进销量。两相结合，迎来了微店 2.0 时代。

如今，微店功能的重要性愈发凸显，甚至已经成为店主从同行中脱颖而出的必备利器。

1.1.1 功能简单实用，新手开店上手快

任何繁复都始于简，最终也要归于简。虽然我们说要进行微店功能建设，但同样不能忽视微店平台提供的一些简单实用的基本功能。

对于新手来讲，微店有一些功能既简单又实用，可以算是手把手教店主如何管理和运营一家微店。因为功能简单，即便店主是新手，只要自己摸索一下，就能无师自通，对微店的各项功能有个初步掌握。店主可以根据微店平台提供的统一模板，灵活运用这些功能，充分发挥这些功能的作用。

另外，微店平台提供的这些功能虽然简单，却不是“花拳绣腿”，中

看不中用，而是很实用。微店平台提供的各项功能，每一个都是店主管理店铺的好帮手，都能对店主管理微店起到很大的辅助作用。

1.1.2 功能强大，不怕没有顾客

除了基础功能之外，微店平台还提供很多非常强大的功能。但这些功能或者“隐藏”很深，或者广大店主还不知晓它们的作用，也或者是店主们还不知道如何操作和使用它们，导致“明珠蒙尘”。这也正是本书讲述的重点。

通过这些功能，我们不但能和别人一样，做好最基本的微店管理工作，还可以进行一些必要的功能建设，让这些强大的功能真正发挥效力，助力微店管理、运营和效益。

1.1.3 功能齐全，顾客满意度高

通常来讲，微店的功能越齐全，店主运用得越好，顾客的满意度就越高。

比如，通过微店的功能模块，店主不但可以掌握顾客购买商品的类型、可承受的商品价格范围等，还可以查询顾客订单，掌握货物运输情况。当顾客有购物需求，或对商品不满意时，店主还可以有针对性地推荐相应商品。顾客询问货物运输情况时，店主也能够做到对答如流。即使货物在运输过程中出现问题，也能及时得到解决。

另外，即使顾客没有信用卡，通过相应的功能模块，在你的微店，顾客也可以使用其他支付方式，比如微信、储蓄卡等支付商品价款，这样就不会出现顾客无法支付的问题。因此，微店功能齐全，可以大大提高顾客的满意度，微店的生意也会做得越来越好。

1.2 不同微店平台，带来不同的功能体验

市场上有很多微店 APP，比如微店、微信小店等。这些微店 APP 都有自己的独特之处，故而每个开发平台带来的功能模块也是不同的。

店主想要开一家微店，必须对不同微店平台提供的功能模块有个全面、深入的了解，然后根据自己的需求，从中选择一款适合自己的微店应用。

1.2.1 微店

2014 年 1 月，由北京口袋时尚科技公司开发的微店正式上线（见图 1-1），其目的是为商家在移动互联网上开店提供平台和技术支持，这也是市场上第一个微店平台。微店刚上线，就获得了广泛的关注并迅速传播，仅半个月的时间，就登上了 App Store 排行榜 TOP10。

口袋购物的微店平台上线后，市场上突然崛起了几十家微店平台，比如微信小店、喵喵微店等。即便有这么多微店平台，但口袋购物仍是目前市场上使用人群最多的一款微店 APP。该平台功能相对比较齐全和强大，因此，这里主要向大家介绍这款微店 APP 应用。

无论你是上班族，还是在校学生，都可以通过手机号码注册一家微店（见图 1–2）。微店虽小，功能却很齐全，店主们根本不用担心自己的商品卖不出去。那么，这个微店平台都有哪些其他微店所不具备的功能，又能带来哪些完美的体验呢？

1.“店长必看”板块

如果店主是新手，对微店一无所知，那么可以通过“店长必看”板块（见图 1–3），对微店有个大致的了解。

通过这个板块，不但可以学到有关微店的基本操作，以及货源和推广、沟通方面的相关知识，还能通过别人的成长故事，了解别人创业初期失败的原因，避免走他人失败的道路。除此之外，还可以学习他人成功的经营方法和创业经验。

2.“货源”板块

如果自己没有货源，寻找货源过程中，通过微店的“货源”板块，可

图 1–1 微店图标

图 1–2 微店平台

图 1-3 店长必看板块

图 1-4 申请全店分销

以一键代销优质商品，也可以申请品牌店铺，代理他人全部商品（见图 1-4）。

3. “口袋直通车”板块

通过“营销”功能，可以开通口袋直通车（见图 1-5），参与活动报名，设置分成推广，添加友情店铺，进行全面推广。也可以设置店铺优惠券、限时折扣、私密优惠或满包邮，开展各种促销活动。

4. “微店商圈”板块

店长要想提升自己的经营能力，与其他商家交流经营经验，可以通过“客户”功能找到“微店商圈”（见图 1-6），建立属于自己的微店商圈，或者添加附近微店商圈。

以上只是对微店的几个特色板块做了一个简单的介绍，但实际上这些并不是微店的核心功能，微店还有其他独特之处。比如，店长可以通过“淘宝搬家助手”，一键将淘宝网店搬进自己的微店中；还可以通过“店铺装修”功能，添加功能模块，装修自己的店铺。甚至可以设置货到付款、微信收款或者在微信中点亮微店，等等。

另外，“店主笔记”也是它的一大亮点。由于后面有微店功能的详细介绍，这里就不一一详述了。

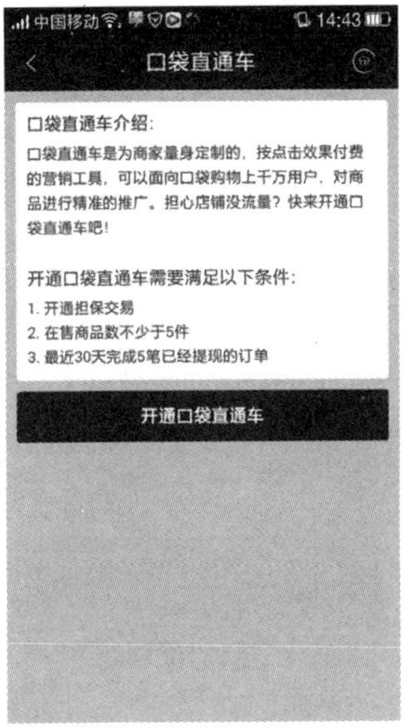
中国移动
14:43
口袋直通车
口袋直通车介绍:
口袋直通车是为商家量身定制的，按点击效果付费的营销工具，可以面向口袋购物上千万用户，对商品进行精准的推广。担心店铺没流量？快来开通口袋直通车吧！
开通口袋直通车需要满足以下条件:
1. 开通担保交易
2. 在售商品数不少于5件
3. 最近30天完成5笔已经提现的订单
开通口袋直通车

图 1-5 口袋直通车

中国移动
13:33
客户管理
聊天消息
微店商圈
评价管理
客户管理
我的商圈
附近活跃商圈 · 663个
化妆品销售交流中心
无论你是新手，还是已开店多年的高手，只...
<100m
[redacted]安利
正规安利经销商，免费送货，假一赔万！
<100m
[redacted]
本商圈着急为大家打造装饰家居交流学习和...
117m
[redacted]黑玛卡商圈
纯天然高原野生黑玛卡！关注健康！关注保养
122m

图 1-6 微店商圈

1.2.2 微信小店

2014 年 5 月 29 日，微信公众平台正式推出微信小店。凡是开通微信支付功能的认证服务号，都可以在微信公众平台自主申请“微信小店”（见图 1–7）。

微信小店是基于微信公众平台打造的原生电商模式，包括添加商品、商品管理、货架管理、顾客关系维护、维权等功能。这些功能可以给顾客

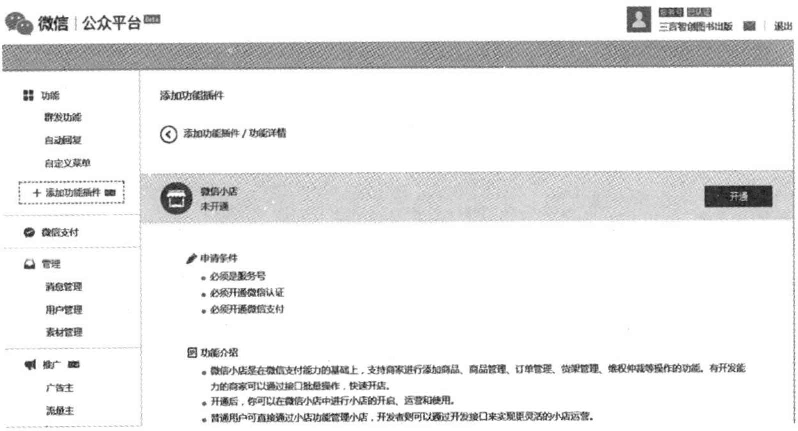
微信 | 公众平台
三言智创图书出版
退出
功能
群发功能
自动回复
自定义菜单
+ 添加功能插件
微信支付
管理
消息管理
用户管理
素材管理
推广
广告主
流量主
添加功能插件
添加功能插件 / 功能详情
微信小店
未开通
开通
申请条件
必须是服务号
必须开通微信认证
必须开通微信支付
功能介绍
微信小店是在微信支付能力的基础上，支持商家进行添加商品、商品管理、订单管理、货架管理、维权仲裁等操作的功能。有开发能力的商家可以通过接口批量操作，快速开店。
开通后，你可以在微信小店中进行小店的开启、运营和使用。
普通用户可直接通过小店功能管理小店，开发者则可以通过开发接口来实现更灵活的小店运营。

图 1–7 微信小店

带来原生商品的详情体验。

另外，如果商家具备开发能力，还可以在 API 接口的基础上实现更多的功能。

那么，微信小店有哪些与众不同的功能呢？

1.“添加商品”功能

通过“添加商品”功能（见图 1-8），店主可以添加售卖的商品。在添加过程中，店主需要选择商品类目，并填写商品属性、商品分组、商品名称、物流信息、售后信息等。

图 1-8 添加商品

上架后的商品类目、商品属性及商品名称不能修改，因此在添加商品时，店主必须确认已填写的商品信息准确无误。

从这里不难看出，该功能能够全面反映商品信息，让顾客对商品有一个相对全面、细致的了解，有利于提高商品的成交率。

2.“货架管理”功能

通过“货架管理”功能(见图 1-9)，可以选择合适的模板。货架管理有普通模板和品牌图模板两种。选择了货架管理功能，店主就可以编辑自己的货架了，比如小店招牌、分组名称等。

图 1-9 货架功能

3.“小店概况”功能

通过“小店概况”功能（见图 1-10），店主不仅可以了解到店铺待发货订单和待处理维权 / 仲裁单数情况，还可以掌握店铺前一日的经营情况，关键指标包括订单数、成交商品数 / 总商品数、成交额、商品浏览量、货架浏览量和店铺访问人数。

图 1-10 小店概况

4.“微信支付”功能

“微信支付”是微信小店唯一的支付功能（见图 1-11）。通过该功能，店主可以了解数据概览、订单流水情况、商户信息、开发配置等情况。

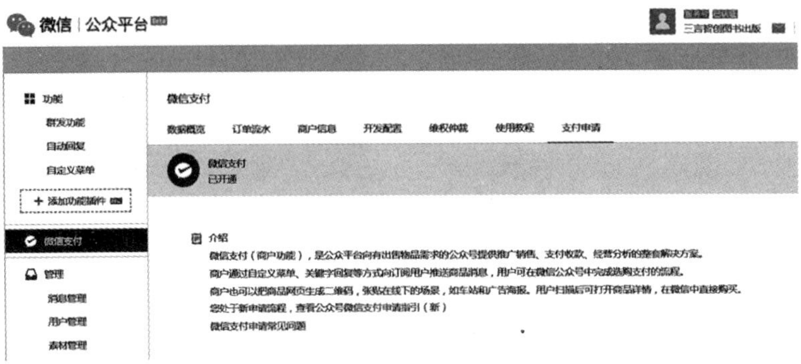
微信 | 公众平台
三言智创图书出版
功能
群发功能
自动回复
自定义菜单
+ 添加功能插件
微信支付
管理
消息管理
用户管理
素材管理
微信支付
数据概览
订单流水
商户信息
开发配置
维权仲裁
使用教程
支付申请
微信支付
已开通
介绍
微信支付（商户功能），是公众平台向有出售物品需求的公众号提供推广销售、支付收款、经营分析的整套解决方案。
商户通过自定义菜单、关键字回复等方式向订阅用户推送商品消息，用户可在微信公众号中完成选购支付的流程。
商户也可以把商品网页生成二维码，张贴在线下的场景，如车站和广告海报。用户扫描后可打开商品详情，在微信中直接购买。
您处于新申请流程，查看公众号微信支付申请指引（新）
微信支付申请常见问题

图 1-11 微信支付

以上是微信小店独有的功能特点。

微信小店的功能很强大，通过这些功能，店主不仅可以掌握更多的店铺经营数据，还可以给顾客带来不一样的购物体验。

需要说明的是，微信小店的开店门槛较高，服务号和微信支付都需要企业认证。认证过程中，店主需要提供相关材料，并支付一定的审核服务费。账号资质审核通过后，服务号将获得高级功能接口中所有接口权限、多客服接口，以及申请商户等功能。

1.2.3 微店网

2013 年 8 月，微店网上线运营（见图 1-12），它是全球第一个云推广电子商务平台，由深圳市云商微店网络科技有限公司开发。微店网的上线，标志着个人网商的真正崛起。

实际上，微店网的核心模式是云销售，专为两种客户提供服务。

一种是为个人提供创业平台，使用 QQ 登录，就可以拥有自己的微店，拥有整个云端商品库的商品销售权，无须考虑货源、发货等问题，就可以获得相应的销售佣金。

另一种是为企业提供可持续、可扩展、科技类的线上销售渠道。供应商把商品发布到云端，就会吸引无数微店店主为其推广销售。供应商只需做好商品详情、客户服务和售后服务就可以了，推广工作则交给微店店主来做。

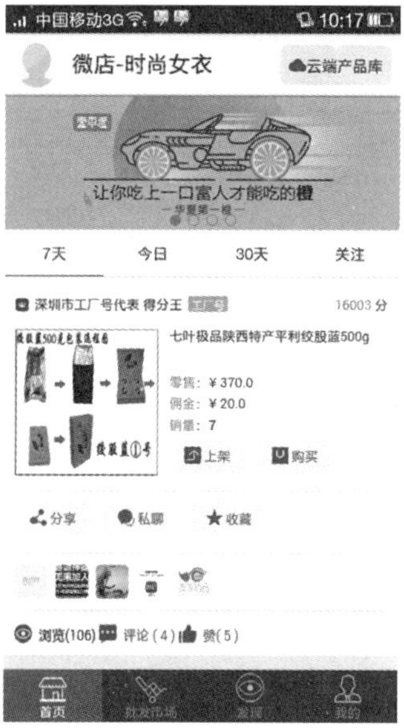

图 1-12 微店网

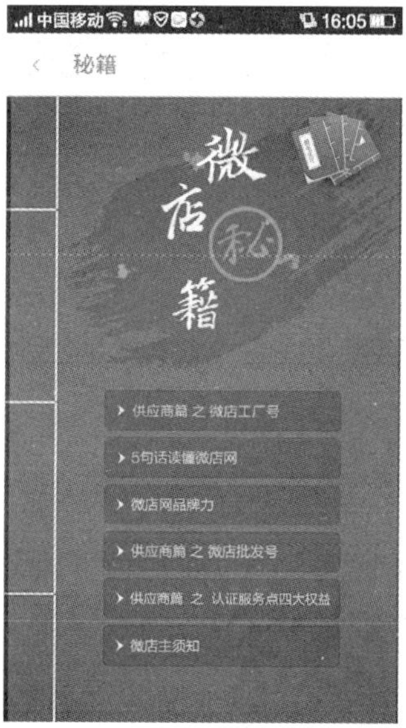

图 1-13 微店秘籍

当顾客在微店店主的店铺完成付款后，微店店主即可获得 70% 的佣金。如果微店店主介绍自己的亲朋好友开微店，他们成为你的分销商后，你还能从中获得 30% 的提成。

与其他微店平台相比，微店网有哪些独特的功能和特点呢？

1.“微店秘籍”功能和“微店大学”功能

店主对微店网不了解，可以通过微店网的“微店秘籍”功能和“微店大学”功能，学习、了解有关微店网的知识。

通过“微店秘籍”功能（见图 1-13），店主可以了解微店网，掌握有关供应商的工厂号、批发号以及认证服务点四大权益的相关知识，还有“微店主须知”。

通过“微店大学”功能（见图 1-14），店主可以了解有关供应商、微店主以及认证员的相关知识，以便更好地经营微店。

2.“批发市场”功能

实际上，在微店网，店主根本不用担心货源问题。要想寻找货源，店主可以通过微店网的“批发市场”功能，根据自己的需求，精确搜索到某

图 1-14 微店大学

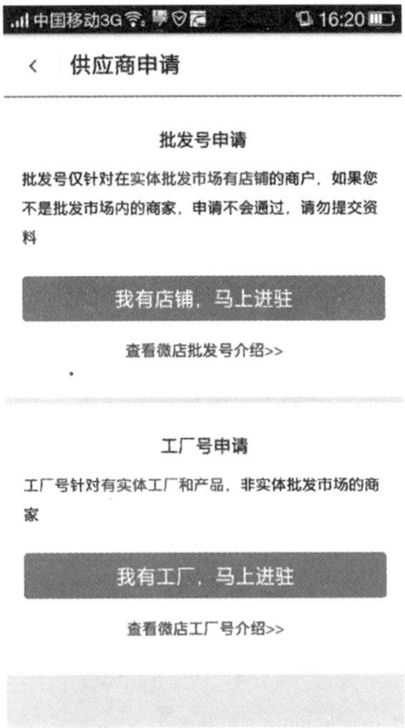

图 1-15 供应商申请

地区某行业的爆品和主要销售市场。通常这些店铺都是经过认证的，商品质量和价格都有保证。

3. 供应商申请

如果你是供应商，要想进驻微店网，可以通过“供应商进驻”功能申请（见图 1-15）。供应商申请微店时，有两种申请方式，一种是批发号申请，另一种则是工厂号申请。

其中，批发号仅针对在实体批发市场有店铺的商户，微店网为其提供的功能有微店管理、分销渠道管理、线上批发交易等。

工厂号则针对有实体工厂和商品、非实体批发市场的商家，微店网为其提供的功能有微店铺管理、网络分销渠道管理、上下游供应管理、订单管理等全方位的销售服务。

以上是微店网独有的功能特点。了解了它的功能后，店主就知道自己如何在微店网开一家微店了。使用微店网提供的这些功能，店主可以将自己的微店生意做得越来越好。

1.2.4 喵喵微店

2014年3月，喵喵微店正式上线（见图1-16），它是一款专为女性打造的手机微店APP，由上海宽窄巷贸易有限公司开发，主要是以卖萌为乐、以为美女招财为己任、帮助女性店主赚钱的微店。

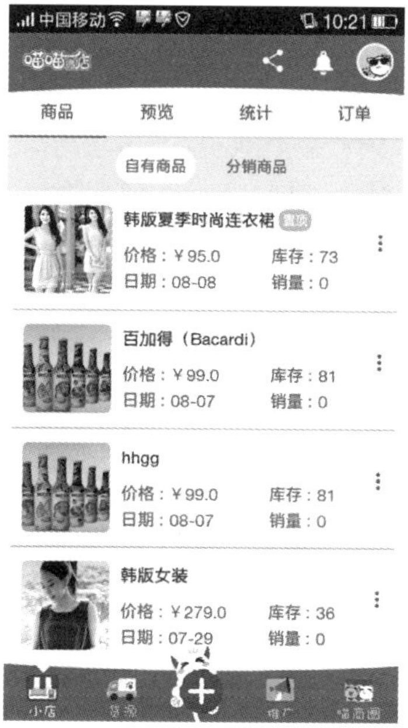

图1-16 喵喵微店

喵喵微店上线后，逐渐形成了自己的粉红特点，店主清一色都是女性，且超过一半以上都是90后，深受学生、白领、年轻妈妈三类人群的喜爱。

喵喵微店的功能设置有哪些独特之处呢？

1.“消息中心”功能

如果店主是新手，可以通过“消息中心”功能学习喵喵攻略，从中掌握经营喵喵微店的技巧和方法。

2.“货源”功能

喵喵微店的“货源”功能有四项内容，分别是官方货源、粉丝货源、货源推荐和已购货源（见图1-17）。店主可以根据自己的需求选择合适的

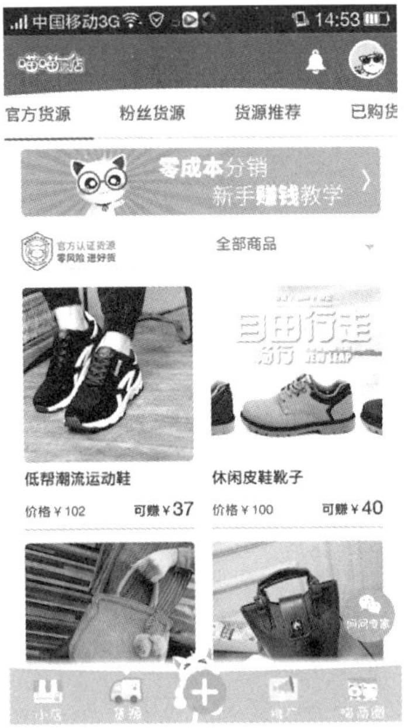

图 1-17 “货源”功能

图 1-18 “推广”功能

货源。

关于“商品”功能，有自有商品和分销商品两种功能设置，商品模板较为清晰。

3. 三种推广功能

有了货源后，店主想要曝光自己的店铺，推广自己的商品，可以通过“推广”功能（见图 1-18）来实现，主要有碎碎念、买家秀和萌片页三种推广方式。

通过“碎碎念”功能，店主可以分享自己的开店经验、希望宣传的商品等，让他人了解店主以及店铺，吸引他人的注意力。

通过“买家秀”，店主可以分享自己的真人图片、买家口碑描述、商品图片、微店商品链接等，这样会在瞬间拉近自己与顾客的距离，比较容易与买家建立一种信任关系。

通过“萌片页”功能，店主可以展示精美的电子名片，显示自己的魅力，扩大影响力。电子名片可以卖萌、转发，还可以进行评论。这种实时的弹幕评论，会让顾客有参与感，更容易与顾客达成交易。

4.“喵商圈”功能

店主还可以通过“喵商圈”功能，查看他人店铺的最新动态，参与他人的话题。

以上是喵喵微店独有的功能特点。掌握这些功能后，店主想开一家喵喵微店，很快就能将它的功能运用自如，使用起来非常方便。

当然，微店平台有很多，这里只是向大家简单介绍了几种比较常见的微店 APP 软件，供大家学习并使用。

1.3 去冗存精，寻找你最需要的微店功能

如今，微店的功能已经越来越强大，并且每个功能都有自己潜在的巨大价值。但是，在实际运营微店过程中，由于需求不同、目的不同、技能差异等各种各样的原因，店主并非每次都能运用到所有功能。

想要灵活运用微店功能，充分发挥它们的价值，店主必须掌握每个功能的作用，才能从这些功能中去冗存精，找到自己最需要的微店功能。

1.3.1 微店

由于口袋购物的微店功能最为齐全，入驻门槛较低，且下载人数和使用人数最多，因此最具有普遍性和代表性。本书后面内容均以口袋购物微店为例，向大家介绍微店的主要功能。

在口袋购物微店平台的“微店”功能页面中（见图 1–19），店主可以预览、分享店铺，也可以通过复制链接或店铺二维码，让更多人知道自己开店。

除此之外，店主还可以根据自己的需求，编辑店长笔记，设置微信收款、店铺装修和运费等，还可以随时更改店招、店铺名称、店铺公告，甚

至可以开通担保交易、货到付款、退货保障等功能。对于这些功能的设置，后面有详细的介绍，这里就不再一一详述。

1.3.2 商品

在口袋购物微店中，“商品”是店主了解店铺所有商品基本情况的一个功能（见图 1-20）。这个功能几乎在所有平台的微店中都大同小异，所以这里以口袋购物微店为例，其他不做过多赘述。

图 1-19 口袋购物微店平台中的“微店”功能

图 1-20 口袋购物微店平台中的“商品”功能

通过该功能，店主可以添加或删除商品，可以预览或分享商品，甚至还可以按照添加时间、销量和库存了解出售中的商品情况。

除此之外，店主还可以对店铺出售的所有商品进行分类，方便顾客浏览商品，快速寻找所需商品。在此不展开介绍。

1.3.3 订单

在口袋购物微店中，“订单”功能很重要（见图 1-21）。以口袋购物微店平台为例，它能帮助店主了解店铺所有订单的实时情况，而且方便店主处理各种订单。

在具体处理过程中，店主需要根据订单的不同状态，选择不同的处理方式。

此外，店主也可以根据自己的需求，一键导出选定的订单。具体操作方法后面会有详细介绍，这里就不再一一详述。

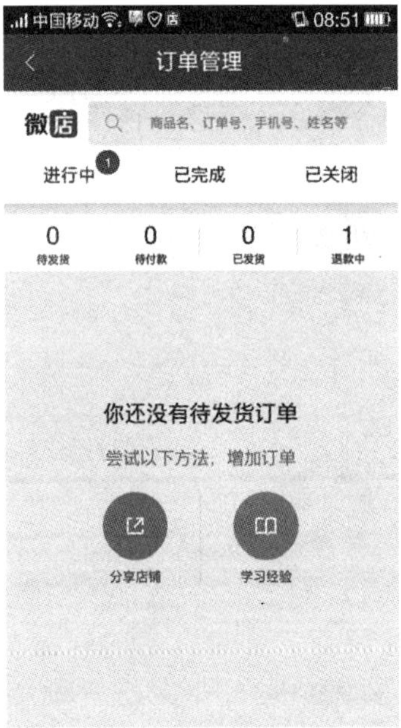

图1-21 口袋购物微店平台中的“订单”功能

图1-22 口袋购物微店平台中的“统计”功能

1.3.4 统计

在口袋购物微店中，“统计”是店主了解店铺营销效果的一个功能（见图1-22）。通过该功能，店主可以收集各种运营数据，并以此作为评估微店运营效果的依据。

关于“统计”功能的使用方法，后面将做详细的介绍，这里不再一一详述。

喵喵微店中的“统计”、微信小店中的“小店概况”等，与口袋购物微店中的“统计”功能和特点类似，在此不做赘述。

1.3.5 客户

在口袋购物微店中，“客户”是店主进行客户管理的一个重要功能（见图 1–23）。通过该功能，店主可以处理各种信息，比如顾客的投诉等。这些聊天信息都会被微店平台默认为保存，不但方便店主收集顾客的反馈，还能抓住挖掘分销商的机会。

关于“客户”功能的使用方法，后面会有具体介绍，这里不再一一详述。

图 1–23 口袋购物微店平台中的“客户”功能

图 1–24 口袋购物微店平台中的“收入”功能

1.3.6 收入

在口袋购物微店中，“收入”是店主了解店铺收入情况的一个重要功能（见图 1–24）。由于该功能各个微店平台大同小异，所以这里以口袋购物微店为例进行说明。

该功能主要包括“未提现金额”“已提现金额”“我的银行卡”和“收入流水”四项内容。

其中，“未提现金额”货款分为两种情况（见图 1–25）：一种是顾客付款时，选择直接付款的在线支付方式，货款收入会在2个工作日内到账；另一种则是顾客付款时，选择担保交易的在线支付方式，买家确认收货后店主才能提现。

如果买家没有确认收货，7天内又没有提交退款投诉，系统会自动确认收货。如果在此期间给买家退款，退款金额会从交易进行中的金额中减去。

想要提现店铺收入，店主必须提前绑定银行卡，可以在“我的银行卡”中进行绑定。绑定银行卡时，需要注意的是，这里仅支持储蓄卡，而且银行卡的开户人姓名必须与注册时填写的姓名、身份证号一致，否则无法完成提现。

另外，如果店主想了解店铺收入的详细情况，可以从“收入流水”中得知（见图1–26）。收入流水会显示店铺所有订单的交易金额。

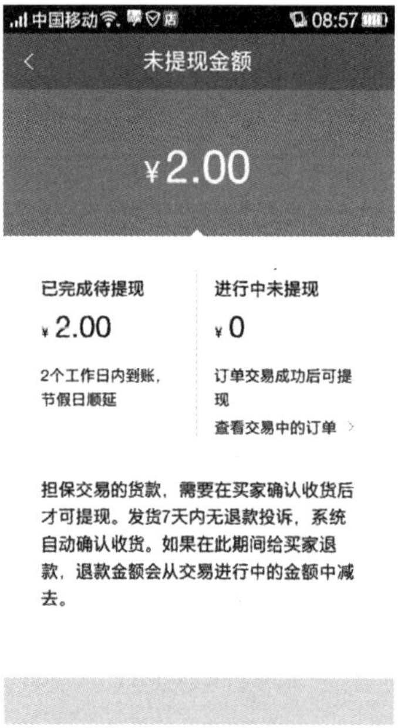

图1–25 未提现金额

图1–26 口袋购物微店平台中的“收入流水”

喵喵微店的“我的收入”、微信小店的“微信支付”、微店网的“微店钱包”以及中兴唯品会的“钱包”等，在操作上和口袋购物微店操作大同大异。只要按此流程和步骤操作，其他平台的店主同样能够搞定。

1.3.7 营销

在口袋购物微店中，“营销”是为店主提供推广渠道与营销方法的一个重要功能（见图 1–27）。该功能的内容非常丰富，总共有 12 项功能设置。其中 4 项功能主要用于店铺开展各项优惠活动，分别是“店铺优惠券”“限时折扣”“秘密优惠”和“满包邮”。

图 1–27 口袋购物微店平台中的“营销”功能

另外 8 项功能主要用于店铺或商品推广，分别是“分享赚钱”“口袋直通车”“活动报名”“买家同城招商”“分成推广”“友情店铺”“入驻市场”和“允许手机号找到你”。

如果店主想引流，可以通过微店的“活动报名”和“买家同城招商”功能，也可以开通“口袋直通车”功能。如果店主想多赚点钱，可以通过“分享赚钱”，也可以设置“分成推广”。

如何运用这些功能设置，要看店主的具体需求而定。关于这些功能的具体操作流程，后面会有详细讲解，这里不做赘述。

1.3.8 微店商学院

在口袋购物微店中，“微店商学院”是店长学习与交流的一个重要空间（见图 1–28）。主要有微店社区、微店公开课、同城商会、微店规则和答疑解惑五项内容。

微店社区是千万商家成长交流的聚集地，在这里，店主可以完善论坛账号，与其他商家交流、学习如何管理和运营微店。

“微店公开课”是为店主提供学习的一个场所，主要包括“新手开店”“日常运营”“微店推广”和“微店视觉”四项内容（见图 1–29）。通过该功能，店主可以学到很多经营微店的方法。

图 1–28 口袋购物微店平台中的课程中心

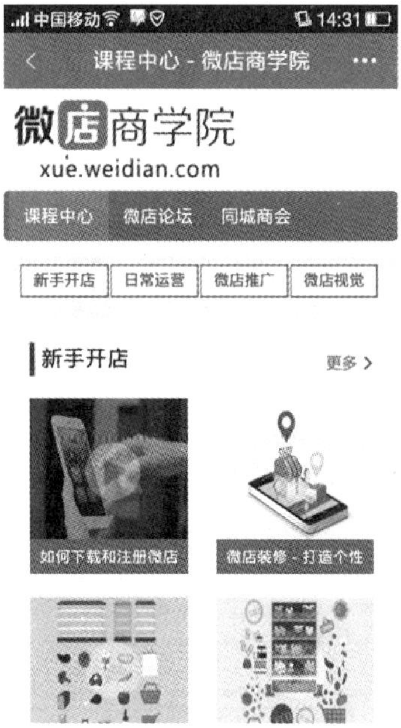

图 1–29 口袋购物微店平台中的微店商学院

“同城商会”是为店主们提供线下沟通交流的一个功能（见图 1–30）。通过该功能，店主可以根据自己所在地，搜索当地是否开设了商会。通过参与线下活动，店主可以从他人身上学到一些不错的经营方法，不断提升自己管理和运营微店的能力。

14:31
同城商会
微店同城商会
tongcheng.weidian.com
同城商会 微店论坛 课程中心
商会省份选择 进入
微店合肥商会-携手金源，共创未来
安徽省 | 不知道起什么名 2015-11-20 17:09:20
微店合肥商会-携手金源，共创未来之大型地堆活动完美落幕

图 1-30 口袋购物微店平台中的同城商会

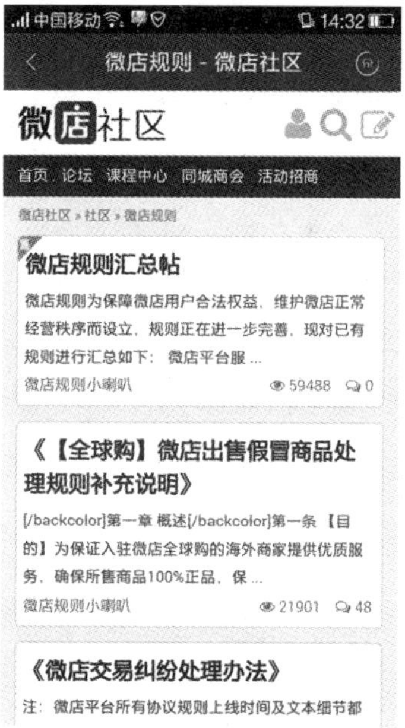
14:32
微店规则 - 微店社区
微店社区
首页 论坛 课程中心 同城商会 活动招商
微店社区 » 社区 » 微店规则
微店规则汇总帖
微店规则为保障微店用户合法权益，维护微店正常经营秩序而设立，规则正在进一步完善，现对已有规则进行汇总如下：微店平台服 ...
微店规则小喇叭 59488 0
《【全球购】微店出售假冒商品处理规则补充说明》
[/backcolor]第一章 概述[/backcolor]第一条 【目的】为保证入驻微店全球购的海外商家提供优质服务，确保所售商品100%正品，保 ...
微店规则小喇叭 21901 48
《微店交易纠纷处理办法》
注：微店平台所有协议规则上线时间及文本细节都

图 1-31 口袋购物微店平台中的微店规则

“微店规则”是为店主讲解微店经营规则的板块（见图 1-31）。比如，“微店交易纠纷处理办法”等，这些规则帖子告诉店主，在经营微店过程中应遵守哪些规则，如果违反了微店经营相关规则，会有什么样的后果。

通过该功能，店主能很快学会经营微店，并在管理微店过程中避开“雷区”，以免自己的微店陷入不必要的麻烦中。

“答疑解惑”是为了解决很多店主经常遇到的一些比较常见的问题（见图 1-32），比如店铺分享与推广等。通过该功能，店主可以在较短时间内对微店有个大致的了解，管理起来就会很快进入角色。

1.3.9 货源

在口袋购物微店中，“货源”是为店主们联系货源提供的一个功能（见图 1-33）。通过该功能，店主可以精选优质商品，也可以与品牌店铺合作，无须再为货源烦恼，一键就可以完成优质商品的代理和上架。

图 1-32 口袋购物微店平台中的答疑解惑

图 1-33 口袋购物微店平台中的“货源”功能

除此之外，通过货源功能中的“管理”功能（见图 1-34），店主可以取消或分享自己代理的商品，也可以通过“我的分销”（见图 1-35），管理与自己合作的分销商。

关于如何添加商品，后面会有具体的介绍，这里不再一一详述。

1.3.10 微店买家版

口袋购物微店平台的“微店买家版”聚集了上千万微店买家(见图 1-36)，也是最大的微店购物市场。通过它，店主可以增加自己店铺的曝光率。

想要登录微店买家版，店主可以点击“立即下载”。安装完成后，就能通过参加买家版活动来推广自己的店铺了。

1.3.11 消息中心

口袋购物微店平台的“消息中心”功能，包括“公告”“消息”和“点赞”三项内容。其中，“公告”是微店平台官方发布的重要信息（见图 1-37），比如新功能介绍、微店运营技巧等。“消息”是微店平台发布的热点话题(见

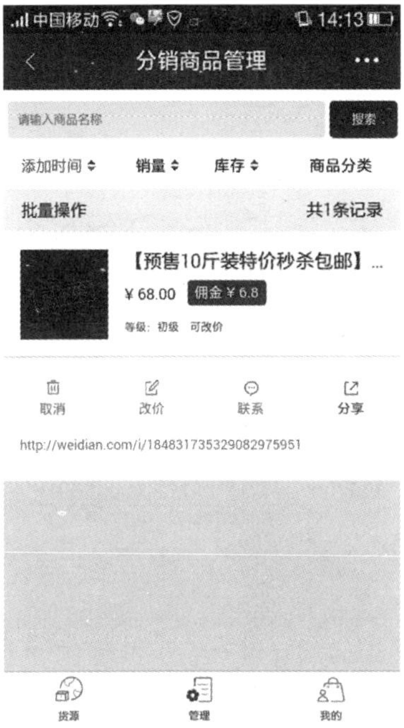

图 1-34 分销商品管理

图 1-35 我的分销

图 1-36 口袋购物微店平台中的微店买家版

图 1-37 口袋购物微店平台中的公告

图 1-38），比如“别让雾霾把肺变成垃圾场”等。

在“消息中心”页面中，通过“点赞”功能，店主可以充分了解店铺商品和店长笔记的点赞情况（见图 1-39）。

图 1-38 口袋购物微店平台中的消息

图 1-39 口袋购物微店平台中的“点赞”

该功能店主可以自行设置，具体操作方法是：在点赞页面中，点击右上角的“新消息通知”，就能在该页面中看到两个选项，一个是商品被点赞，另一个则是笔记被点赞（见图 1-40）。这两个选项按钮可以自由设置，向右移动按钮即开通，向左移动按钮则关闭。店主可以根据自己的实际需求来设置。

店主设置了点赞功能之后，只要有顾客对店铺内的商品点赞，或对店长笔记点赞，店主就能立即收到顾客点赞的信息。

1.3.12 店长必看

在口袋购物微店平台中，“店长必看”是专为店长提供学习机会的一个特殊功能（见图 1-41）。通过该功能，店主可以快速掌握微店功能的基

图1-40 新消息通知

图1-41 口袋购物微店平台中的“店长必看”功能

本操作，学习并提高自己经营微店的能力，了解如何获取货源，如何推广商品，如何与顾客沟通。

另外，通过该功能，店主还可以了解其他店长的成长故事，学习并借鉴他人经营微店的高招。

总之，在这里，店主可以学习到很多有关经营微店的基本知识，对微店有个全面的认识和了解。如果你刚加入微店，对微店一无所知，不知如何下手，那么可以看一下微店的“店长必看”功能，它是新手必看的学习手册，也是新手快速成长的秘籍。

1.3.13 设置

在口袋购物微店平台的“设置”功能中（见图1-42），有很多微店设置模块可供店主选择，比如账号管理、淘宝搬家助手、聊天公告等。

在这些设置中，店主运用频率较高的要属“淘宝搬家助手”和“聊天公告”。其中，通过“淘宝搬家助手”，淘宝店店主可以一键将自己淘宝

图1-42 口袋购物微店平台中的“设置”功能

店里的商品搬到微店中。“聊天公告”则由店主自由设置。

实际上，这里介绍的13个微店功能，其他平台要么没有，要么内容和功能大同小异，因此了解了这些功能，店主对其他几个微店平台的此类功能也就有所了解了，并且操作起来也会容易很多，在此不加详述。

1.4 微店最有看点的五大新功能

作为新事物，微店的发展潜力非常巨大。为了满足店主们的各种需求，微店平台不断推出新功能。

这些新功能有哪些优点，如何灵活使用才能发挥它们的最大作用，这些都是店主需要持续了解的。

1.4.1 微店商圈

在微店中，微店商圈是帮助店主营销和即时聊天并完成交易的一个功能（见图1–43）。通过该功能，店主不但可以建立属于自己的微店商圈，将顾客引入群中，快速推广自己的微店，增加海量订单，还可以加入他人的微店商圈，发展潜在分销商。或者与他人沟通，学习并借鉴他人的运营经验和推广技巧，提高自己的运营能力等。

关于微店商圈的具体应用，后面会有具体介绍，这里就不再一一详述了。

1.4.2 运费设置

在微店中，运费设置是店主设置商品运输费用的一种功能（见图1–44）。

图 1-43 微店商圈

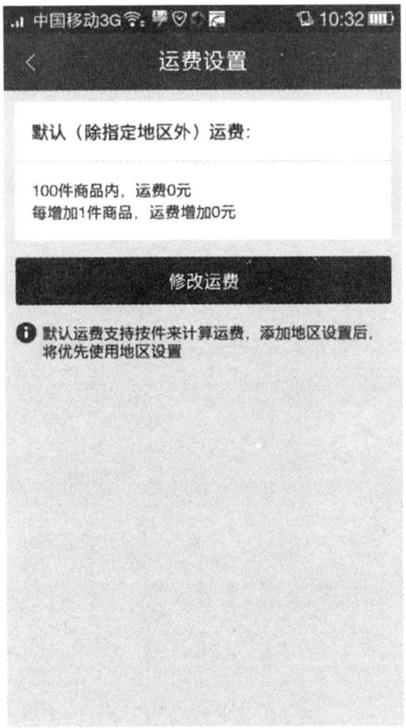

图 1-44 运费设置

通过该功能，店主可以自由设置运费。

运费设置有“默认运费（除指定地区外）”和“添加指定地区运费”两种功能设置，它们都是按件来计算运费的。

其中，默认运费是指发往全国各地的运费执行统一标准。“添加指定地区运费”用于特别指定某些地区的专门运输费用，店主可以在修改运费中进行设置（见图 1-45）。

需要注意的是，一旦店主添加了指定地区费用设置，将优先使用地区设置运费。

1.4.3 店铺装修

在微店中，店铺装修的好坏直接影响店铺的成交量，因此“店铺装修”是微店的一个重要功能。通过该功能，店主可以自由装修店铺。

在自定义装修页面中（见图 1-46），店主可以看到它有三项功能设置，分别是“封面”“编辑”和“插入”。其中，通过“封面”的功能（见图 1-47），

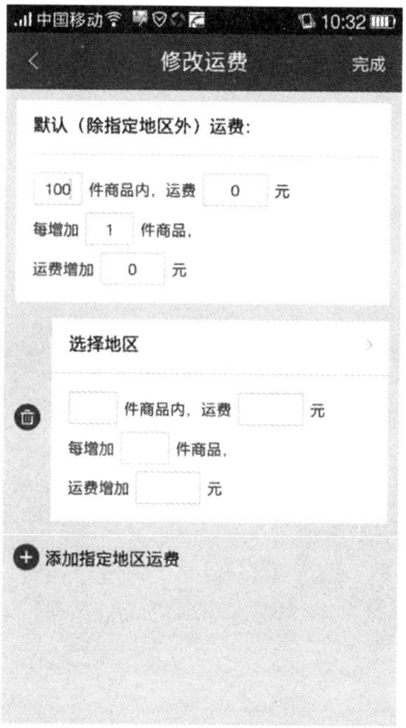

图 1-45 修改运费

图 1-46 自定义装修页面

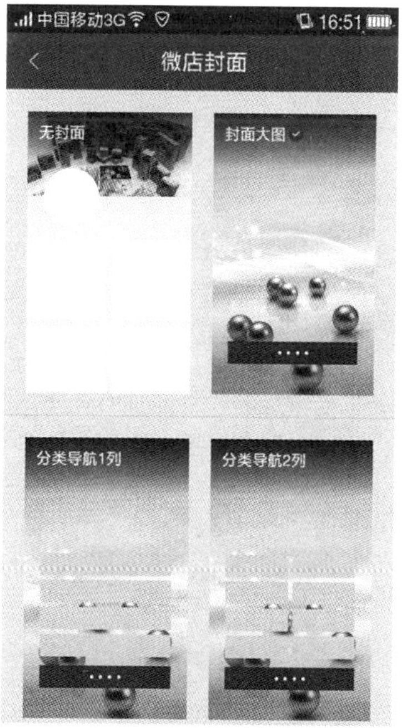

图 1-47 封面

店主可以根据自己的需求，选择合适的封面和分类导航。

通过“编辑”功能，店主可以编辑店招的样式，也可以随时更换微店招牌，将店铺打扮得更加漂亮（见图 1-48）。

另外，通过“插入”功能，店主还可以根据自己的需求添加模块（见图 1-49）。

图 1-48 更换微店招牌

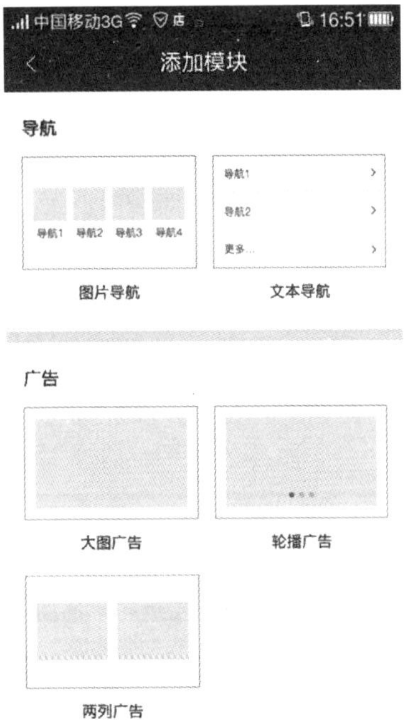

图 1-49 添加模块

在实际操作过程中，店主可以增加的模块一般有两种：一种是导航，主要有图片导航和文本导航两种；另一种则是广告，主要有大图广告、轮播广告和两列广告三种。

通过该功能，店主可以做好微店的促销活动，吸引更多的顾客涌入店铺。

1.4.4 店铺优惠券

在微店中，店铺优惠券是店主自主营销的一种促销工具。通过店铺优惠券，店主可以设置对店铺内所有商品适用的优惠券，也可以根据客单价设置满多少减多少的优惠券（见图 1-50）。利用该项功能，可以吸引顾客先领券，再下单，从而提高顾客购买商品的转化率。

一般来说，不限制使用条件的优惠券，在一定程度上可以大大提升顾客的购买率，但店主需要考虑自身的承受水平，应适当控制优惠券的面值和数量。

限制使用条件的优惠券，店主可以根据客单价来设置限制条件。条件设置可以比客单价略高一些，比如：客单价为40元，设置条件可以是59元。如果设置成88元，效果就不理想了。

中国移动
17:34
只做正品
[redacted]铺子
微信号：[redacted]
担保交易
七天退货
他的动态
¥3
满5可用
领取
满包邮
全店满79.00元包邮，偏远地区除外(海外，港，澳，
欢迎光临小店，本店铺专营正品韩妆、泰妆。所有产品均为原装进口。掌柜自己也在用！部分产品
掌柜自用款图！可供亲参考。小店单笔订单
芝面膜小样两片。小店所有韩泰妆绝非国内灌装产品。
联系卖家
收藏（3508）
商品分类

图1-50 店铺优惠券

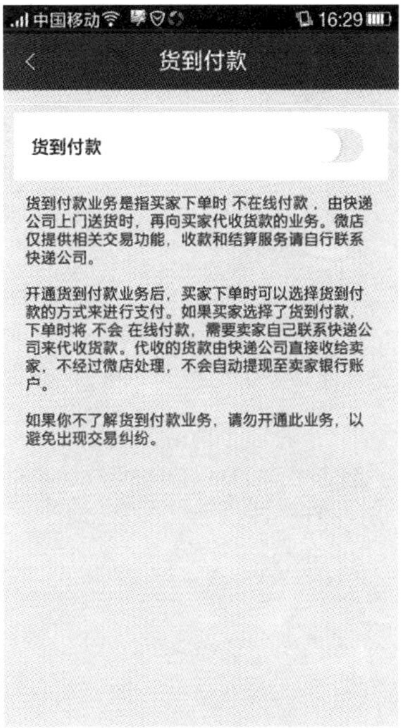
中国移动
16:29
货到付款
货到付款
货到付款业务是指买家下单时不在线付款，由快递公司上门送货时，再向买家代收货款的业务。微店仅提供相关交易功能，收款和结算服务请自行联系快递公司。
开通货到付款业务后，买家下单时可以选择货到付款的方式来进行支付。如果买家选择了货到付款，下单时将不会在线付款，需要卖家自己联系快递公司来代收货款。代收的货款由快递公司直接收给卖家，不经过微店处理，不会自动提现至卖家银行账户。
如果你不了解货到付款业务，请勿开通此业务，以避免出现交易纠纷。

图1-51 货到付款

1.4.5 货到付款

在微店中，“货到付款”是新增的一项交易功能（见图1-51）。只有当店主开通该功能，顾客付款时才能使用这一交易方式。

该功能最大的优点就是，店主随时可以选择关闭或开通“货到付款”。一旦开通该功能，顾客下单时无须在线付款，而是由快递公司上门送货时代为收取。

微店只提供这项交易功能，而收款和结算服务则需要店主自己联系快递公司。通过该功能，店主可以打消顾客下单时的顾虑，也是促进顾客购买的一种营销手段，可以在一定程度上提高店铺的成交率。

关于货到付款的选用，后面会有具体介绍，这里不再一一详述。

第2章

CHAPTER TWO

商品功能：

从添加到展示，打造完美购物体验

开通微店后，店铺内还是空空如也。此时店主需要使用“商品功能”上架商品，此后还需要对商品进行日常管理。

从添加到展示商品，涉及一系列的实操工作。只有掌握了这些操作，做好商品管理，才能为顾客打造完美的购物体验，也才能让整个微店的运营工作更加高效和有序。

2.1 如何添加商品

在微店中，商品管理相当于布置一个简单的“橱窗”，需要店主将商品仔细编辑后，才能实现商品上架和展示销售。也只有上架展示的商品，顾客才能看到，才能进行浏览并挑选购买。因此，将商品添加到微店中，是店主必须要掌握的重要技能。

2.1.1 添加自营商品

新手开店，添加商品是很重要的一项工作。如果店主自己有货源，可以亲自上阵，担当一名摄影师，为自己的商品拍摄照片。拍摄的商品图片经过处理后，就可以使用商品功能，添加自营商品了。那么如何添加商品呢？下面以口袋购物的微店 APP 为例进行介绍。

首先，登录到自己的微店，在微店首页点击绿色的“商品”功能（见图 2–1），进入“商品管理”页面。这时可以看到，店铺内还没有添加任何商品，店主需要点击灰色的“添加”功能（见图 2–2），这样就可以添加商品图片了。

在“添加商品”页面，需要点击商品图片下方的“虚框”（见图 2–3）

图 2-1 点击“商品”

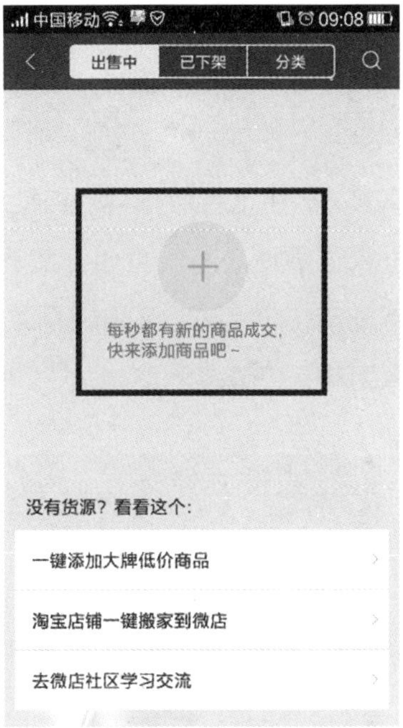

图 2-2 点击“添加”功能

图 2-3 点击“虚框”

来添加商品图片。进入“选择图片”页面（见图 2–4）后，在这个页面中，需要从众多图片中选择需要上架的商品图片。选中图片后（见图 2–5），点击“完成”即可。

当然，店主也可以选择“相机拍照”或“扫条形码”来获取所需图片。

进入“添加商品”页面，能看到已添加的商品图片（见图 2–5）。需要注意的是，店主可以添加一张图片，也可以一次性添加两张或两张以上的商品图片，但最多不能超过 15 张。

图 2–4 “选择图片”页面

图 2–5 商品图片已添加

添加完图片，还可以根据实际情况调整商品图片的顺序。

接下来，店主需要进行商品描述（见图 2–6）。在这一栏中，需要从已添加的商品中提炼出卖点，即商品的特点。

描述商品时，文字要通俗易懂，简单明了。同时，店主要将商品的相关信息准确地描述出来。另外，店主还可以在商品描述中加入一些关键词，比如时尚、新款等。

输入完商品描述，店主需要输入商品价格和库存数量。填写商品价格前，需要对商品进行定价，而且这个价格必须是合理的。定好价格后，就可以设置价格了。

店主设置库存数量时，库存必须是真实的，不可随意填写，以便店主及时掌握商品库存的真实情况，避免货物紧缺时顾客继续下单，后续产生矛盾和麻烦。

填写完商品价格和库存数量（见图2–7），店主就将该商品基本设置好了。

图2–6 商品描述

图2–7 填写商品价格和库存数量

设置好商品价格和库存数量后，还需要继续添加商品型号。

在添加商品页面中，点击红色“添加商品型号”按钮，这时会出现一个填写商品型号的界面（见图2–8）。店主需要在这个界面输入该商品的型号、价格和库存（见图2–9）。比如，女装的型号是M，价格是198元，库存50件。

填写完这些后，如果该商品还有其他型号，也可以按照此操作继续添加。

当该商品所有型号都添加完毕，可以点击右上角的“完成”（见图2–10）。

图 2-8 商品型号界面

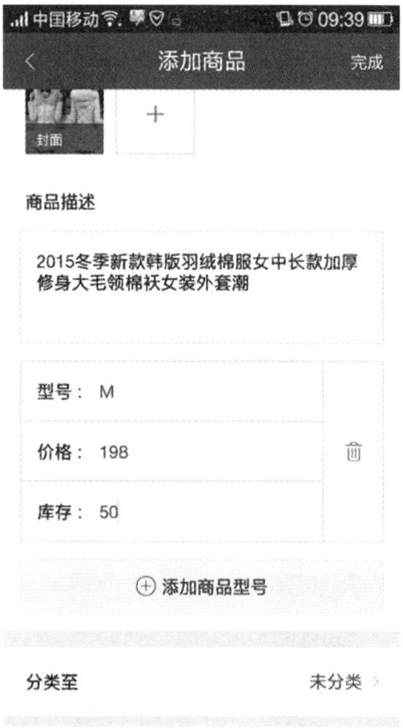

图 2-9 输入商品型号、价格和库存

图 2-10 点击右上角的“完成”

这时，店主就成功完成了商品的添加（见图 2-11）。添加商品完成后，店主还可以到自己的店铺中查看已添加的商品图片（见图 2-12）。

图 2-11　完成商品添加

图 2-12　已添加的商品图片

以上是使用商品功能添加自营商品的基本操作。按照以上步骤，可以将商品一件件添加到自己的微店中。

商品功能是微店中非常重要和基础的功能，只要店主运用得好，就能做好商品管理，提高顾客的购物体验，从而提高店铺的销量。

2.1.2 添加代理商品

如果店主没有货源，也可以代理销售他人的商品。代理销售他人的商品，如何添加商品呢？下面以口袋购物微店 APP 为例进行详细介绍。

首先，打开微店，在微店首页中滑屏到微店页面第二页，这时会看到微店的其他功能。点击绿色“分销”功能（见图 2-13），进入货源页面。这时可以看到货源的两种选择，一种是优选商品，另一种则是品牌店铺。

如果店主选择优选商品，可以根据自己的需求，选择合适的商品类型，

图 2-13 点击“分销”

图 2-14 选择合适的商品类型

然后点击该商品即可（见图 2-14）。

进入优选商品页面，可以看到该类多款爆款商品。店主可以根据商品类型、款式、受欢迎程度、佣金金额等选择商品，然后直接点击该商品进入商品页面（见图 2-15）。在该件商品页面中，可以直接点击红色按键“我要代理”（见图 2-16）。

这时店主就完成了商品添加（见图 2-17），此时就可以在自己的店铺中看到该件商品了（见图 2-18）。

如果店主想代理品牌店铺的商品，可以在货源页面中点击“品牌店铺”，并在这个页面中选择商品类型。然后根据自己想要添加的商品风格，从众多品牌店铺中选择一家符合自己需求的品牌店铺（见图 2-19）。

选中该品牌店铺后，可以在该店铺的首页看到“申请全店分销”，点击它即可（见图 2-20）。

在“分销申请”页面中，店主应先阅读页面内容，然后决定是否申请该店铺的全店分销。如确定申请该店铺的全店分销，则点击红色按键“确认”

图 2-15 点击商品

图 2-16 点击“我要代理”

图 2-17 商品已添加

图 2-18 添加商品后的新页面

图 2-19 选择品牌店铺

图 2-20 点击“申请全店分销”

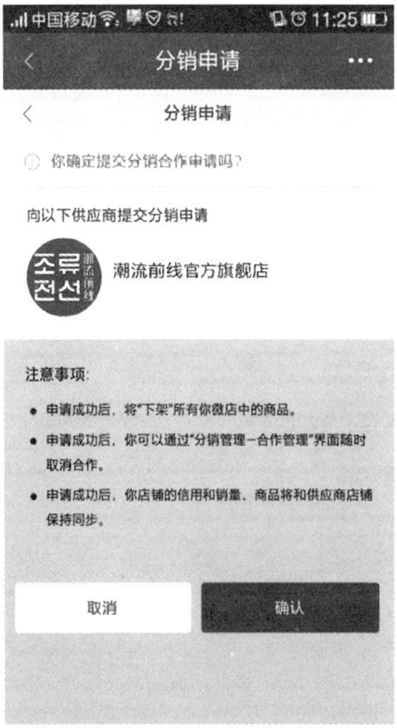

图 2-21 点击红色按键“确认”

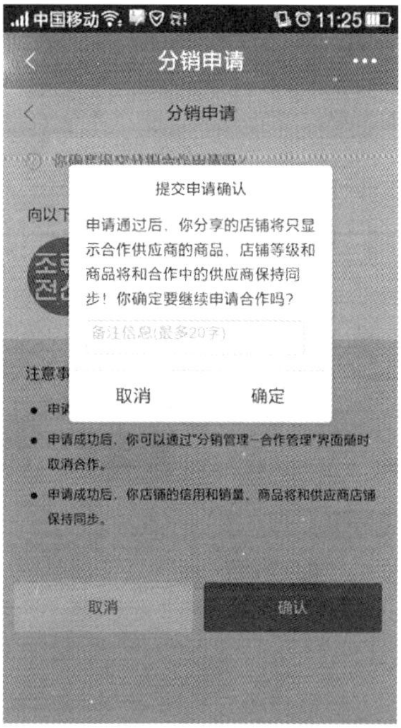

图 2-22 提交申请确认界面

（见图 2–21）。这时会弹出一个提交申请确认界面（见图 2–22），再次确认后，可以点击“确定”。

进入合作管理页面，就可以看到提交的申请正在等待该店铺的审核（见图 2–23）。待审核通过后，你的店铺就会自动添加该店铺所有商品。

以上是添加代理商品的基本操作。不难看出，与自营商品相比，代理他人商品时，店主添加商品更简单、更快捷。

店主在添加代理商品时，需要注意的是，如果店主有自营商品，又想代理他人的商品，可以选择“优选商品”，一键添加代理商品。如果店主没有货源，想代理他人商品，可以选择“品牌店铺”，得到品牌店铺审核通过后，店铺就会自动添加该品牌店铺的所有商品。

图 2–23 分销申请待审核中

2.2 微店商品如何分类

顾客进入店铺，想要浏览自己感兴趣的商品，一般都会根据店铺的商品分类，选择符合自己需求的品类进行浏览。因此在微店运营中，商品分类很重要。

如果店主能够按照顾客的习惯进行商品分类，并且分类科学、合理，顾客就能快速找到自己所需的商品。这样的商品分类不但能提升顾客的购物体验，还能提高店铺的转化率。

2.2.1 新建分类名称

在店铺首页，商品分类很重要（见图 2-24）。商品分类是否合理、清晰，直接影响到店铺的销量。因此店主必须管理好商品，对商品进行科学分类，以便顾客更快找到所需的商品。

分类商品前，店主需要新建分类名称，具体如何操作呢？

新建分类名称之前，店主必须首先了解店铺内所有商品的种类，并根据商品种类来建立分类名称。一般来说，可以根据商品的属性和特征建立分类名称，比如商品的用途、原材料、生产方法等，这是最常见的商品分类依据。当明确了店铺大致有哪几类商品后，就可以建立分类名称了。

首先，打开微店，点击“商品”。在商品管理页面中，可以看到上方有三种商品管理选项，分别是“出售中”“已下架”和“分类”。这里点击“分类”（见图2-25）。

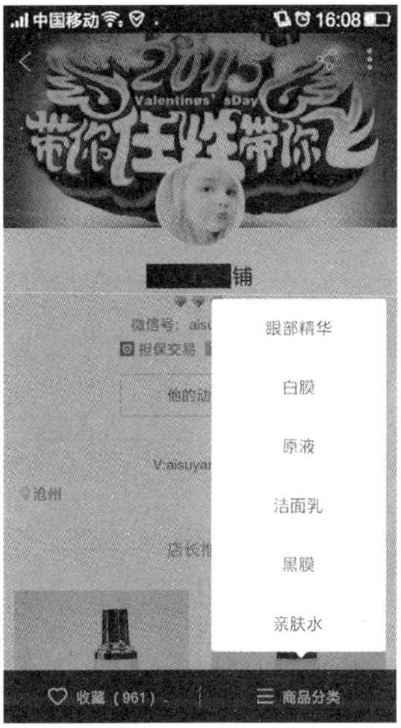

图2-24 商品分类展示图

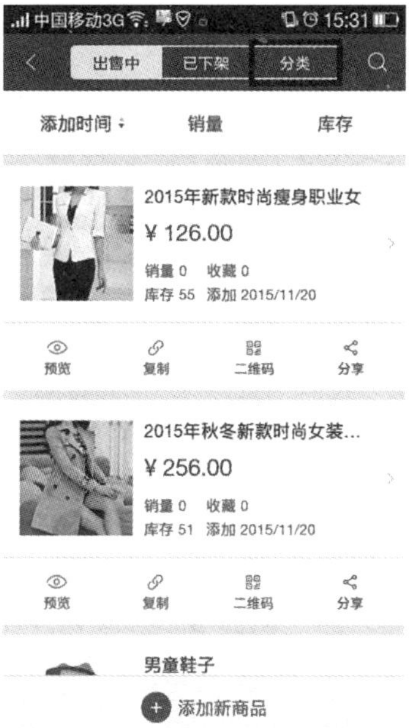

图2-25 点击“分类”

进入商品分类页面，页面下方有“新建分类”和“编辑分类”选项。因为要建立商品分类，所以店主需要点击“新建分类”（见图2-26）。

在新建分类名称界面中，输入商品分类的名称。填写完分类名称后（见图2-27）点击“确定”。

这时，在商品分类页面中，就能看到新建的商品分类名称了（见图2-28）。按照这种操作方法，可以根据自己的需求，分别建立其他商品分类名称（见图2-29）。

以上是新建商品分类名称的基本操作。掌握了这些操作后，店主就可以根据自己的需求，建立更多的商品分类名称。

需要注意的是，建立的商品分类名称一定要通俗易懂，顾客一看就能

图 2-26 点击“新建分类”

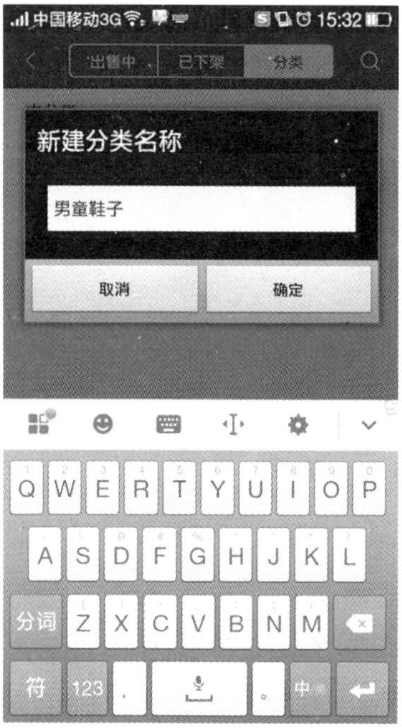

图 2-27 输入新建分类名称

图 2-28 新建商品分类名称已建立

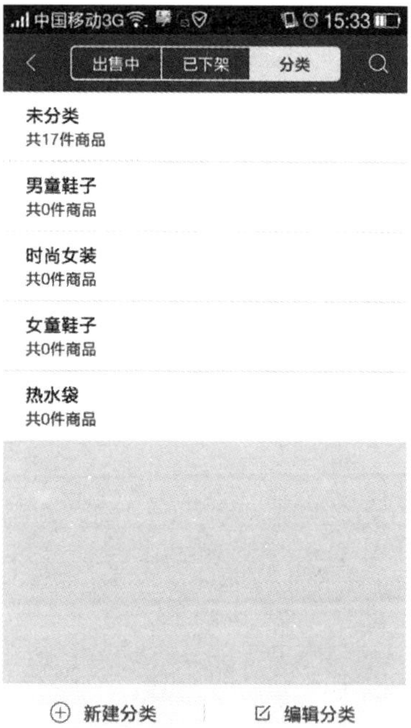

图 2-29 商品分类效果展示

明白。否则，即使你的商品分类很清晰，但名称设置得不好，顾客仍旧很难明白此类名称下面的商品是什么，就会影响店铺的成交率。

2.2.2 批量分类商品

建立商品分类名称后，就可以批量分类商品了。在实际操作过程中，如何使用“分类”功能批量分类商品呢？

首先，在商品分类页面中点击“未分类”，进入“未分类”页面（见图 2–30）。点击右上角“管理”，这时会出现“批量操作”选项（见图 2–31），点击它。

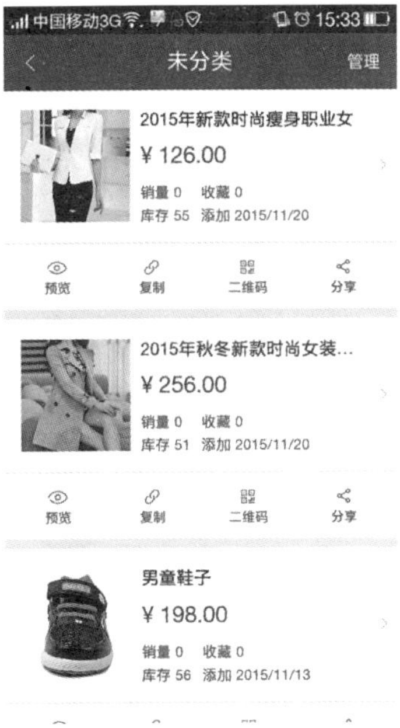

图 2–30 “未分类”页面

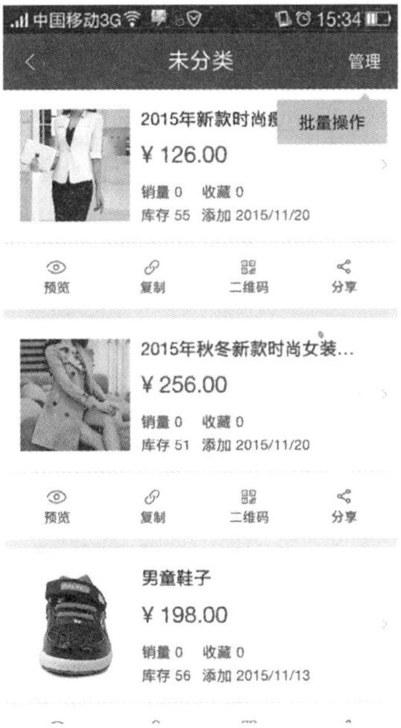

图 2–31 “批量操作”

在管理未分类页面中（见图 2–32），可以批量选中属于同一类的商品。选中商品后（见图 2–33），点击页面下方的“分类至”。

这时页面会显示店主已经建好的商品分类名称，根据所选商品的分类特点，选中符合该商品的分类名称（见图 2–34），再点击红色按键“确定”。然后在商品分类页面中，点击该类商品分类名称（见图 2–35），就能看到选中的商品已完成批量分类（见图 2–36）。

图 2-32 管理未分类页面

图 2-33 选中商品

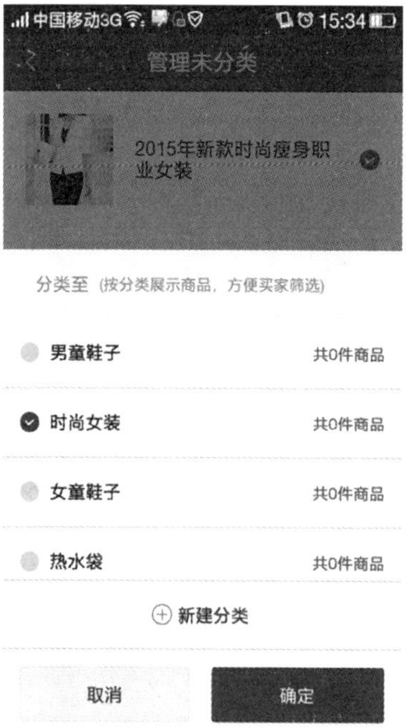

图 2-34 选中商品分类名称

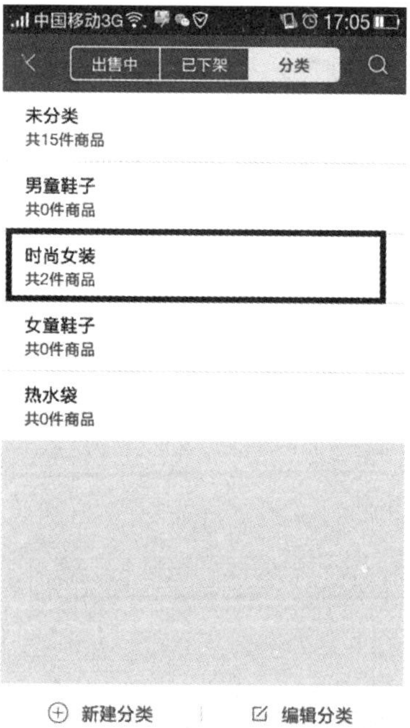

图 2-35 点击该类商品分类名称

图 2-36 商品完成批量分类效果

图 2-37 商品分类页面

图 2-38 点击店铺首页下方的“分类”

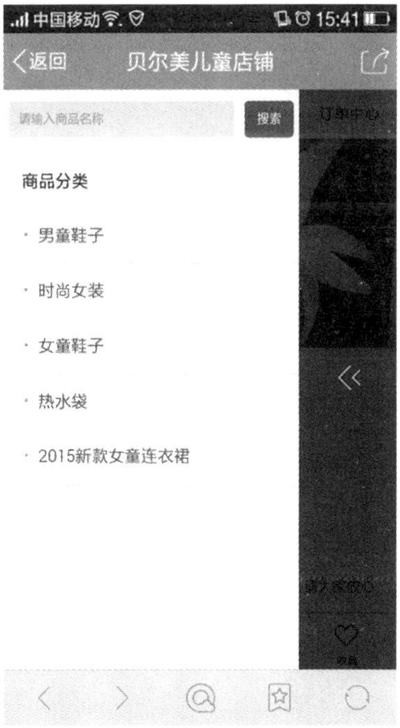

图 2-39 商品类别展示

按照这种商品分类操作方法，可以依次将未分类商品完成分类。当所有商品完成分类后（见图 2–37），顾客进入店铺，点击店铺首页下方的“分类”（见图 2–38），就能看到店铺的商品分类（见图 2–39）。根据商品分类，顾客可以按照自己的兴趣和需求，选择符合自己口味的商品分类名称，进入到这个类别中浏览和挑选所需商品。

以上是批量分类商品的基本操作。掌握这些流程后，就能快速完成商品分类了。

总之，商品分类是店主的重要工作之一。店主必须做好商品分类，使商品分类充分体现商品的特点，这样不但方便顾客购买商品，而且今后管理商品也十分便利。

2.3 商品展示有哪些功能模块

在微店中，商品展示也很重要，因为它出现在店铺首页中。顾客可以通过店铺展示出来的商品，对店铺的商品有一个大致的了解，并根据自己的需求，从众多商品中挑选一款自己最喜爱的商品。

为了方便顾客挑选，店主需要对商品展示进行模块划分，具体可以根据店主的需求来布局。

2.3.1 限时折扣

在微店经营过程中，如果店主想开展促销活动，对店铺内某些商品进行限时折扣，以提高这些商品的销量，那么在微店商品展示区域内，可以添加“限时折扣”模块（见图2-40）。

在“限时折扣”这个区域内，展示给顾客的商品都是促销商品。

对于顾客来说，当他们得知店铺有促销活动时，就会直接打开“限时折扣”这个模块，在第一时间找到店铺内的商品促销区，购买促销商品非常方便、快捷。由于后面对限时折扣进行了详细的讲解，这里不再赘述。

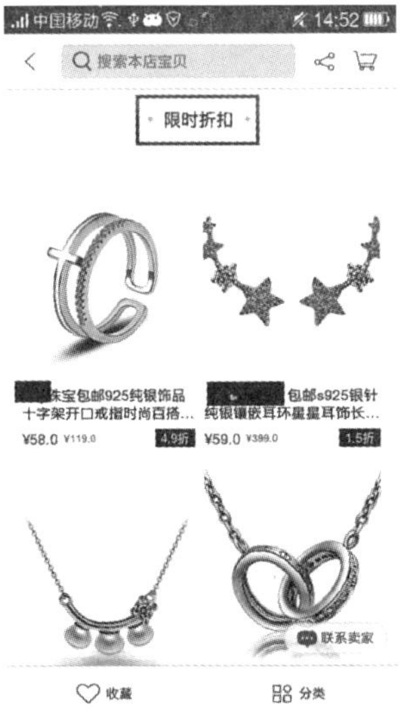

图 2-40 “限时折扣”模块

图 2-41 “店长推荐”模块

2.3.2 店长推荐

如果店铺新上一些商品，或者某段时期内某件商品特别畅销，可以添加“店长推荐”模块（见图 2-41）向顾客重点推荐。

对于微店来说，有了“店长推荐”，顾客会特别关注这个区域内展示的商品，不但可以帮助店铺推广新品，还方便顾客购买所需商品。

如何设置“店长推荐”这一功能呢？

首先，打开微店，在微店首页中点击“商品”，进入销售中的商品管理页面（见图 2-42）。在商品管理页面，店主可以根据自己的需求，选择需要重点推荐的商品，点击进入编辑商品页面。

在编辑商品页面中（见图 2-43）的下拉页面，找到“店长推荐”，并向右滑动“店长推荐”按钮（见图 2-44），点击右上角“完成”即可。

这时就能看到已设置好的推荐商品（见图 2-45）。当店长将此商品链接分享给顾客，顾客打开微店页面，就会在第一时间看到店长推荐的商品（见图 2-46）。

以上是添加“店长推荐”商品的基本流程。掌握这些操作后，就可以根据自己的需要，将店铺内展示的商品设置为“店长推荐”，以便重点向

图 2-42 出售中的商品管理页面

图 2-43 编辑商品页面

图 2-44 向右滑动“店长推荐”按钮

图 2-45 已设置好的推荐商品

图 2-46 店长推荐商品

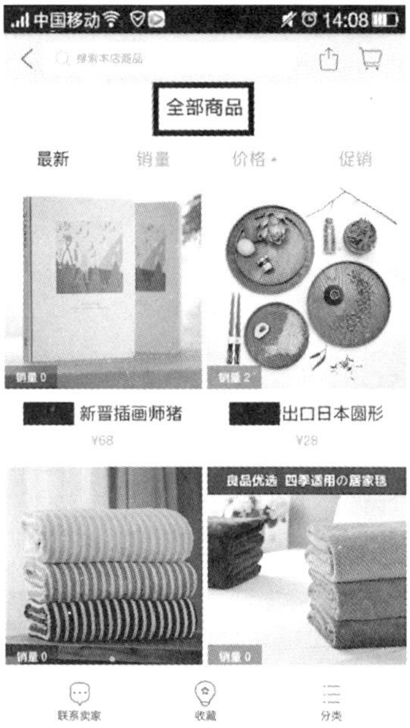

图 2-47 全部宝贝

顾客推荐，提升重点推荐商品的销售量。

2.3.3 全部商品

一般来说，全部商品这个模块无须店主添加，每个店铺都会有这样一个区域。

在全部商品这个区域内（见图 2-47），展示的是店铺内所有出售的商品。通常来说，顾客不会直接进入这个区域挑选商品，因为这个区域内展示的商品太多，顾客没有太多时间去寻找。

不过，如果页面的商品大多符合顾客的品味和需求，顾客还是非常乐于选择在此区域内浏览更多商品的。

实际上，在全部商品这个区域，顾客挑选商品时可以有四种排序方式，分别是新品、销量、价格、促销。其中，在新品区域内，顾客可以看到店铺新上市的商品；在销量区域内，顾客可以知道店铺内哪件商品卖得最好；在价格区域内，顾客可以根据自己的需求，让商品按照价格高低顺序排列，方便顾客挑选商品；促销区域内，顾客可以知道店铺内正在促销的商品有哪些。

2.4 如何一键将淘宝搬进微店

用手机开微店，卖货很方便。如果你是一位淘宝店主，要把商品转到微店中，如果重新上传宝贝，工作量比较大。这时候，店主可以利用微店中的“淘宝搬家助手”功能，一键将淘宝店的商品搬到微店中。

2.4.1 快速搬家

为了方便淘宝商家将淘宝店中的商品转移到微店，微店平台特意提供了一个淘宝搬家功能，可以一键将淘宝商品搬进微店中。

店主如何使用这项功能呢?

首先，打开微店，在微店首页点击右下角“设置”按钮（见图 2–48）。进入设置页面，会看到“淘宝搬家助手”，点击它（见图 2–49）。

在淘宝搬家助手页面中，可以看到有两种搬家方式，一种是快速搬家，另一种则是普通搬家。如果你选择的是“快速搬家”（见图 2–50），则需要登录淘宝账号。

在淘宝会员登录页面（见图 2–51），店主需要填写手机号码或淘宝会员名以及密码，再点击“登录”（见图 2–52）。

图 2-48 点击“设置”按钮

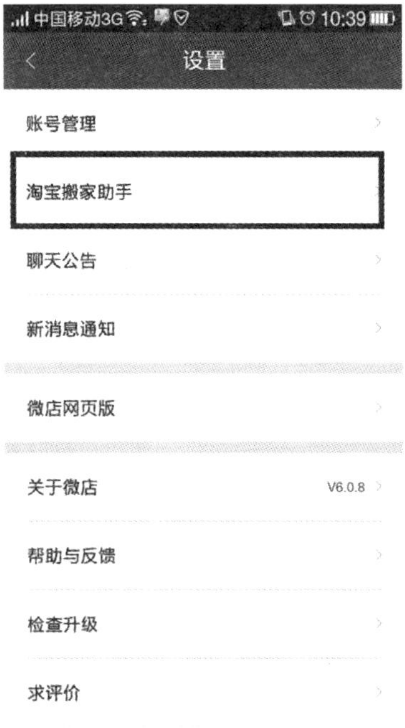

图 2-49 选择“淘宝搬家助手”

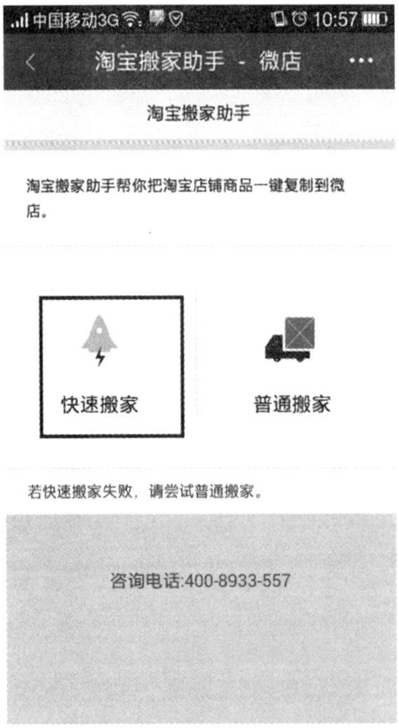

图 2-50 选择“快速搬家”

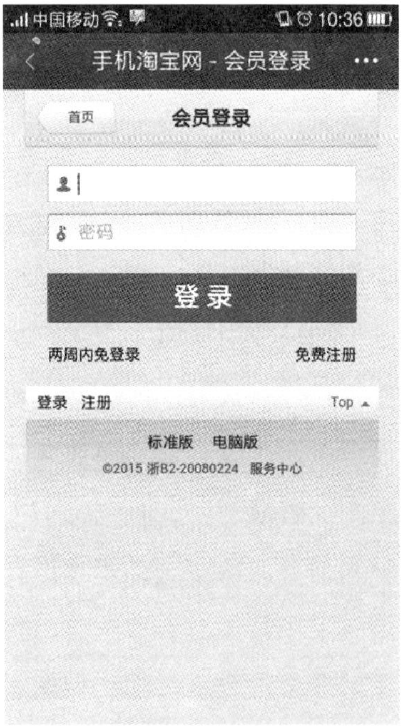

图 2-51 淘宝会员登录页面

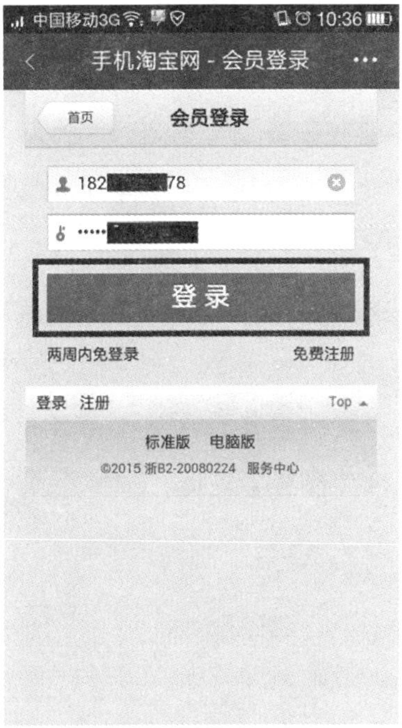

图 2-52 点击“登录”

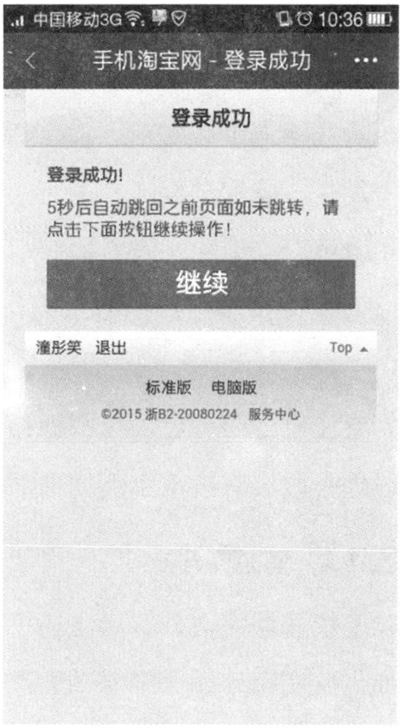

图 2-53 “登录成功”

图 2-54 搬家中

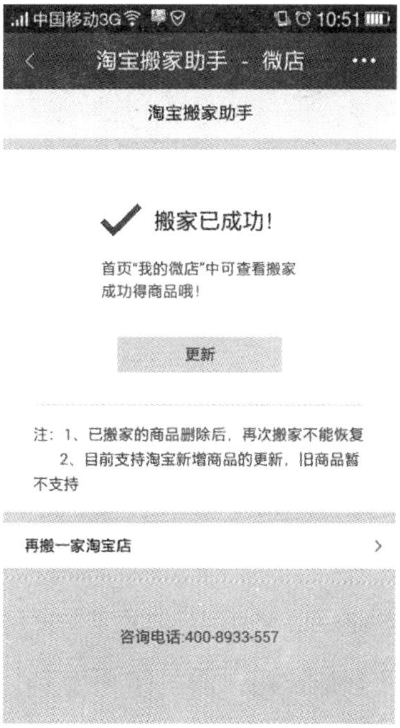

图 2-55 搬家已成功

然后就能看到“登录成功”的信息（见图 2-53）。5 秒钟后，页面会自动跳转。

成功登录淘宝账号后，淘宝搬家助手便开始搬家（见图 2-54）。待淘宝搬家助手成功完成搬家，页面会显示“搬家已成功”（见图 2-55）。这时店主就可以在微店中查看搬家后的商品了。

以上就是快速搬家的基本操作。这些操作比较简单，店主很容易就能学会。

需要注意的是，已搬家的商品删除后，再次搬家不能恢复。

另外，微店支持淘宝新增商品更新，旧商品暂不支持。

2.4.2 普通搬家

除了快速搬家之外，店主还可以尝试一下普通搬家。

如何使用淘宝搬家助手功能进行普通搬家呢?

首先，在微店“设置”中找到“淘宝搬家助手”。然后在“淘宝搬家助手”页面中点击“普通搬家”（见图 2-56）。

与快速搬家不同的是，普通搬家需要经过三个步骤：生成序列号—确认店铺—开始搬家。在生成序列号页面中，会看到一个微店序列号（见图 2-57）。店主需要将这个序列号记下来，并将此序列号加入到淘宝店的某个商品标题中，以验证你对店铺的所有权。

登录淘宝网，打开某件商品，并在宝贝标题中填写此序列号，之后将其保存。预览此宝贝（见图 2-58）时，店主还需要将此宝贝的淘宝商品 ID 记录下来。

然后返回到淘宝搬家助手页面，点击红色按键“下一步”。在“确认店铺”页面中，输入需要搬家的淘宝商品 ID，再点击验证（见图 2-59），淘宝搬家助手就开始搬家。一般会在 24 小时内完成搬家。

搬家成功后，店主在微店中就可以看到搬家成功后的商品了（见图 2-60）。

以上是使用“淘宝搬家助手”进行普通搬家的基本操作。这些操作比较简单易学，掌握了这些操作，店主很快就能上手。

图 2-56 点击“普通搬家”

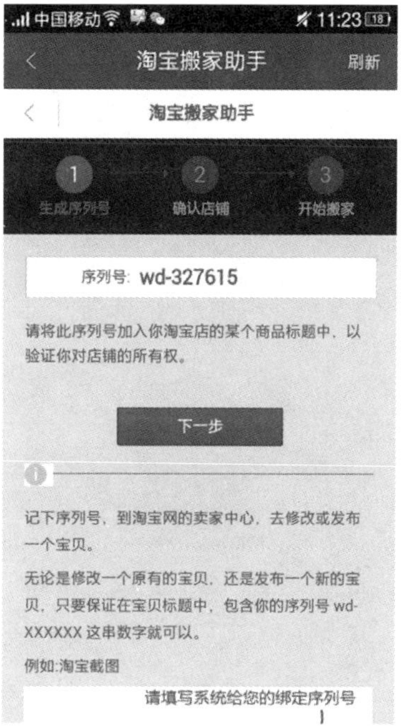

图 2-57 生成序列号

图 2-58 预览宝贝

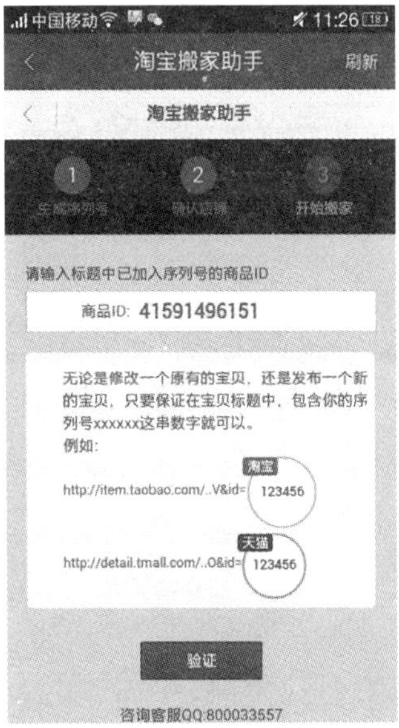

图 2-59 “确认店铺”页面

图 2-60 微店里搬家成功的商品

不难看出，“淘宝搬家助手”这项功能既实用又方便，给淘宝店家的微店经营工作带来了很大的便利。有了它，不用重新添加商品，一键就能将淘宝店铺的商品搬进微店。

第3章

CHAPTER THREE

推广功能：

多渠道推广，不放过每一个潜在顾客

经营微店，推广是店主必须要做的重要工作。没有推广，店铺的客流量和成交量也就上不去。

店主必须运用微店平台的推广功能，多渠道进行推广，不放过每一个潜在顾客，这样才能使店铺的生意节节高升。

3.1

如何链接微信进行推广

微信拥有强大的用户基础，里面隐藏着不可估量的商业价值。微信中的好友大多都是自己的熟人，推广相关内容更容易让人信服。大家每天都有多次查看微信的习惯，如果推广得当，微店在微信中的曝光率还是很高的，因此微信就成为微店推广中的一个非常重要的阵地。

如果店主能利用好微信这个营销利器，使自己的店铺有效地链接到微信进行推广，并采取得当的推广方法，就能获得广泛的关注，并获取精准有效的高质量粉丝。

3.1.1 在微信中点亮微店

实际上，店主要想将自己的微店链接到微信，办法很简单，可以通过微店的“在微信中点亮微店”功能，将微店绑定到自己的微信中，并将此信息一键分享至微信好友或微信朋友圈，让更多的人知道自己的店铺，增加微店的曝光率。

如何使用“在微信中点亮微店”这一功能，将微店绑定至微信，完成这一推广工作呢？

1. 在微信中点亮微店

打开微店，在微店首页点击“微店”功能，进入“微店管理”页面。在这个页面上，可以看到很多功能设置。店主想要在微信中点亮微店，需要开通该功能。

点击“在微信中点亮微店”（见图 3–1），系统会自动转到微信登录页面（见图 3–2）。在该页面，店主会看到“登录后该应用将获得以下权限”的提示。如果店主确认要登录微信，可以直接点击绿色按键“确认登录”。

图 3–1 点击“在微信中点亮微店”

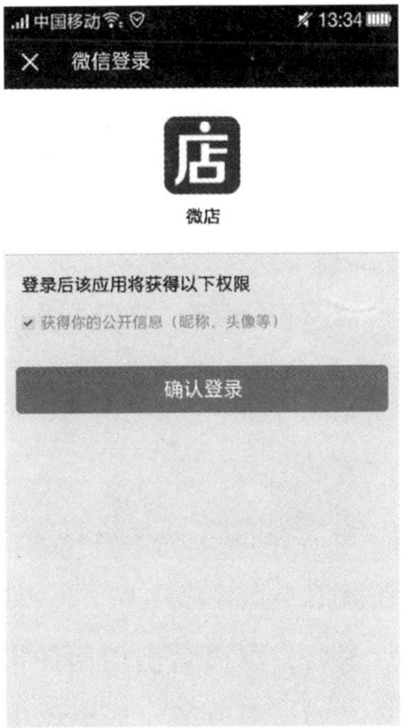

图 3–2 点击“确认登录”

在“在微信中点亮微店”页面中，可以看到一段提示信息：“开通后，可以在微信的详细资料页展现自己的微店”，也会看到相关图片。店主想要开通，可以直接点击“立即开通”（见图 3–3），进入“绑定授权”页面（见图 3–4）。

在“绑定授权”页面，店主会看到自己的微店名称。要想在微信中绑定微店店铺，可以直接点击“绑定”。

这时页面会显示你的微信头像和微信号，说明店主已经在微信中点亮

图 3-3 点击“立即开通”

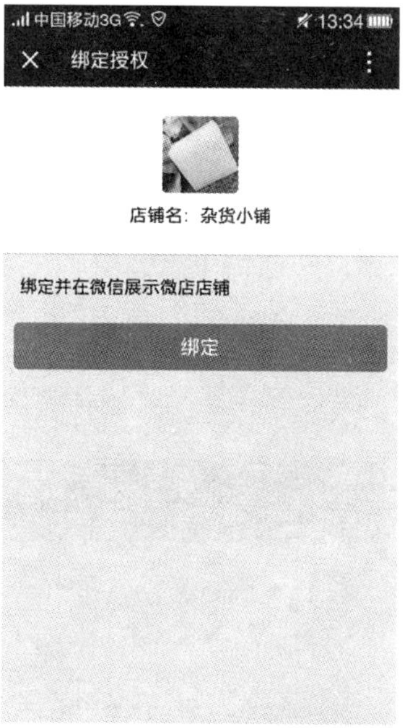

图 3-4 “绑定授权”页面

微店（见图 3-5）。之后，在微信详细资料页，微信中的好友就可以看到你的微店了。

2. 将点亮信息分享给好友

在微信中点亮微店后，还可以点击红色按键“分享给好友”进行分享。

点击后，页面会出现两种推广方式（见图 3-6），一种是微信好友，另一种是微信朋友圈。如果你想将自己在微信点亮微店的信息告诉自己的好友，可以在选择页面中点击相应的微信好友（见图 3-7）。

这时页面会出现在微信中点亮微店的图片，店主可以输入自己想要对好友说的话，也可以不说，直接点击“分享”（见图 3-8）。然后页面会显示“已发送”（见图 3-9），这说明店主已经将该图片发送至微信好友的聊天信息中了。

3. 顾客通过微信进入微店

微信朋友得知店主有微店后，如果有购物需求，就可以找到店主的微信。然后在店主微信的详细资料页面中（见图 3-10），查看社交资料找到店主

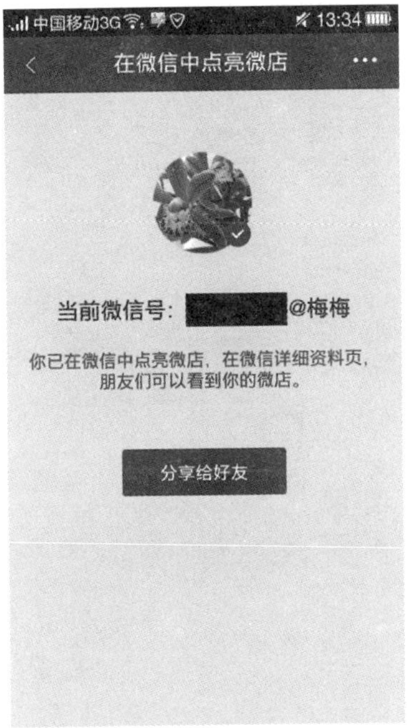

图 3-5 已在微信中点亮微店

图 3-6 选择推广方式

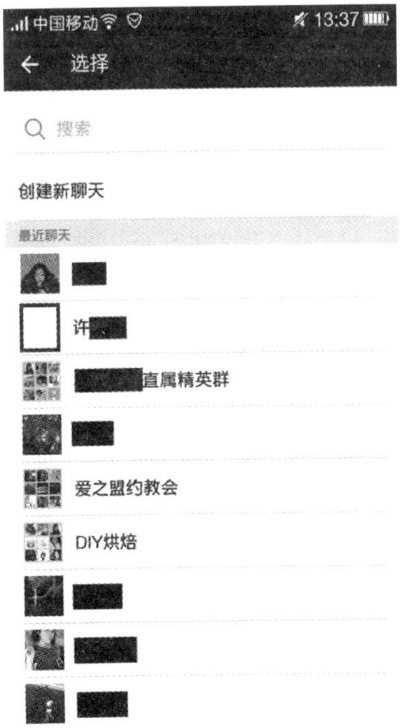

图 3-7 选择页面

图 3-8 点击“分享”

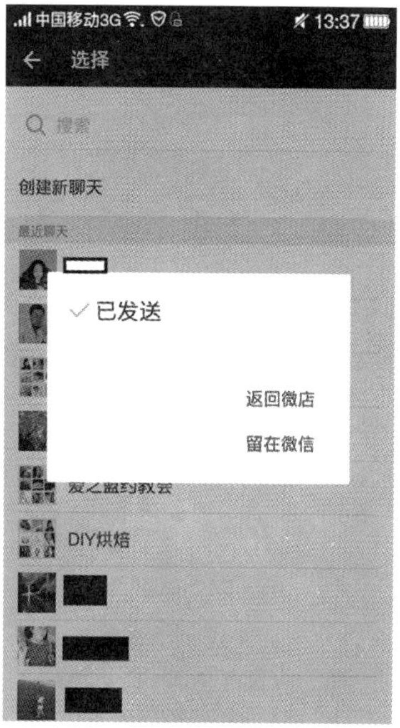

图 3-9 已发送

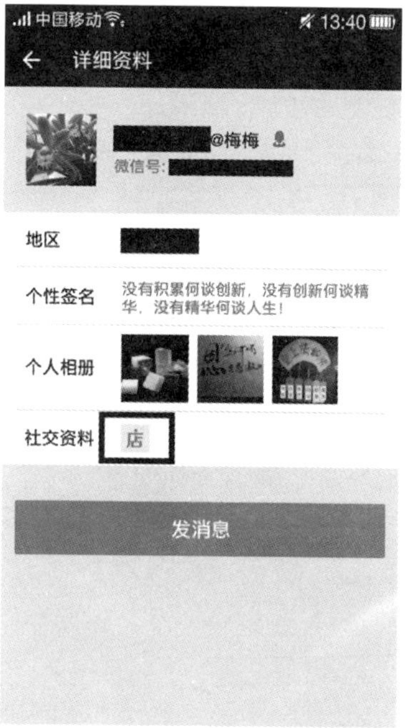

图 3-10 详细资料页面

图 3-11 “社交资料”页面

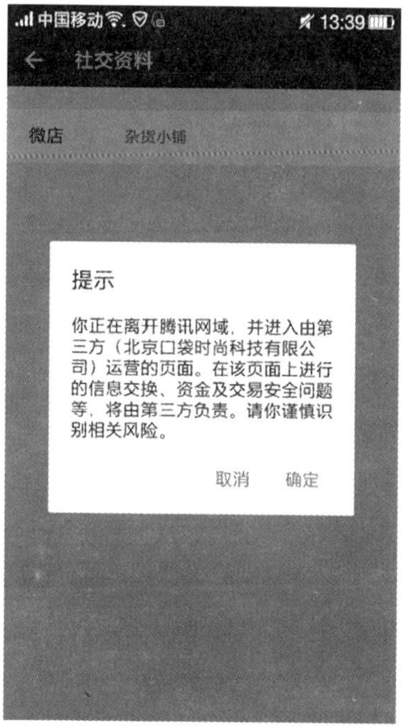

图 3-12 跳转提示

图 3-13 微店封面

的微店。点击进入后，朋友就会看到店主的微店（见图 3-11）。想进入微店，可以直接点击“微店名称”。

这时页面会弹出一段提示（见图 3-12），阅读完提示信息后，朋友可以点击“确定”。这样，朋友就会看到店主微店的封面（见图 3-13）。点击“进入微店”，就可以在店铺中浏览商品了。

以上是链接微信推广店铺的基本操作。掌握这些流程，店主就可以通过微店的“在微信中点亮微店”功能，让更多的人知道自己开了一家微店，这样无形中会增加店铺的客流量，获取更多人的关注。

当然，开通该功能后，如果店主以后不想使用该功能了，也可以关闭它。总之，店主可以根据自己的需求，自由设置“在微信中点亮微店”功能。

3.1.2 一键将店铺或商品分享到微信中

除了使用“在微信中点亮微店”功能外，想要借助微信这棵“大树”作推广，店主还可以一键分享店铺或商品到微信中。

一般来说，店主使用“分享”功能，可以将此链接分享至各大社交平台，当然也包括微信。与“在微信中点亮微店”不同的是，店主只能分享店铺或商品链接至微信好友或微信朋友圈，他们通过连接才能进入到微店。而“在微信中点亮微店”功能一旦开通，无论何时，即使店主不在线，顾客也可以通过店主的微信详细资料直接进入微店中。

店主如何一键将店铺或商品分享到微信中呢？

1. 分享商品至微信好友

在微店页面点击“商品”功能，进入商品管理页面。在该页面中，如果店主想要将商品分享给微信好友，可以点击该商品下方的“分享”（见图 3–14），这时会弹出一个分享页面（见图 3–15）。

图 3–14 点击“分享”

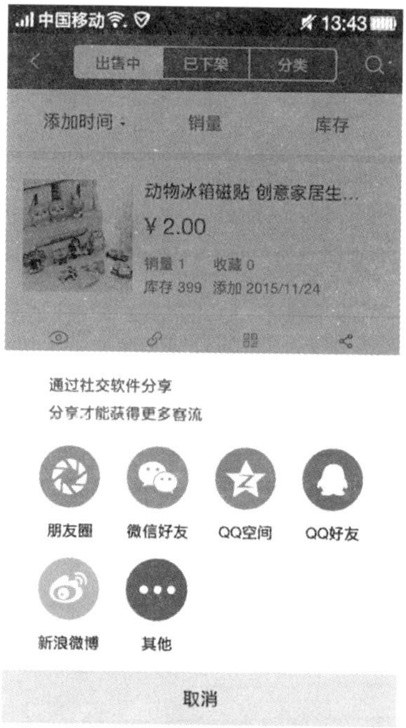

图 3–15 分享页面

在这个页面上，店主会看到很多社交平台。因为要将商品分享给自己的微信好友，所以店主可以直接点击“微信好友”。

进入“选择”页面（见图 3–16）后，店主需要从众多微信好友中选择其中一个微信好友进行分享。选择并点击后，页面会出现自己的微店商品

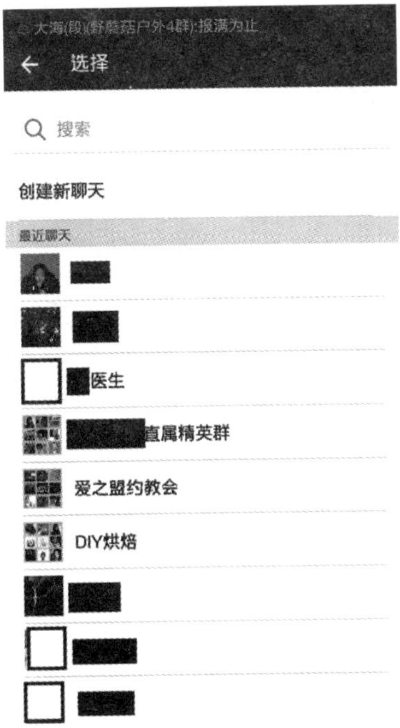

图 3-16 “选择”页面

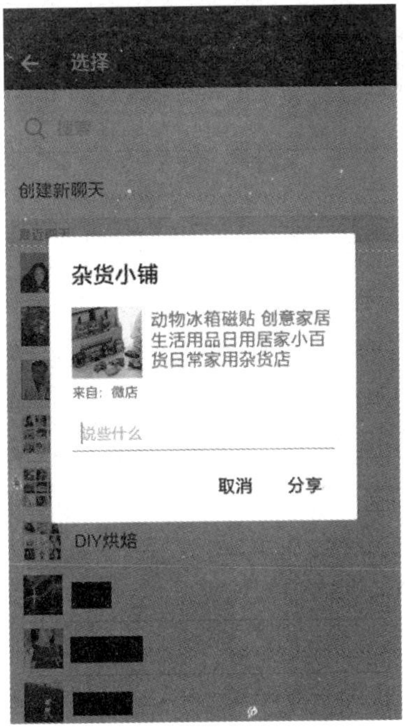

图 3-17 点击“分享”

链接，店主可以在此页面留言，进行简单的推介。编辑完毕后，直接点击“分享”（见图 3-17）。

这时页面会显示“已发送”（见图 3-18），说明店主已将商品链接发送至好友微信中了。

如果选择留在微信中，那么店主可以在好友微信聊天信息中看到自己发送的商品链接（见图 3-19）。如果好友对店主发送的商品感兴趣，可以直接点击该商品链接，进入到店主的微店中。

2. 分享店铺至微信朋友圈

除了将单个商品分享给某位微信好友外，店主也可以将自己的店铺一键分享至微信朋友圈，让更多的人通过链接进入自己的微店中。

具体操作如下。

在微店首页点击“微店”功能，进入“微店管理”页面。进入后，可以直接点击页面下方的“分享”（见图 3-20）。这时会弹出一个分享页面，店主可以点击“朋友圈”（见图 3-21）。

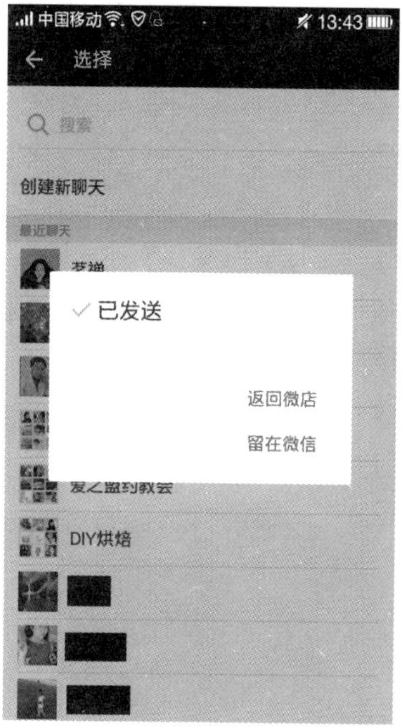

图 3-18 已发送商品链接

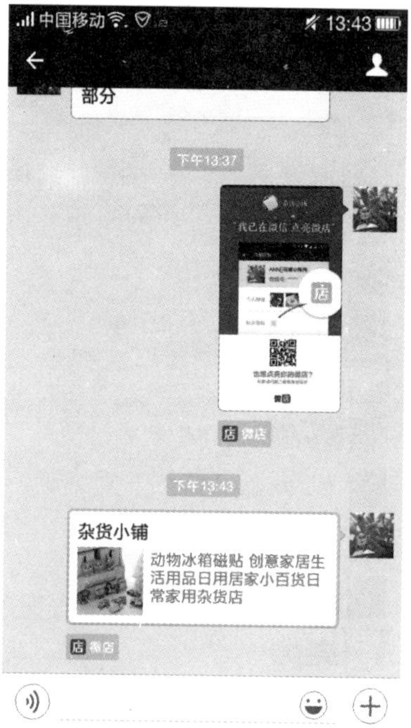

图 3-19 商品链接显示在微信聊天窗口

图 3-20 点击“分享”

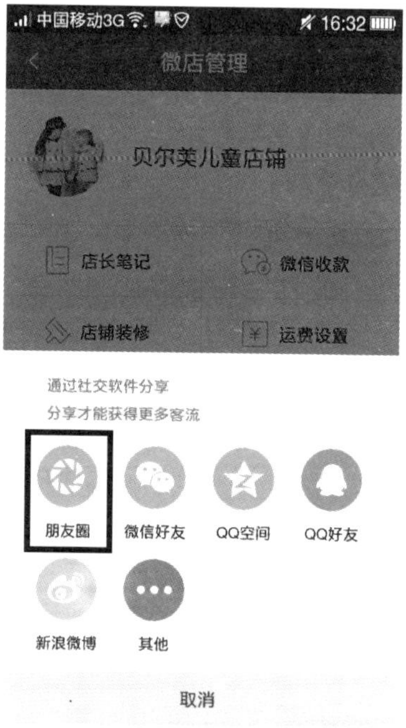

图 3-21 点击“朋友圈”

然后在微信编辑页面中，就可以看到自己的店铺链接了（见图 3–22）。这时店主可以直接点击右上角绿色按键“发送”。

操作完成后，在微信朋友圈中会显示自己的店铺链接（见图 3–23）。微信通讯录的好友只要查看微信朋友圈，就能看到店主发送的店铺链接。如果他们对店铺感兴趣，直接点击它，就能进入店主的店铺浏览商品。

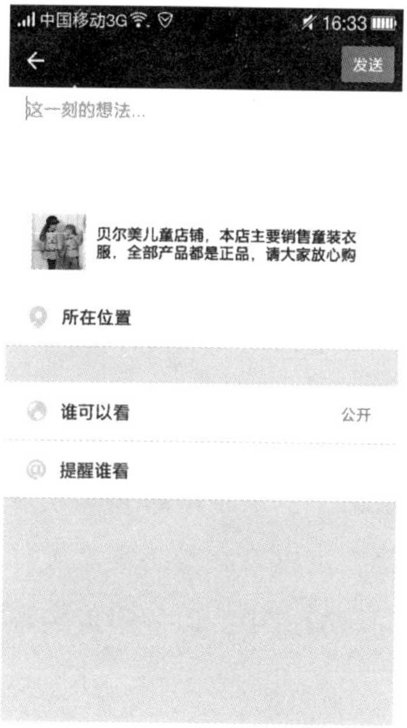

图 3–22 店铺链接

图 3–23 店铺链接发送到朋友圈后的效果图

以上是将微店或商品一键分享至微信中的基本操作。掌握了这些流程后，店主就可以使用“分享”这一功能，将微店发送至微信中进行推广。微信中的好友看到后，就知道店主开了一家微店，并且可以直接从微信界面通过链接进入店铺。通过这种推广方法，能够增加店铺的曝光率和客流量。

3.2 如何入驻微店买家版进行推广

微店买家版是一款微店购物应用，它聚集了上千万微店买家，是目前最大的微店购物市场。店主要想增加客流量，可以下载微店买家版，只要满足入驻条件，就能将自己的商品推广到同城频道中，以便附近的顾客看到你的店铺，提高店铺曝光率。

3.2.1 下载微店买家版

在微店中，“微店买家版”聚集了上千万顾客，店主入驻微店买家版后，附近的顾客能够看到你的微店。如果他们对你的商品比较感兴趣，可能会立即下单。这在给顾客提供便利的同时，也能为自己增加不少客流量。店主可以充分利用微店买家版，增加店铺曝光率。不过，使用这一应用时，店主需要下载微店买家版。

具体如何下载和使用呢？

首先打开微店，进入微店首页，翻转至第二页。想要下载微店买家版，需要点击“买家在这里”（见图 3–24），进入“微店买家版”页面。进入后，可以直接点击“立即下载”（见图 3–25）。

图 3-24 点击“买家在这里”

图 3-25 点击“立即下载”

在“选择要使用的应用”页面中（见图 3-26），需要从中选择一个下载软件，然后点击就可以了。进入下载任务页面后（见图 3-27），可以看到微店买家版正在下载。

微店买家版下载完毕后，直接点击“打开”（见图 3-28）。在微店买家版页面中，店主想要继续安装此应用，可以点击“下一步”（见图 3-29）。

接下来，需要继续点击“安装”（见图 3-30）。这时页面会显示“正在安装”（见图 3-31）。

微店买家版安装完毕后，页面会显示“应用已安装”（见图 3-32），说明微店买家版已成功完成安装。

店主想要进入买家版，可以直接点击“打开”，这样店主就进入到了微店买家版（见图 3-33）。

以上是下载微店买家版的基本操作。掌握这些后，店主就能快速下载微店买家版，然后通过这一应用推广自己的商品，让附近的顾客看到自己的商品。

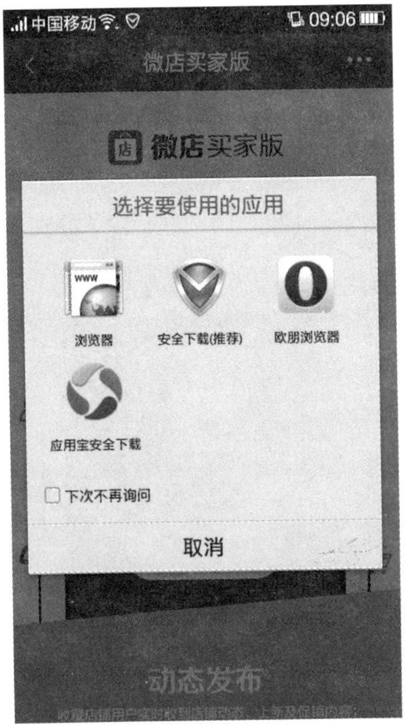

图 3-26 “选择要使用的应用”页面

图 3-27 下载任务页面

图 3-28 点击“打开”

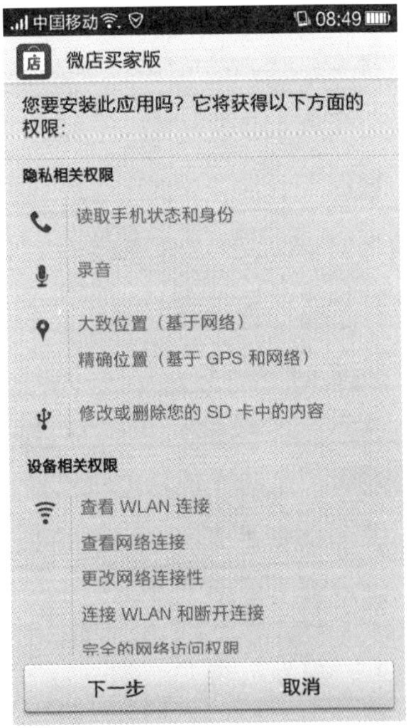

图 3-29 点击“下一步”

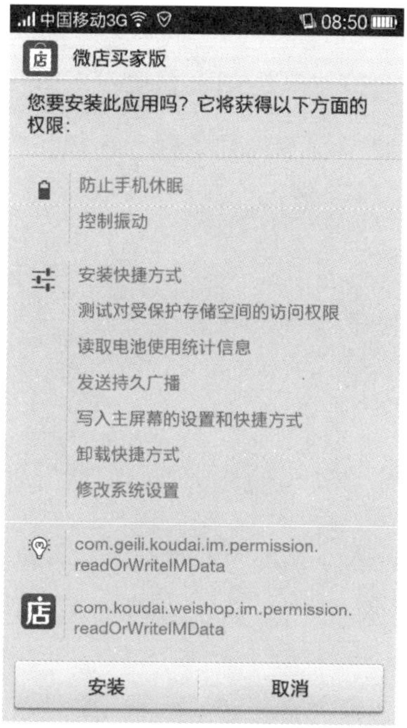

图 3-30 点击“安装”

图 3-31 正在安装

图 3-32 应用已安装

图 3-33 微店买家版

3.2.2 入驻微店买家版进行推广

店主成功下载完微店买家版后，想利用这一应用进行推广，可以入驻微店买家版的同城频道。只要你符合同城频道的入驻条件和审核条件，你的商品就会展示在同城频道中，提高店铺的曝光率。

具体如何操作呢？

首先，打开微店买家版，进入微店动态页面。在这个页面下方，店主会看到四个主要模块，分别是“动态”“同城”“搜索”和“我的”。这里直接点击“我的”。

在“我的”页面，店主需要登录。由于已有微店账号，因此店主无须再注册，直接登录即可（见图 3-34）。进入“登录”页面后（见图 3-35），店主需要输入自己的电话号码和密码。输入完毕后，直接点击红色按键“登录”。

这时，店主就成功登录到微店买家版了（见图 3-36）。想要推广自己的微店，店主可以点击“我是商家”。

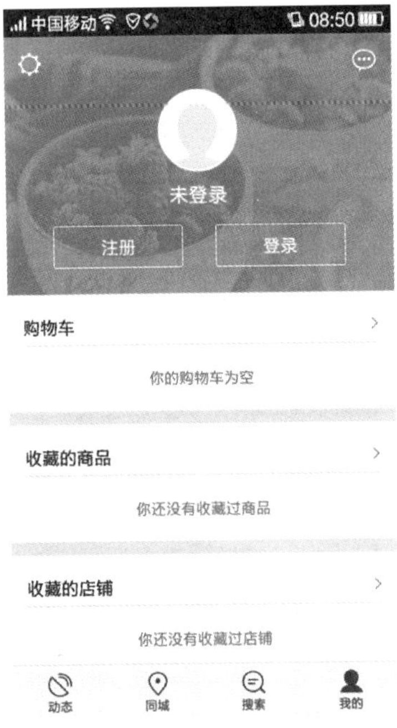

图 3-34 点击“登录”

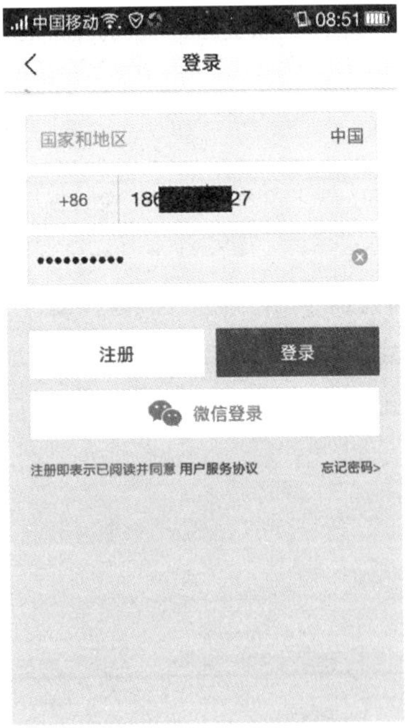

图 3-35 “登录”页面

图 3-36 成功登录到微店买家版

图 3-37 “我是商家”页面

在“我是商家”页面中(见图 3–37),店主会看到四项内容,分别是“我要入驻”“活动报名”“推广统计”和“商家组队工具”。店主可以点击“我要入驻”。

点击“我要入驻”后，就进入到了“同城频道招商”页面。在该页面，可以看到正在招募的几个行业。如果店主经营的商品属于这些行业中的一个，可以直接点击该行业（见图 3–38）。

在该行业页面中，会看到入驻该行业的相关内容，主要包括基本介绍、店铺要求和怎么入驻三方面。阅读完入驻该行业的内容后，可以直接点击红色按键“报名”（见图 3–39）。

在“填写店铺信息”页面中（见图 3–40），需要输入店铺信息，包括联系电话、你的位置、详细地址，并选择“是否外送”。如果店主不想外送，可以忽略此选项。输入完店铺信息后，直接点击红色按键“完成”。

进入“我的店铺”页面，可以看到“提交成功”（见图 3–41），这说明店铺已经成功完成入驻同城推广的申请。当然，店主要想继续操作，可

中国移动3G 17:32
关闭 同城频道招商
【微店买家版-同城】频道招商
• 正在招募的行业
粮肉副食 报名 >
生鲜水果 报名 >
茶酒饮品 报名 >
便利店 报名 >
咖啡 报名 >

图 3-38 点击该行业

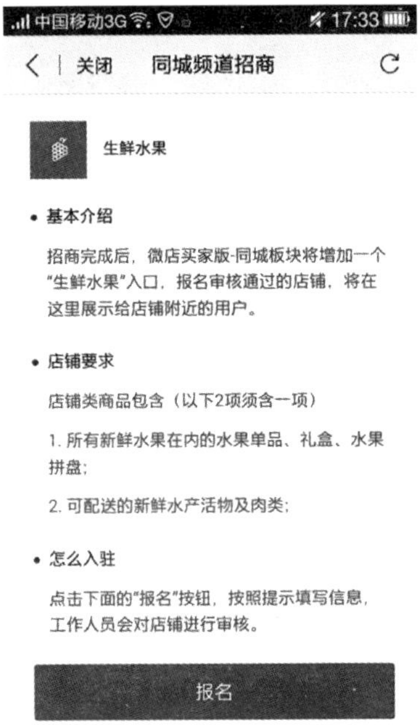
中国移动3G 17:33
关闭 同城频道招商
生鲜水果
• 基本介绍
招商完成后，微店买家版-同城板块将增加一个“生鲜水果”入口，报名审核通过的店铺，将在这里展示给店铺附近的用户。
• 店铺要求
店铺类商品包含（以下2项须含一项）
1. 所有新鲜水果在内的水果单品、礼盒、水果拼盘；
2. 可配送的新鲜水产活物及肉类；
• 怎么入驻
点击下面的“报名”按钮，按照提示填写信息，工作人员会对店铺进行审核。
报名

图 3-39 点击“报名”

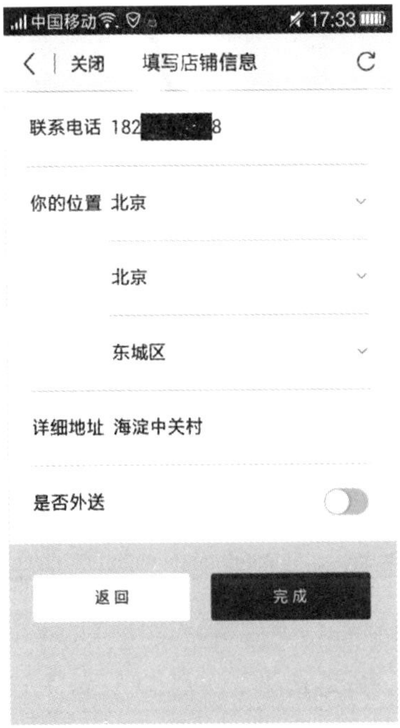
中国移动 17:33
关闭 填写店铺信息
联系电话 182[redacted]8
你的位置 北京
北京
东城区
详细地址 海淀中关村
是否外送
返回
完成

图 3-40 “填写店铺信息”页面

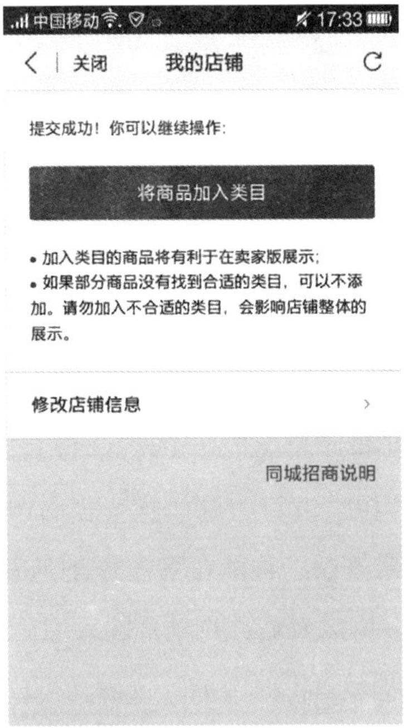
中国移动 17:33
关闭 我的店铺
提交成功！你可以继续操作：
将商品加入类目
• 加入类目的商品将有利于在卖家版展示；
• 如果部分商品没有找到合适的类目，可以不添加。请勿加入不合适的类目，会影响店铺整体的展示。
修改店铺信息
同城招商说明

图 3-41 提交成功

以点击红色按键“将商品加入类目”。

一般来说，加入类目的商品有利于卖家展示。如果不想继续此操作，可以直接点击左上角的“关闭”。

在同城频道招商页面中，店主会在自己申请入驻的行业后面看到“等待审核”的提示（见图 3-42）。一旦审核通过，在买家版的同城市场中，就会显示店主的店铺。同城及附近的顾客也会在这个同城频道中看到店主的店铺。

如果店主想知道买家版的推广效果，可以点击“我是商家”中的“推广统计”。在“买家版推广统计”页面中（见图 3-43），店主能了解到自己入驻买家版后的曝光率、点击量、访客数等动态数据和变化情况，借此评估推广效果。

图 3-42 等待审核

图 3-43 “买家版推广统计”页面

以上是入驻微店买家版进行推广的基本操作。掌握这些后，店主就能根据这一应用的特点，灵活运用这一功能，充分发挥微店买家版的推广作用，吸引更多的人进入店铺，增加访客量。

3.3 如何利用“店长笔记”推广店铺

在微店中，“店长笔记”也是一个帮助店主引流的重要功能。通过该功能，店主可以编辑一些高质量的文案，或介绍商品，或推广活动，一方面让消费者第一时间了解到店铺比较重要的信息，另一方面，如果运作得好，有人转发你的文案，也会提高微店的曝光率，增强推广效果。

3.3.1 做好“店长笔记”

在微店中，“店长笔记”是店主推广商品的重要功能之一。店主可以写一篇图文并茂的文章，通过该功能展示在店铺中；也可以将“店长笔记”的内容分享给好友，借此宣传店铺和商品。

至于“店长笔记”的内容，既可以是有关商品的描述，也可以是个人和商品之间的关系，目的是让更多的人了解商品，信任店铺。

如果店主的文字功底扎实，文章写得不错，而且是自己的原创作品，那么“店长笔记”会吸引很多人的眼球和点击。这样一来，微店就会有更多的人发现和熟知。

店主如何运用“店长笔记”这一功能呢？

首先打开微店，在微店首页点击“微店”，进入“微店管理”页面。在该页面中，店主需要点击“店长笔记”（见图 3-44）。然后在“店长笔记”页面中（见图 3-45）写下你的经营感悟。图中该店因为还没有写过笔记，所以整个页面空空如也。

图 3-44 点击“店长笔记”

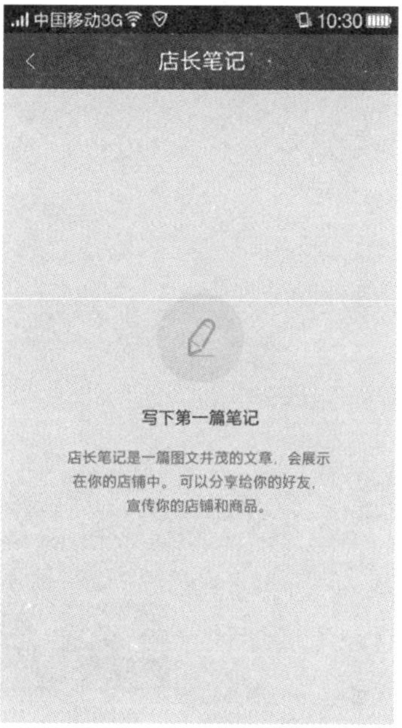

图 3-45 “店长笔记”页面

想要编辑店长笔记，可以直接点击中间的铅笔图案，来写下自己的第一篇笔记。

进入“新笔记”页面，店主需要输入笔记的标题。笔记的标题很重要，因为标题是影响店长笔记点击率的最重要因素。输入标题时，可以添加一些辅助的情感说明，让标题看起来更生动，比如：我，为什么叫“真真的阿爸”？

输入标题后（见图 3-46），点击“添加内容”。这时页面会弹出四个选项，分别是“添加文字”“添加图片”“添加商品”和“添加视频”，店主可以根据自己的需求来选择。这里选择的是“添加文字”（见图 3-47）

之后页面会出现一个边框，店主可以在边框内输入文字（见图 3-48）。

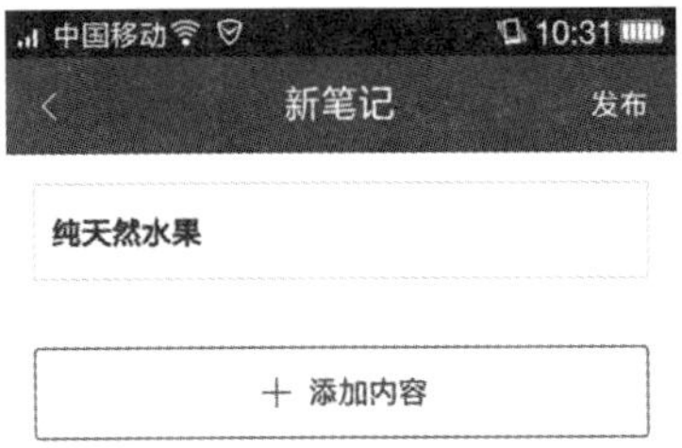

图 3-46 输入标题

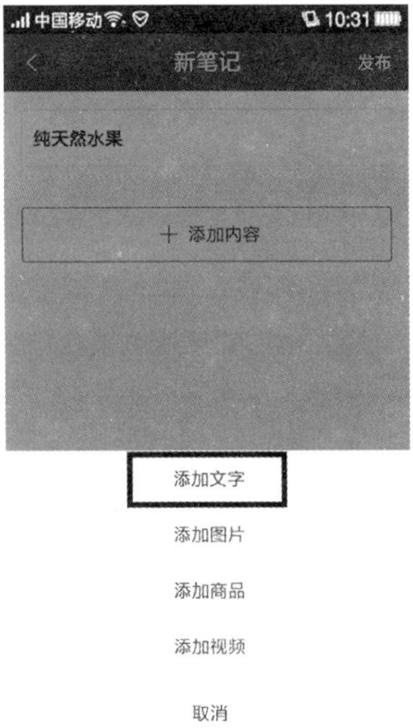

图 3-47 添加文字

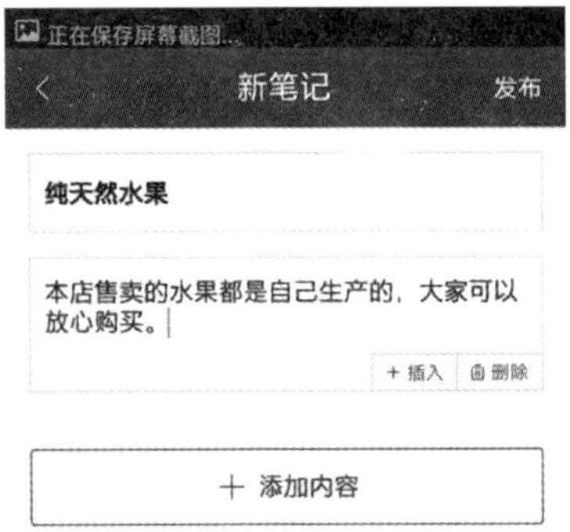

图 3-48 输入文字

编辑完文字内容后，如果店主还想加入一些其他内容，那么可以点击“添加内容”。

在“添加内容”页面中，还可以根据自己的需求选择其他选项。这里选择“添加图片”（见图 3–49），点击它就可以了。

进入“选择图片”页面（见图 3–50）后，可以看到有很多商品图片。这时店主需要从这些图片中选中想要添加的图片。选中图片后，该商品图片会显示在新笔记页面中（见图 3–51）。如果店主还想继续添加内容，可以再次点击“添加内容”。

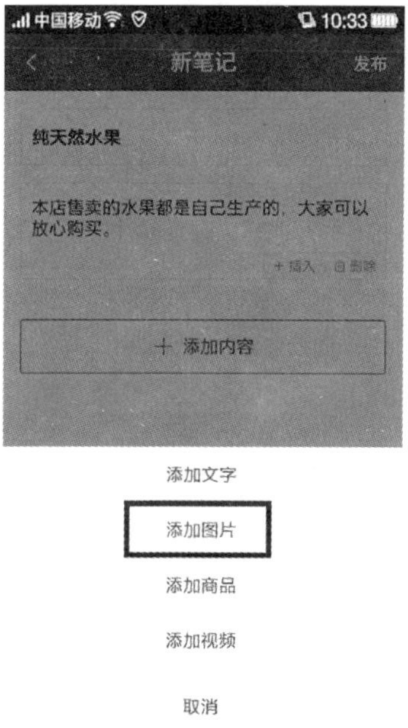

图 3–49 添加图片

图 3–50 “选择图片”页面

如果店主选择的是“添加商品”，就会进入“选择商品”页面（见图 3–52），此时店主需要选择商品。选择商品后，该商品就会显示在新笔记页面中，这说明店主成功添加了商品（见图 3–53）。如果店主无须添加其他内容，可以点击右上角“发布”。

在笔记发布成功页面中，店主会看到一段提示信息：“恭喜你，店长笔记发布成功！”（见图 3–54），这说明店主已编辑好店长笔记。

图 3-51 添加图片后的效果

图 3-52 “选择商品”页面

图 3-53 商品已添加

图 3-54 笔记发布成功

以上是编辑店长笔记的基本操作。掌握了这些后，就能通过“店长笔记”功能，写下自己经营微店过程中的一些感受或顾客反馈，还可以写下店铺促销活动信息。

需要注意的是，一篇直接推广商品而没有温度的文章，是不会引发他人自动转发的。所以在内容和文案的编辑上，店主一定要多用心。

3.3.2 分享“店长笔记”

写完“店长笔记”后，可以将其分享到各大社交平台，让更多的人知道你的微店，因为“店长笔记”的功能就是让顾客了解店铺、了解商品，增加他们的信任，从而认可商品，促成交易。

如何分享“店长笔记”呢？

编辑完“店长笔记”后，如果想将“店长笔记”分享给他人，以获取更多的微店流量，可以从众多社交平台中选择其中一个，直接点击它就可以了，这里选择的是“朋友圈”。

随后，在朋友圈信息编辑页面中，店主会看到自己的“店长笔记”链接（见图 3–55）。然后可以在页面上输入相关推介内容或者其他想说的话。输入完成后（见图 3–56），点击右上角绿色按键“发送”。

这时，“店长笔记”链接就会显示在朋友圈中，这也说明店长已成功将“店长笔记”分享出去了（见图 3–57）。

微信中的好友也会看到店主发送的“店长笔记”链接，如果他们对“店长笔记”感兴趣，就会点击阅读，这样他们就会进入到微店中。浏览完店主编辑的“店长笔记”后，他们很可能还会在微店中转一圈，翻看一下微店中的商品（见图 3–58）。

以上是分享“店长笔记”的基本操作。掌握这些流程后，店主可以利用“店长笔记”这一功能推广自己的商品或店铺，吸引更多的人关注。

总之，“店长笔记”的作用不可小觑，店主一定要注意灵活运用。

图 3-55 店长笔记链接

图 3-56 输入自己的想法

图 3-57 成功分享店长笔记

图 3-58 店长笔记

3.4 如何通过“活动报名”曝光店铺

微店的营销工具有很多，微信平台举办的各种活动，同样是一个不错的推广工具。店主可以随时关注这一功能，查看最近可以报名的活动。

由于不同的活动带来不同的效果，所以店主只需有选择地参加那些能够满足自己需求的活动。一旦报名成功，推广效果很有可能会达到或者超出店主的预期。

3.4.1 了解“活动报名”功能

微店平台推出的活动层出不穷。店主想要增加自己微店的流量，可以通过微店的“活动报名”功能，积极参与微店平台免费提供的活动。报名成功后，店主的商品会展示在相应平台中。虽然有的活动可能需要付出一部分代价，但从效果来看，会给整个店铺带来可观的客流量和交易量。

实际运营中，很多店主对“活动报名”这一功能并不了解，故而参与活动屡屡失败。要想提高自己报名参加活动的成功率，店主必须在报名前了解“活动报名”这一功能，以便做到心中有数，这样才能轻松搞定。

在“活动报名”页面中，店主首先要看“活动报名”的标题。通过活动标题，可以知道这是哪个渠道举办的活动，因为报名后商品会展示在这个渠道上。

这一点很关键，如果渠道和自己的商品不契合，那么推广效果就会大打折扣，甚至根本起不到任何作用。

另外，活动标题也会告诉店主这个活动适不适合参加。比如，微店今日半价特色农产品报名（见图 3-59），如果店主售卖的不是农产品，而是个护类商品，自然无法报名。

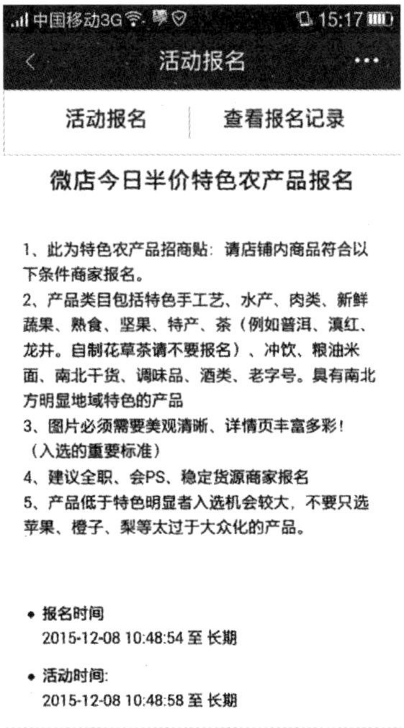
中国移动3G
15:17
活动报名
活动报名
查看报名记录
微店今日半价特色农产品报名
1、此为特色农产品招商贴：请店铺内商品符合以下条件商家报名。
2、产品类目包括特色手工艺、水产、肉类、新鲜蔬果、熟食、坚果、特产、茶（例如普洱、滇红、龙井。自制花草茶请不要报名）、冲饮、粮油米面、南北干货、调味品、酒类、老字号。具有南北方明显地域特色的产品
3、图片必须需要美观清晰、详情页丰富多彩！（入选的重要标准）
4、建议全职、会PS、稳定货源商家报名
5、产品低于特色明显者入选机会较大，不要只选苹果、橙子、梨等太过于大众化的产品。
报名时间
2015-12-08 10:48:54 至 长期
活动时间:
2015-12-08 10:48:58 至 长期

图 3-59 活动标题

除了经营的商品符合活动要求外，店主还需要注意参加活动的条件，比如，必须全国包邮（不能设置包邮门槛），按活动要求缴纳消费者保障金等（见图 3-60）。只有先阅读了活动的报名条件，才能知道自己是否可以报名参加该活动。

另外，有些活动还会注明参加活动的店铺需要具备的资质，比如担保交易、食品资格认证等（见图 3-61）。只有符合这一条件的店铺，才能成功报名。

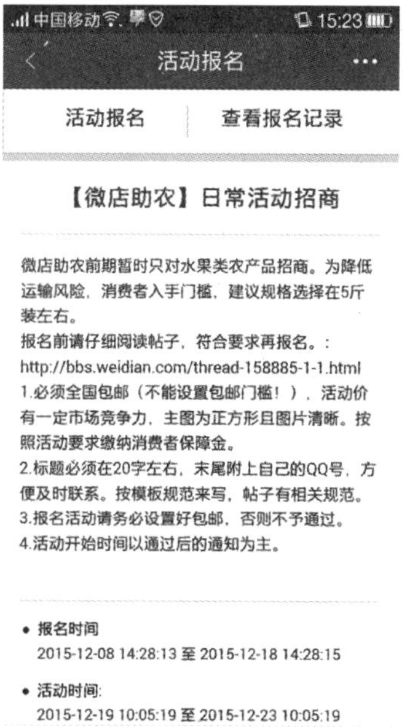
中国移动
15:23
活动报名
活动报名
查看报名记录
【微店助农】日常活动招商
微店助农前期暂时只对水果类农产品招商。为降低运输风险，消费者入手门槛，建议规格选择在5斤装左右。
报名前请仔细阅读帖子，符合要求再报名。:
http://bbs.weidian.com/thread-158885-1-1.html
1.必须全国包邮（不能设置包邮门槛！），活动价有一定市场竞争力，主图为正方形且图片清晰。按照活动要求缴纳消费者保障金。
2.标题必须在20字左右，末尾附上自己的QQ号，方便及时联系。按模板规范来写，帖子有相关规范。
3.报名活动请务必设置好包邮，否则不予通过。
4.活动开始时间以通过后的通知为主。
报名时间
2015-12-08 14:28:13 至 2015-12-18 14:28:15
活动时间:
2015-12-19 10:05:19 至 2015-12-23 10:05:19

图 3-60 活动条件

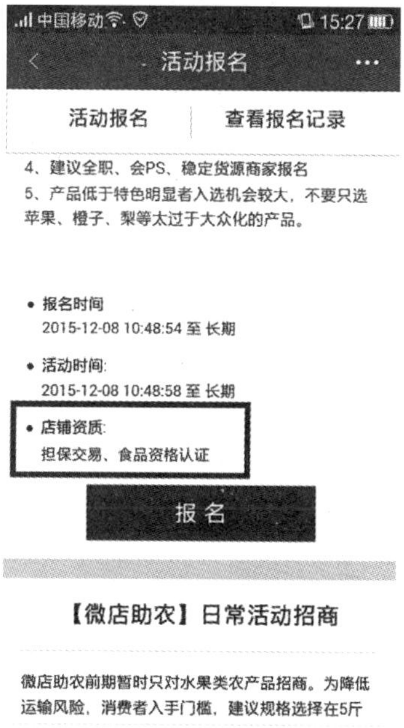
中国移动
15:27
活动报名
活动报名
查看报名记录
4、建议全职、会PS、稳定货源商家报名
5、产品低于特色明显者入选机会较大，不要只选苹果、橙子、梨等太过于大众化的产品。
报名时间
2015-12-08 10:48:54 至 长期
活动时间:
2015-12-08 10:48:58 至 长期
店铺资质:
担保交易、食品资格认证
报 名
【微店助农】日常活动招商
微店助农前期暂时只对水果类农产品招商。为降低运输风险，消费者入手门槛，建议规格选择在5斤

图 3-61 店铺资质

除此之外，店主还需要注意活动报名的时间和举办活动的时间，以免错失报名时机，或者没有及时做好迎接活动的准备等。

当店主掌握了“活动报名”的特点后，就可以参与活动报名，在活动中推广店铺了。

3.4.2 参与“活动报名”

虽然店主可以通过参加活动推广自己的店铺，但必须要符合报名的条件。了解了“活动报名”的要求后，就可以根据店铺的具体情况，选择适合自己的活动进行报名了。

店长如何利用“活动报名”功能，参与各种促销活动，展示自己的商品呢？

首先打开微店，在微店页面点击“营销”，进入“营销推广”页面（见图 3–62）。这里有很多营销推广功能，比如口袋直通车、活动报名、分成推广等。要想利用“活动报名”推广店铺，可以直接点击“活动报名”。

在“活动报名”页面中有很多活动（见图 3–63），比如粮肉副食等。

中国移动3G
14:20
营销推广
店铺优惠券
限时折扣
私密优惠
分享赚钱
满包邮
口袋直通车
活动报名
买家版
同城招商
分成推广
友情店铺
入驻市场
允许手机号找
到我

图 3-62 “营销推广”页面

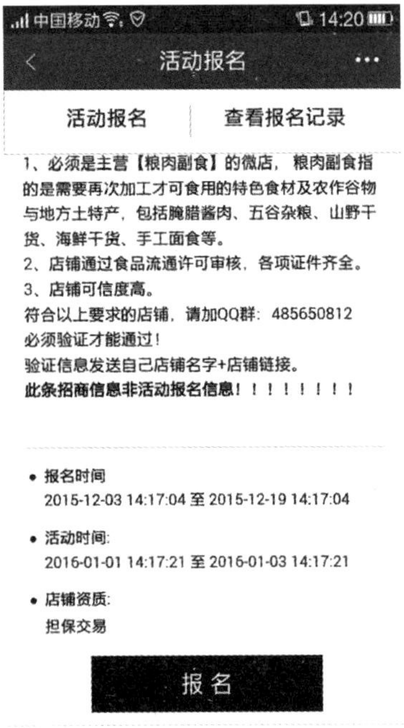
中国移动
14:20
活动报名
活动报名
查看报名记录
1、必须是主营【粮肉副食】的微店，粮肉副食指的是需要再次加工才可食用的特色食材及农作谷物与地方土特产，包括腌腊酱肉、五谷杂粮、山野干货、海鲜干货、手工面食等。
2、店铺通过食品流通许可审核，各项证件齐全。
3、店铺可信度高。
符合以上要求的店铺，请加QQ群：485650812
必须验证才能通过！
验证信息发送自己店铺名字+店铺链接。
此条招商信息非活动报名信息！！！！！！！！
报名时间
2015-12-03 14:17:04 至 2015-12-19 14:17:04
活动时间:
2016-01-01 14:17:21 至 2016-01-03 14:17:21
店铺资质:
担保交易
报 名

图 3-63 活动报名页面

这些活动都设有报名条件，店主选择的时候，需要根据自己店铺的实际情况选择适合的活动报名。如果确认符合活动的报名条件，就可以点击“报名”。

在活动详情页（见图 3-64），店主会看到活动的具体要求。阅读完后，可以直接点击页面下方的“选择商品”。

进入“选择商品”页面后，选择符合报名条件的商品，并点击该商品下方的“报名”（见图 3-65）。

在活动设置页面，店主需要根据价格要求，输入活动特价时的价格。输入商品价格后（见图 3-66），如果店主想包邮，可以向右移动“促销方式”按钮。这时“促销方式”按钮会由灰色变成绿色，同时下方会出现一个“偏远地区不包邮”的选项。如果店主觉得偏远地区包邮不合算，会降低商品利润，可以勾选这一选项，然后点击红色按键“确定”就可以了（见图 3-67）。

这时页面会出现一段提示信息。阅读完此信息后，店主如果决定提交

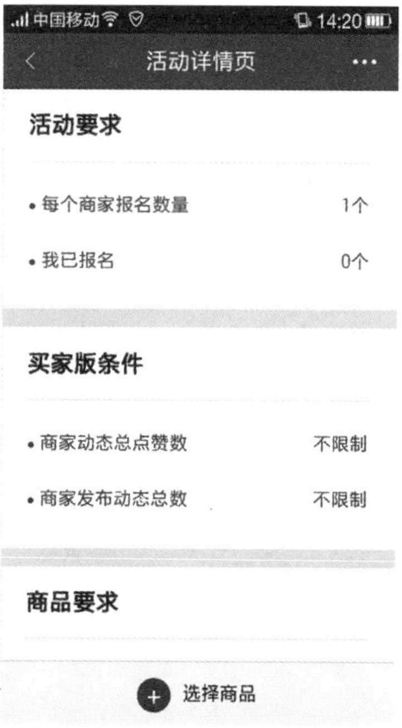

图 3-64 活动详情页

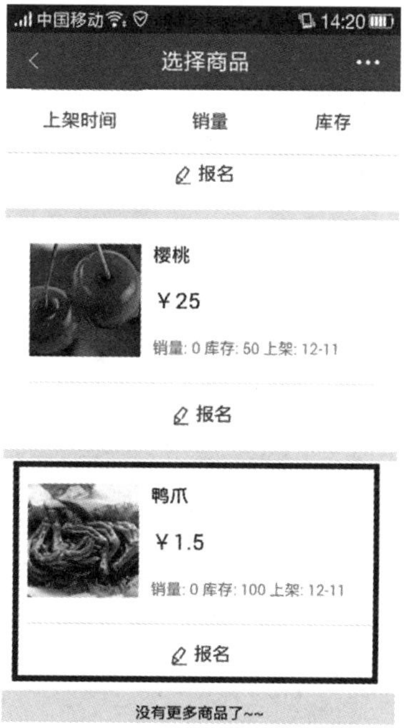

图 3-65 点击“报名”

图 3-66 输入商品价格

图 3-67 点击“确定”

报名，可以点击“确定”（见图 3-68）。在“报名成功”页面，会显示“报名已提交成功”（见图 3-69），这说明店主已成功报名。

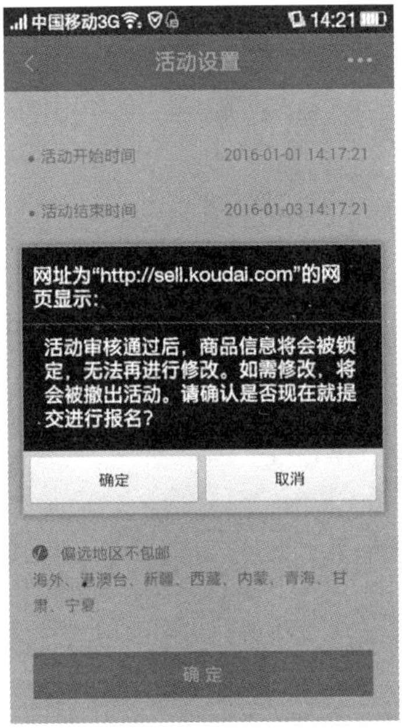
中国移动3G
14:21
活动设置
活动开始时间
2016-01-01 14:17:21
活动结束时间
2016-01-03 14:17:21
网址为“http://sell.koudai.com”的网页显示：
活动审核通过后，商品信息将会被锁定，无法再进行修改。如需修改，将会被撤出活动。请确认是否现在就提交进行报名？
确定
取消
偏远地区不包邮
确定

图 3-68 点击“确定”

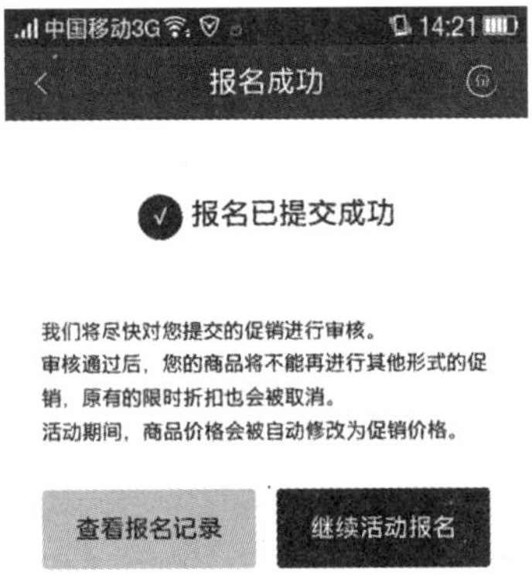
中国移动3G
14:21
报名成功
报名已提交成功
我们将尽快对您提交的促销进行审核。
审核通过后，您的商品将不能再进行其他形式的促销，原有的限时折扣也会被取消。
活动期间，商品价格会被自动修改为促销价格。
查看报名记录
继续活动报名

图 3-69 报名提交成功

提交报名后，店主如果想知道自己的报名是否通过，可以到“报名记录”中查看。

以上是参与活动报名的基本操作。掌握这些流程后，店主就能快速报名参加微店平台举办的各种活动。

需要注意的是，店主提交报名后，微店平台系统会根据提交的内容进行审核。审核通过后，你的商品将不能再进行其他形式的促销，原有的限时折扣也会被取消。

第4章

CHAPTER FOUR

促销功能：

搞好促销，抓住顾客痛点、痒点、兴奋点

在经营微店过程中，很多店主都会利用各种节日开展促销活动，以此刺激顾客消费。

从功能角度考虑，微店对店主同样有很多帮助。比如微店自带的“限时折扣”“优惠券”等功能，如果店主能够灵活运用，那么这些促销方式都能很好地抓住顾客的痛点、痒点、兴奋点，不但可以打造爆款，还可以为店铺迎来大量订单。

4.1 如何进行优惠券促销活动

优惠券促销是店主们经常使用的一种促销手段，但在优惠券使用方式上，很多店主却比较迷茫。要知道，优惠券并非只是给顾客一个折扣那么简单，而是店铺推广和吸引顾客二次消费的策略，其设置的好坏直接影响店铺的营销效果。

微店优惠券的设置非常重要，店主必须掌握它的设置要点，灵活使用微店的“优惠券”功能，这样才能做好优惠券促销活动。

4.1.1 优惠券设置要点

优惠券是短期刺激顾客消费的“灵丹妙药”，早已成为店主们进行促销活动的重要手段。如果店主能够灵活运用优惠券，不但可以吸引大量潜在顾客进店购买，还可以提高老顾客的复购率，从而提高店铺的销量。

设置优惠券时，店主必须要注意以下几个要点。

1. 明确优惠券的营销目的

使用优惠券的营销目的不一样，其采用的营销策略也会有所不同。设置优惠券之前，店主需要明确优惠券的营销目的。也就是说，店主想要通

表 4-1 优惠券设置要点

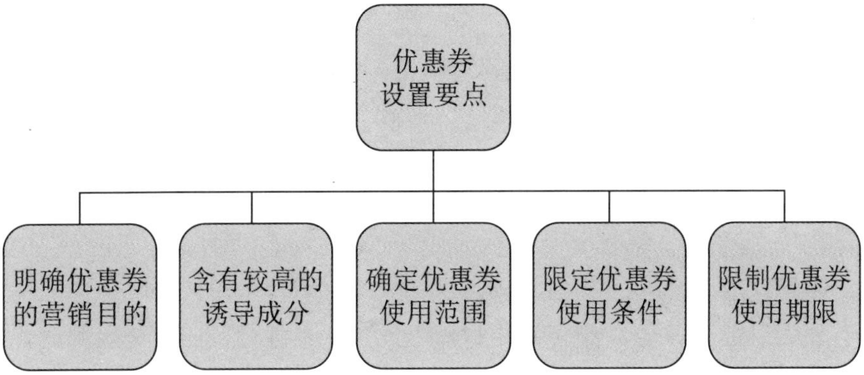

过优惠券活动达到什么样的目的。

如果是为了提高老顾客的复购率，可以采用比较宽松的优惠券营销策略；如果想提高商品的性价比和竞争力，可以采用比较刺激的优惠券策略。

只有确定了优惠券的营销目的，才能运用好微店的“优惠券”功能。

2. 含有较高的诱导成分

对于顾客来说，使用优惠券可以享受一定的打折优惠，但很多店铺发放的优惠券并非立即就能兑现，需要顾客进行第二次或多次消费后，才能享受店铺相应的折扣优惠。

这样的优惠券含有较高的诱导成分，是有条件的打折优惠。如果优惠条件比较诱人，可以起到促进顾客消费的目的，在一定程度上提高店铺的收益。

3. 确定优惠券使用范围

设置优惠券时，必须要确定优惠券的使用范围。也就是说，顾客购买哪类或者哪些商品才可以使用优惠券。比如只有购买店铺新款羽绒服，才能使用优惠券。

确定优惠券的使用范围后，不仅可以提高店铺的人气和销量，而且可以让促销活动更有针对性，更有利于达成促销的目的。

4. 限定优惠券使用条件

设置优惠券时，必须限定优惠券的使用条件。也就是说，顾客需要满足什么样的条件才能使用优惠券。比如，购买商品满100元，可以使用1张10元优惠券，等等。

在微店中，设置的优惠券是否有吸引力，直接影响到优惠券的使用率。一般来说，使用优惠券的门槛限制得越低，优惠券对顾客的吸引力越大，优惠券使用率也就越高。

5. 限制优惠券使用期限

优惠券是为了诱导顾客消费的，如果长期使用，不仅会让顾客对优惠券失去兴趣，还会降低店铺的利润。设置优惠券时，店主必须限制优惠券的使用期限，比如，优惠券使用有效期：2015/12/01至2015/12/15，逾期作废，等等。这样会让顾客有时间上的紧迫感，从而提高优惠券的使用效率。

以上是优惠券的设置要点，店主在设置优惠券时，只有明确这些内容，才能充分运用好微店的“优惠券”功能，不但为店铺带来更多的客源，还可以获得颇丰的收入。

4.1.2 优惠券设置方法

在微店中，店主采用优惠券促销手段，其最大的优势在于，它不但能为持有优惠券的顾客带来额外的独享满足感，还能提高店铺的人气，吸引更多的潜在顾客参与购物。店主必须掌握优惠券的设置技巧，这样才能将优惠券的作用发挥到极致。

如何在微店中设置优惠券呢？

打开微店，在微店主页面中，点击页面右边的翻转按钮。翻转页面至第二页，就可以看到微店的“营销”功能了。点击进入微店“营销推广”页面（见图4–1）。在该页面，可以看到“店铺优惠券”图标，点击进入（见图4–2）。

在“店铺优惠券”页面（见图4–3），点击“添加店铺优惠券”，进入“店铺优惠券”编辑页面（见图4–4）。在这个页面上，需要填写店铺优惠券基本信息，包括优惠券面额、订单下限、优惠券库存、领券限制以及有效期。

图 4-1 点击“营销”图标

图 4-2 点击“店铺优惠券”图标

图 4-3 “店铺优惠券”页面

图 4-4 “店铺优惠券”编辑页面

除此之外，还需要决定是否展示已领完的优惠券以及分享文案。

填写完优惠券基本信息，可以打开“展示已领完的券”，并输入“分享文案”的内容。做完这些后，点击红色按键“完成”（见图 4–5）。这时页面会弹出一段提示：优惠券创建后无法修改只可删除，确认提交（见图 4–6）。如果店主确认无误，可以直接点击“确定”。

图 4–5 点击“完成”

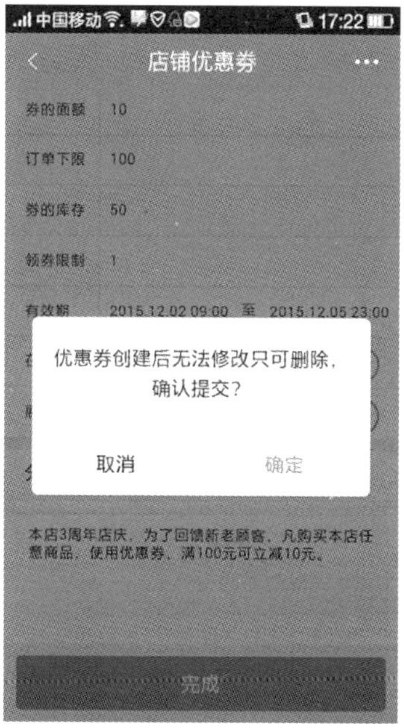

图 4–6 “确认提交”提示信息

如果优惠券还未到领取时间，店主可以在店铺优惠券的“未开始”界面，看到已创建好的优惠券（见图 4–7）。

优惠券创建后，店主可以点击优惠券下方的“分享”。顾客通过优惠券链接，就能看到店主设置好的优惠券（见图 4–8），并且可以在有效期内点击“领取店铺优惠券”。

这时顾客会看到：恭喜你！领到小店的优惠券。这说明顾客已经领取优惠券(见图 4–9)。如果优惠券足够吸引人，顾客很有可能会点击“告诉小伙伴”，将此优惠活动告诉自己的小伙伴，吸引他们前来购买。

如果店主想了解优惠券的使用情况，可以点击优惠券下方的“查看报

图 4-7 创建好的优惠券

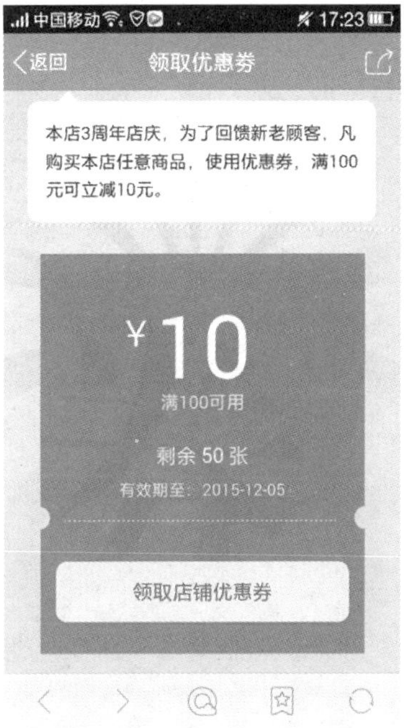

图 4-8 店铺优惠券展示

图 4-9 优惠券已领取

表”。这样店主就能看到店铺优惠券的领取详情和使用详情了（见图 4-10、图 4-11）。

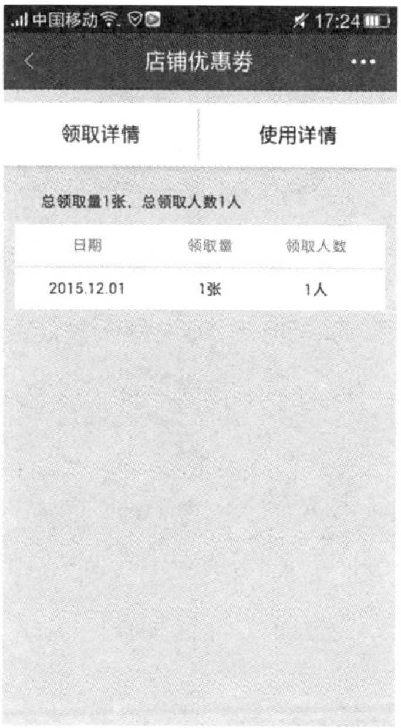

图 4-10 店铺优惠券领取详情

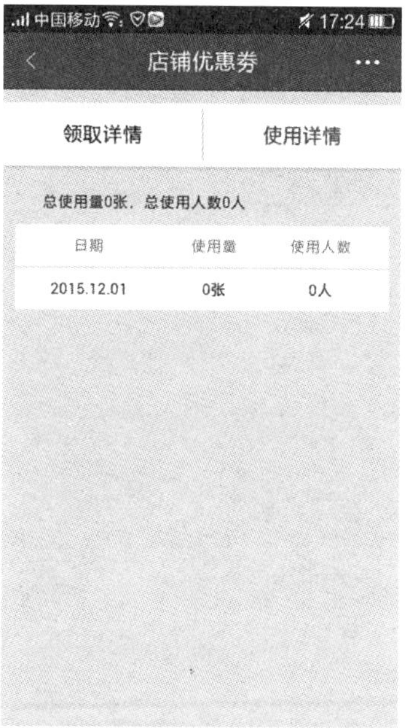

图 4-11 店铺优惠券使用详情

以上是设置优惠券的基本流程。掌握这些后，店主就能更好地运用微店的“优惠券”功能。不过，在实际操作过程中，店主必须根据营销目的，按照以上操作流程创建一个或两个以上的优惠券，以便吸引更多不同消费层次、不同消费需求的顾客前来购买商品。

4.2 如何进行“限时折扣”活动

“限时折扣”是微店提供给店主的一种店铺促销功能。利用这一功能，店主可以适时开展“限时折扣”活动。

从店铺经营的角度来看，这是一种非常有效的促销方式，可以让顾客从中享受到最大的折扣，进一步刺激顾客进店消费。

4.2.1 “限时折扣”注意事项

物美价廉是顾客永恒的消费诉求。同样的商品，如果之前一直卖280元，活动时突然有了折扣，变成200元，势必激起顾客的购买冲动。

在合适的时间，定期开展“限时折扣”活动，通过折扣的方式让利给顾客，让顾客获得实惠，不仅可以提高店铺人气，活跃气氛，充分调动顾客的购买欲望，同时也可以促进即将到期商品的销售工作，减少库存，或者全部售卖完毕。。

要想做好“限时折扣”促销活动，在设置“限时折扣”时，店主需要注意哪些问题呢（见表4–2）？

表 4-2 限时折扣注意事项

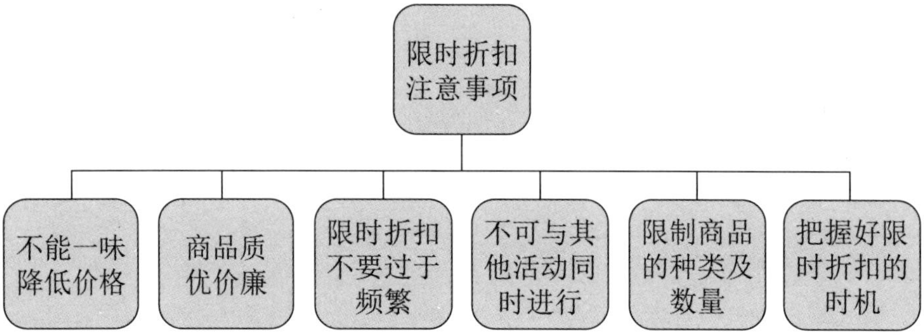

1. 不能一味降低价格

运用好“限时折扣”这一功能，能对微店的销量起到积极的促进作用。但在实际经营过程中，很多店主虽然采用了“限时折扣”促销方式，却并没有取得良好的营销效果，究其原因，很多店主只是通过简单的降价来进行促销。

在很多店主看来，“限时折扣”就是降价，只要降低商品价格，就能获得大量顾客的青睐。实践证明，一味降低商品价格，不但容易陷入“价格战”的尴尬局面，而且降低了店铺利润。

店主不能只是单纯地降低商品价格，一定要结合微店的成本和竞争对手的折扣，综合考虑限时折扣方案，这样才能达到预期的效果。

2. 商品质优价廉

在微店中，店主开展“限时折扣”促销活动，可以为店铺积累大量人气，但切不可将质量有问题或过气的商品进行打折促销，也不能在活动开始之前故意虚抬价格，然后再打折，甚至比促销之前的价格还要贵。一旦顾客发现这些问题，就会不再相信店铺，导致店内顾客大量流失。

也就是说，店主选择促销的商品，不仅要有质量保障，而且价格确实实惠，这样的商品才能真正为店铺带来好的营销效果。

3.“限时折扣”不要过于频繁

为了招徕顾客，很多店主经常开展“限时折扣”活动。这样做的弊端是，顾客认定这家店铺经常搞促销活动，即便已经有非常稳定的客源，他们也不会在你恢复原价的时候购买，而是会先收藏，然后等到下一波折扣到来的时候再购买。

这样不但会使店铺平时的客源严重流失，而且店铺利润也会因商品折扣而降低。长此以往，势必影响到店铺的利润和长期发展。因此，店主开展“限时折扣”活动，一定不能过于频繁，以免顾客产生疲劳，降低促销效果。

4. 不可与其他优惠活动同时进行

开展“限时折扣”活动，如果店铺同时也在进行其他优惠活动，就要注意这些促销活动之间最好彼此不要有重叠。

也就是说，店主开展多项促销活动是好事，但进行“限时折扣”时，不要与其他促销活动同时进行，以免影响“限时折扣”的效果。

5. 限制商品种类及数量

设置“限时折扣”时，必须限制商品的种类及数量。正常来讲，在“限时折扣”活动中，商品种类不宜过多，而是着重选择几个比较有特点的商品就可以了，并且每个商品数量也要有所限制。

这是因为顾客往往对限时、限量商品特别感兴趣，在时间有限、种类有限、数量有限的情况下，顾客常常会产生一种紧迫感，进而加快购买进程。

6. 把握好“限时折扣”时机

设置“限时折扣”之前，需要考虑“限时折扣”的时机。比如，可以选择周末或节假日，因为在这些时间里，顾客没有了忙碌、紧张的上班生活的困扰，无论时间还是心情都会较之以往更加适合购物。

选择这样的时机，只要店主稍加刺激，人们的购物热情就会异常高涨，因此也更容易促成交易，提高店铺的收益。

总之，“限时折扣”就像一把双刃剑，并非所有人都能从中获利。在运用“限时折扣”促销功能时，一定要注意以上事项，这样才能做好“限时折扣”促销活动，为店铺带来源源不断的客源，提高店铺的销量。

4.2.2 “限时折扣”的设置

无论是网店、实体店还是微店，促销方式多种多样，广大店主也都在使尽浑身解数做促销。但从最终的结果来看，有些促销方法能吸引顾客，有些却没有多大的效果。在这些促销方式中，“限时折扣”的促销效果最为显著。

对店主来说，采用“限时折扣”可以提高店铺销量，从中获得一定的利润。尤其是在店铺资金无法周转的情况下，它能有效帮助店主走出困境。那么，进行“限时折扣”活动之前，店主该如何设置“限时折扣”，发挥它的促销功能呢？

首先，打开微店，在微店页面找到并点击“营销”功能。进入营销推广页面后，想要设置“限时折扣”，需要点击“限时折扣”图标（见图 4–12）。

在“限时折扣”页面中（见图 4–13），可以看到店铺内暂无“限时折扣”商品。要想添加商品，可以直接点击右上角“添加”。

图 4–12 点击“限时折扣”

图 4–13 添加“限时折扣”页面

点击“添加”后，进入到“选择折扣商品”页面，店主需要选定进行“限时折扣”的商品（见图 4–14）。选定商品后，进入“限时折扣”页面。在该页面需要输入该商品的折扣价格（见图 4–15），再点击页面第二栏中的“开始时间”。

图 4-14 选定“限时折扣”商品

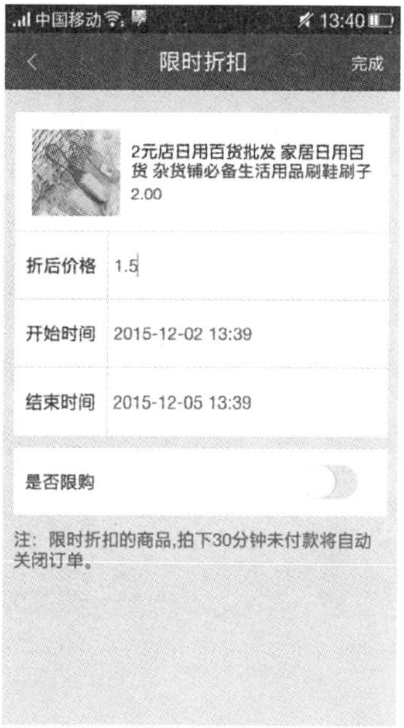

图 4-15 输入商品折扣价格

这时会弹出一个“开始时间”设置页面。店主需要根据自己的情况，选择“限时折扣”促销活动的日期和时间（见图 4-16）。选定后点击“设置”。这样，就将“限时折扣”促销活动的开始时间设置好了（见图 4-17）。

接下来，还需要设置“限时折扣”促销活动结束的时间，这里需要点击页面第三栏的“结束时间”。

在“结束时间”页面中，可以选择“限时折扣”促销活动结束的日期和时间（见图 4-18）。选定后点击“设置”。这样，店主就将“限时折扣”促销活动的结束时间设置好了（见图 4-19）。

然后店主需要决定是否限购。要想设置限购，可以直接向右移动限购按钮。

开启限购按钮后，需要输入该商品的限购数量（见图 4-20），再点击右上角的“完成”。点击“完成”后，就设置好了“限时折扣”，“限时折扣”页面会显示已添加的商品（见图 4-21）。

设置好“限时折扣”商品后，顾客打开该商品，会在该商品的宝贝详情中对该商品的“限时折扣”情况有个全面的了解（见图 4-22）。

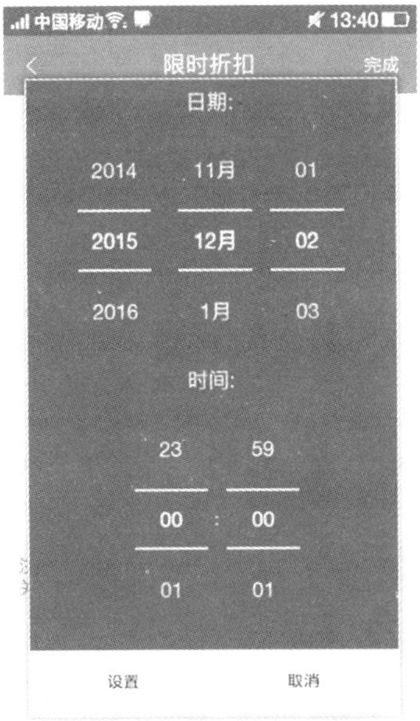

图 4-16 选择”限时折扣”促销活动日期和时间

图 4-17 开始时间已设置

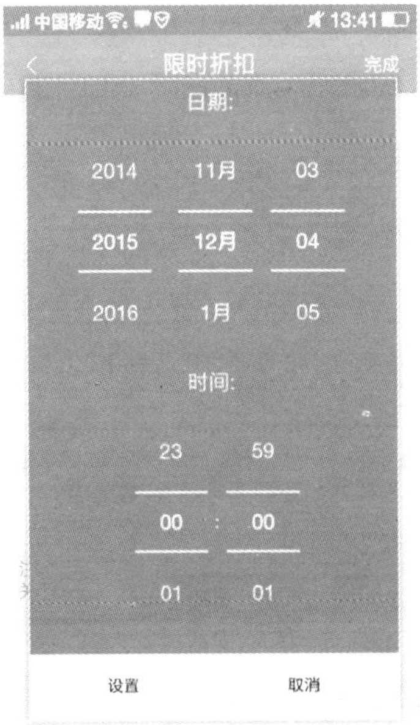

图 4-18 选择结束“限时折扣”促销活动日期和时间

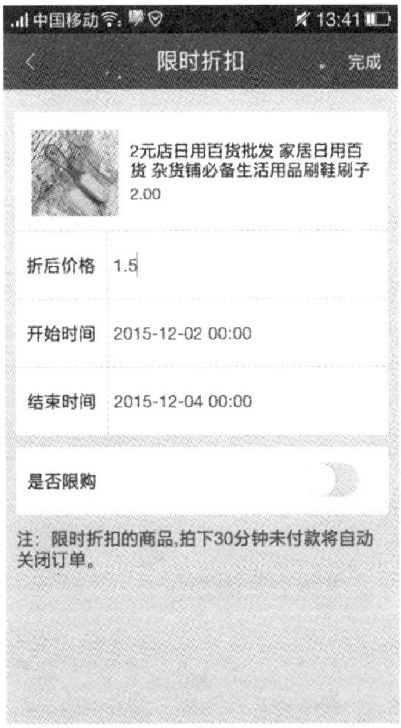

图 4-19 结束时间已设置

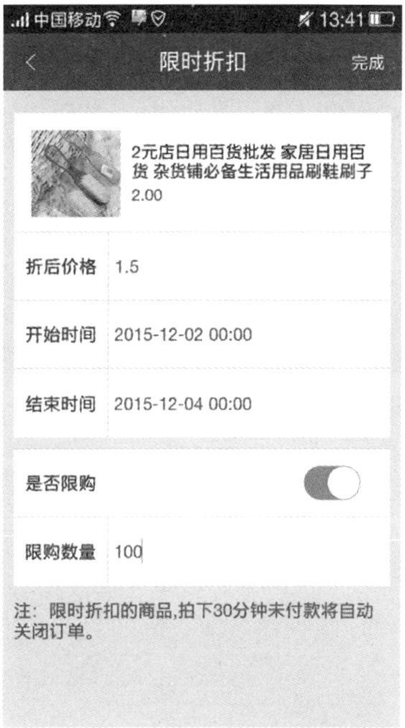

图 4-20 输入商品限购数量

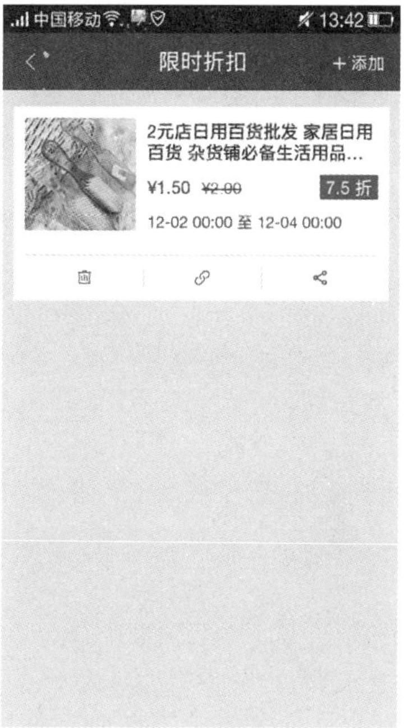

图 4-21 限时折扣商品已添加

图 4-22 “限时折扣”商品展示

以上是设置微店“限时折扣”促销功能的基本操作。掌握这些流程后，店主就能按照这样的操作方法，快速添加一种或多种商品，使其参与“限时折扣”活动。如果运用得好，设置得当，常常能为店铺带来意想不到的收益。

4.3 如何进行“私密优惠”

“私密优惠”是微店独有的促销功能，可以帮助店主实现“特定顾客享受特定优惠”这种有针对性的促销活动。这样不但方便店主更好地服务特定顾客，拉近与他们的感情，同时也是回报特殊顾客长期以来支持与厚爱的一种方式。

店主运用“私密优惠”促销功能时，要想取得预期的效果，一定要根据实际情况来设置。

4.3.1 私密优惠注意事项

在微店中，店主虽然与顾客是利益关系，但彼此之间也是互利共赢的。经常光顾店铺的顾客，是支撑店铺稳定收入的主要人群。店主如果想要感谢老顾客长期对店铺的帮助和支持，给予其特殊的优惠，可以设置“私密优惠”。

在设置“私密优惠”过程中，需要注意以下事项（见表 4–3）。

1. 明确优惠人群

私密优惠与其他促销功能不同，它是店主专为特定的某一位顾客或某

表 4-3 私密优惠注意事项

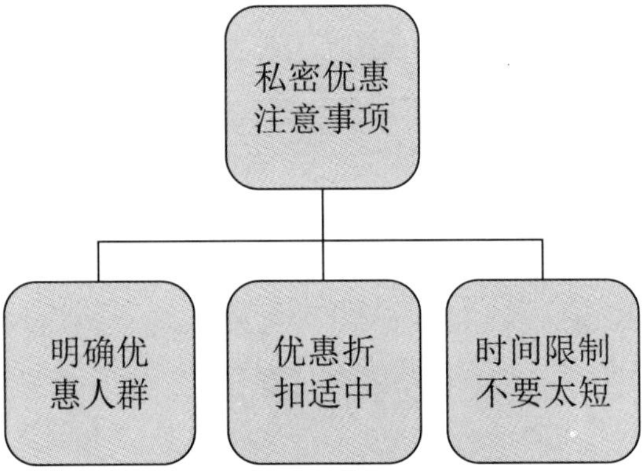

一类顾客设置的促销活动。当店主成功设置私密优惠后，只有将此活动链接分享给该顾客或该类顾客，该顾客或该类顾客才能通过活动链接进入店铺，购买商品享受相应的优惠待遇。没有收到店主发送的私密优惠链接，则无法享受此优惠。

设置私密优惠时，需要先明确优惠人群，根据这个人或这类人的特点，设置相应的优惠折扣。

2. 优惠折扣要适中

实际上，设置私密优惠是为了给特定顾客提供一定的优惠。不管店主是为了回报老顾客，还是给自己的亲朋好友让利，或者是为了打动潜在顾客，促使其购买，设置的优惠折扣都要适中。

优惠力度具体要看店铺的实际情况，在保证利润空间的基础上，给顾客提供相应的优惠，既能让顾客满意，自己也不至于亏本。

3. 时间限制不要太短

开展私密优惠活动时，店主需要设置促销活动的开始时间和结束时间。时间限制最好不要太短，因为绝大多数顾客并非时时都能关注到店铺开展的促销活动。如果活动时间太短，顾客不知道店铺提供了促销活动，自然达不到预期的效果。

另外，既然私密优惠活动是专为特殊顾客设置的，那么店主设置的活动时间不宜限制得太苛刻，以免顾客因来不及购买而心生不快，觉得店主不够贴心。

以上是设置私密优惠的注意事项。了解了这些后，店主在设置私密优惠活动时，就能做到心中有数，不仅能快速完成私密优惠的设置，而且能使促销活动顺利进行，达到预期的促销效果。

4.3.2 私密优惠的设置方法

“私密优惠”是微店的促销功能之一，是店铺针对某一特定群体或个人私下进行的优惠折扣。也就是说，店主想单独给某个人或某群人提供一定的优惠，可以通过微店的“私密优惠”促销功能来实现。

如何设置私密优惠呢？

打开微店，在微店页面找到并点击“营销”功能。进入营销推广页面后，点击“私密优惠”功能。在私密优惠页面（见图 4–23），可以看到店铺内没有设置任何私密优惠商品。想要添加商品，可以直接点击右上角“添加”，进入“添加私密优惠”页面。店主可以根据自己的需要，输入私密优惠的折扣力度（见图 4–24）。

图 4–23 私密优惠页面

图 4–24 输入私密优惠的折扣力度

输入完私密优惠的折扣后，还需要设置私密优惠活动的开始时间和结束时间。点击开始时间，在开始时间页面中选择开始私密优惠的日期和时间（见图 4–25），并点击“设置”。然后再点击“结束时间”，在结束时间页面中，选择结束私密优惠的日期和时间（见图 4–26），并点击“设置”。

图 4–25 选择开始私密优惠日期和时间

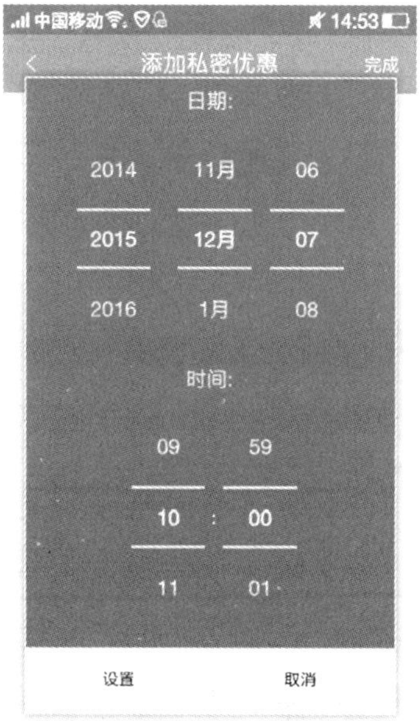

图 4–26 选择结束私密优惠日期和时间

确定私密优惠的开始时间和结束时间后，点击右上角的“完成”（见图 4–27），这时页面会显示“私密优惠添加成功”（见图 4–28）。此时，店主可以将此优惠活动分享给他人，再点击右上角的“完成”，这样就设置好了私密优惠（见图 4–29）。

当顾客收到此活动链接后，点击该链接，进入该店铺，就能看到店主特别为自己设置的私密优惠活动（见图 4–30）。如果他们看中某件商品，将其购买下来，提交订单时，就能享受到相应的折扣优惠了（见图 4–31）。

以上是店主设置私密优惠活动的基本操作。掌握这些后，店主就可以根据自己的需要，自行设置私密活动折扣的力度和时间，并将此活动链接

图 4-27 点击“完成”

图 4-28 私密优惠添加成功

图 4-29 私密优惠已设置

图 4-30 店铺显示私密优惠活动

图 4-31 顾客享受到相应折扣优惠

分享给想要给予优惠折扣的人。

总之，通过微店的“私密优惠”功能，店主可以将不同顾客区别对待，实现特定顾客享有特定优惠，大大提高顾客的满意度。

4.4 如何进行“满包邮”活动

在微店中，“满包邮”也是一个吸引顾客眼球的促销手段。它可以打消顾客购物时需要额外承担快递费的顾虑，既满足了顾客包邮的需求，又提高了店铺订单的成交率。

店主可以在保障店铺基本利润的条件下，利用店铺的“满包邮”促销功能，设置“满包邮”条件，满足顾客的包邮心理。

4.4.1 “满包邮”设置要点

无论是网店还是微店，很多顾客在购买商品时，心中难免会有一个困扰，就是购买的东西越多，路途越遥远，邮费就越贵。有时候，高昂的邮费常常让顾客犹豫不决，徘徊在买与不买之间。这无疑会影响到店铺的销量和人气。

有句话说得好：没有卖不出去的货，只有不会营销的人。店主可以利用微店的“满包邮”功能，有效消除顾客购买的忧虑，轻松下单，免邮到家。

当然，要想做好“满包邮”活动，店主必须掌握“满包邮”的设置要点（见表4–4）。

表 4-4 满包邮设置要点

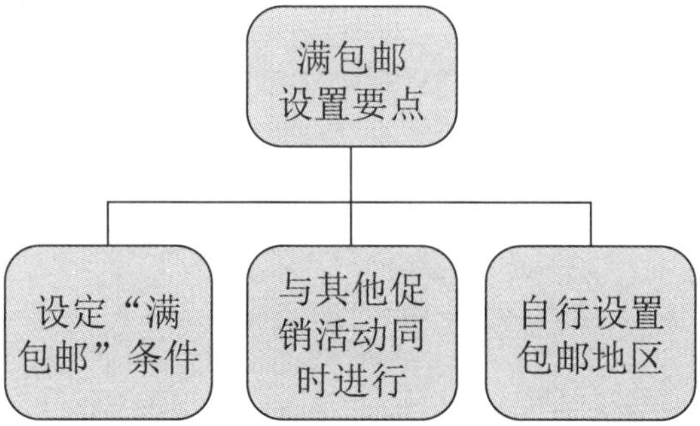

1. 设定“满包邮”条件

设置“满包邮”时，店主一定要定好“满包邮”的条件。与其他网店不同的是，微店的“满包邮”功能设置，只有满金额包邮。因此店主确定了“满包邮”的金额，也就明确了“满包邮”的条件。

要想给顾客提供良好的服务，刺激其消费，那么设置的满包邮条件一定不能太高，当然也不能太低。如果设置的包邮条件太高，顾客需要购买多件商品才能达到包邮条件。这个消费金额往往已经超出正常的消费需求，因此这一设置自然无法对顾客产生吸引力。

相反，如果设置的包邮条件太低，势必造成微店成本增加，也起不到刺激更多消费的目的。

举个例子，如果店主销售的是小零食，正常客单价只有 59 元。如果店主设置的满包邮条件是 299 元，因为两者差距太大，顾客自然不会为了包邮而购买 299 元的零食。如此一来，这个优惠条件就形同虚设，无法起到刺激购买的作用。

相反，如果店主设置的满包邮条件是 29 元，那么顾客在店铺中购买任何一件商品都能满足这个条件，自然无须为此增加购买，同样起不到刺激顾客多消费的目的。

2. 与其他促销活动同时进行

在微店中，设置“满包邮”活动时，如果店主同时开展其他促销活动，比如限时折扣、私密优惠以及其他购物券优惠活动等，“满包邮”活动可与其同时进行。

如果两者结合得好，会加大刺激力度，让顾客享受到更多的优惠。

3. 自行设置包邮地区

使用微店的“满包邮”功能时，店主可以自行设置包邮地区。一般来说，偏远地区路途遥远，运输不方便，因而运费要比其他地区高很多。

店主在开展“满包邮”活动时，可以根据实际情况来设置，在保证店铺基本利润的基础上，再决定是否给偏远地区的顾客提供“满包邮”服务。

以上是设置“满包邮”的几个要点。掌握这些后，店主就懂得如何设置“满包邮”活动了。只要设置得当，这个促销方式同样能够起到调动顾客购物积极性和刺激消费的目的。

不过，微店的“满包邮”功能没有满件数包邮，只能满金额包邮。对于这一点，店主需要知道。

4.4.2 “满包邮”设置方法

在微店中，“满包邮”是新增的一个促销功能，店主可以根据自己店铺的实际经营情况设置包邮的条件。

从具体操作的角度讲，应该如何设置“满包邮”呢？

首先，在微店页面找到并点击“营销”功能图标。进入营销推广页面后，点击“满包邮”图标。在“满包邮”页面中，可以看到“满包邮”活动规则。阅读完页面内容后，如果确定开通“满包邮”活动，可以直接点击红色按键“创建”（见图 4–32）。

在“满包邮”页面中（见图 4–33），需要输入顾客购物满多少可以享受包邮服务。

输入金额后（见图 4–34），可以根据自己的需要，决定是否让偏远地区的顾客也享受“满包邮”优惠。如果不想给偏远地区提供包邮，可以选择“偏远地区不包邮”（见图 4–35），再点击红色按键“确定”。

这时，页面会显示“活动正在进行中”，这说明店主已经设置好“满包邮”（见图 4–36），“满包邮”活动即刻开始。

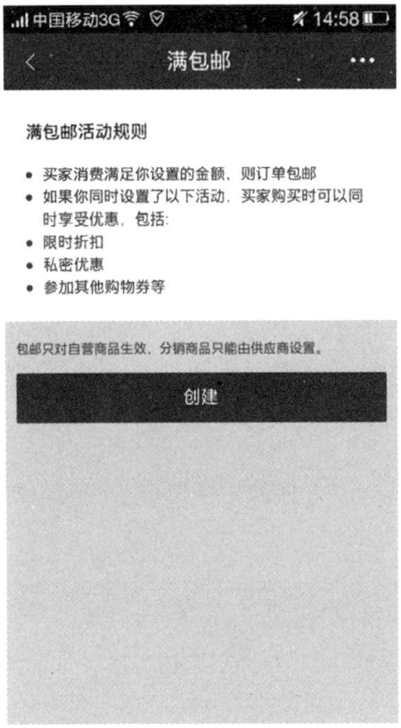

图 4-32 点击“创建”

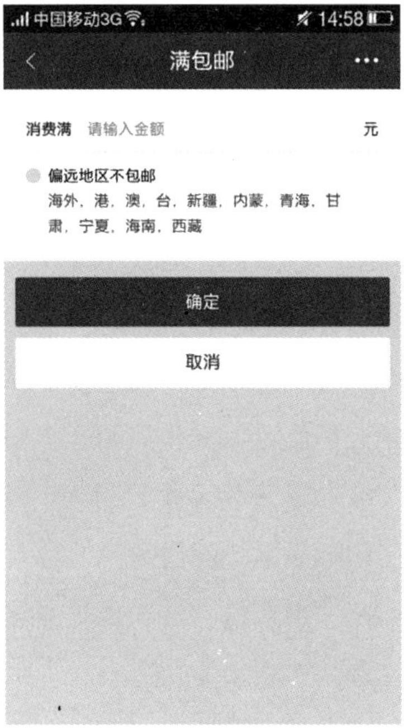

图 4-33 “满包邮”页面

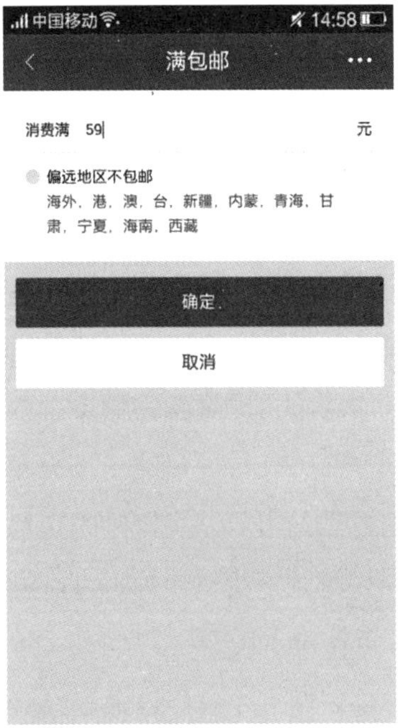

图 4-34 输入满包邮的金额

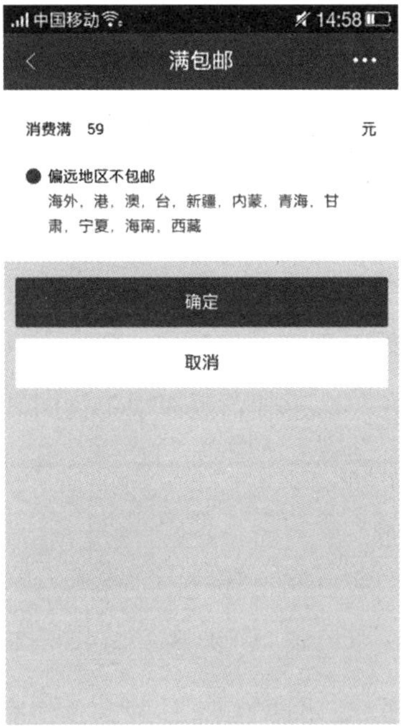

图 4-35 选中“偏远地区不包邮”

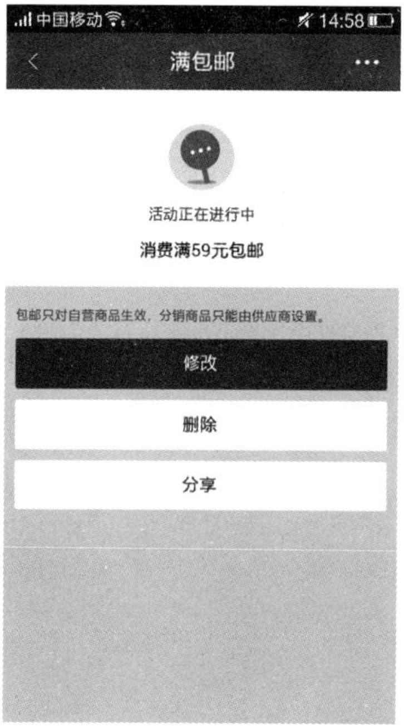

图 4-36 “满包邮”已设置

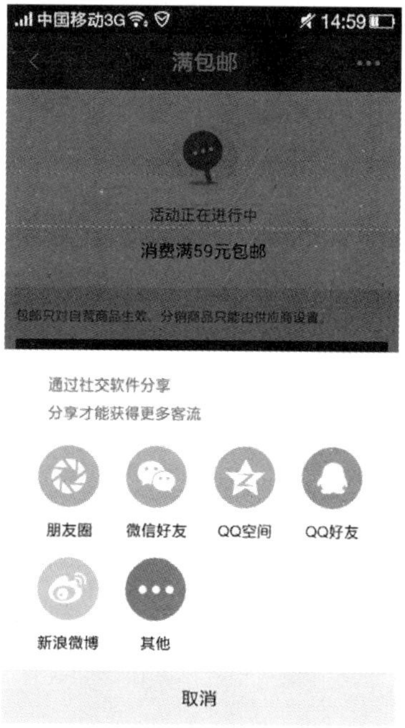

图 4-37 分享页面

如果店主想将此活动链接分享给他人，可以点击“分享”。在分享页面中（见图 4-37），店主可以根据自己的需要点击一个社交软件。

在选择联系人页面中，需要选中某一个人（见图 4-38），这时页面会显示此活动链接。店主可以自行决定是否要在页面上输入信息，如果不想填写评论，可以直接点击“发送”（见图 4-39）。

然后页面会显示“分享成功”（见图 4-40）。当顾客收到此活动链接后，点击该链接，就会在该店铺中看到店主设置的“满包邮”活动（见图 4-41）。如果顾客有需求，一定会趁此机会购买商品。

以上是设置“满包邮”的基本操作。了解这些流程后，店主就能更好地开展“满包邮”活动。

与私密优惠不同的是，“满包邮”活动是公开的。只要顾客进入店铺，就能看到“满包邮”活动。如果优惠条件足够吸引人，顾客又有购物的需求，自然会下单的。

图 4-38 选中顾客

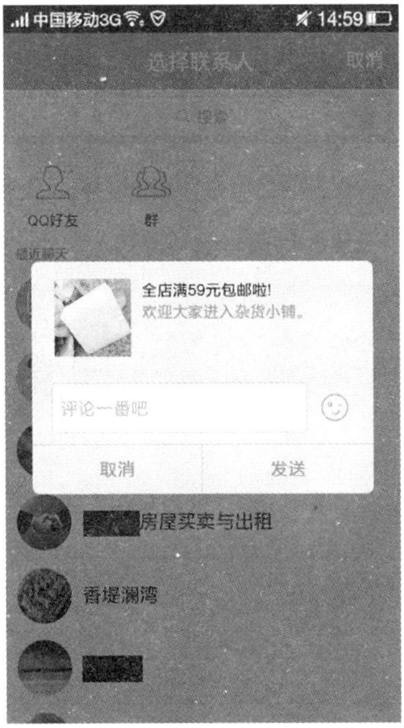

图 4-39 点击“发送”

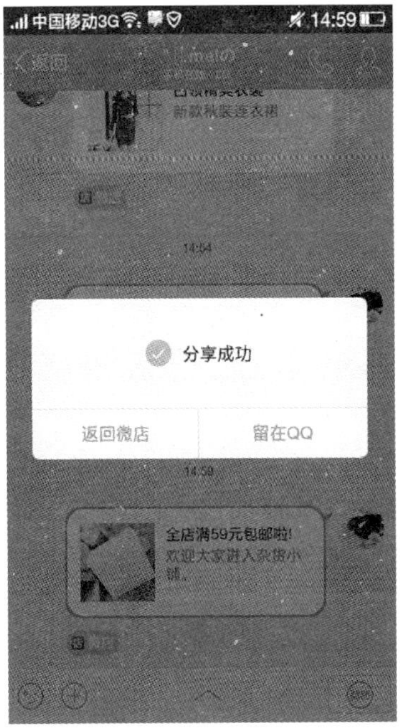

图 4-40 分享成功

图 4-41 店铺显示满包邮活动

第5章

CHAPTER FIVE

支付功能：多渠道付款，实现快捷收款

微店的支付功能非常强大，付款方式也有很多。顾客可以根据自己的实际情况，任意选择其中一种方式付款。

微店的这种多渠道付款方式，在帮助顾客完成快速付款的同时，也可以帮助店主实现快捷收款。

5.1 支付宝支付

支付宝是国内领先的独立第三方支付平台。操作时，由顾客将货款打到支付宝账户，然后再由支付宝将货款打给店主，如此双方便可完成一笔交易。由于微店已与支付宝合作，如果顾客有支付宝，就可以在微店中完成付款。

5.1.1 下载支付宝并完成收款

实际上，店主也可以让顾客在微店之外使用支付宝为在微店中购买的商品付款，这也是一种不错的付款渠道。不过，想让顾客采用这种方式进行支付，需要得到顾客极大的信任才行。

在付款时，如果顾客没有支付宝账号，需要先下载支付宝再付款。店主想要获取顾客的货款，也必须要有支付宝账号才行。因此，支付宝的下载以及付款操作流程也是店主需要掌握的。

1. 下载支付宝

如果顾客没有下载支付宝，可以到“应用宝”或“百度手机助手”等应用中下载软件。在搜索框中输入“支付宝”，搜索到“支付宝”后，点击“下载”（见图 5–1）。

在支付宝页面中，想要继续下载，点击“下一步”（见图 5–2）。

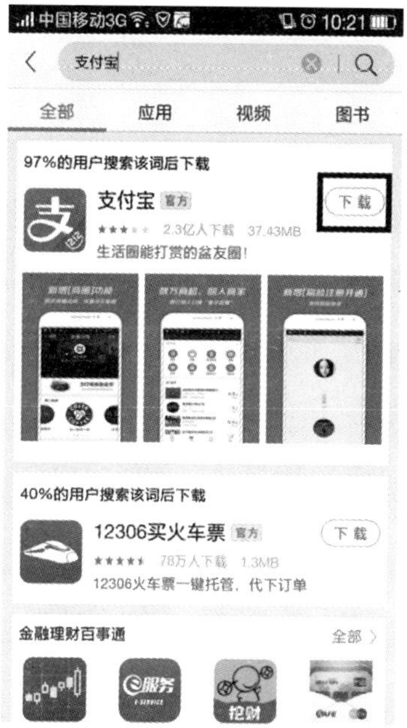

图 5–1 点击“下载”

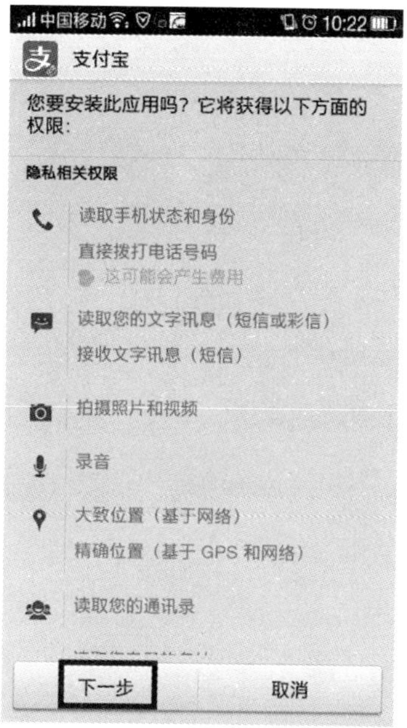

图 5–2 点击“下一步”

点击“下一步”后，直到页面下方出现“安装”按钮，就可以点击它了（见图 5–3）。耐心等待几秒钟，页面会显示“应用已安装”。这说明已成功安装了支付宝，然后点击“打开”（见图 5–4）。

2. 支付宝付款

打开支付宝后，进入登录页面（见图 5–5）。如果顾客没有注册过支付宝账号，可以点击页面下方的“注册”；如果顾客已经注册过支付宝账号，可以直接输入账号和密码。输入账号和密码后（见图 5–6），点击“登录”。

登录支付宝账号后，在支付宝主页面上，顾客想要付款，可以直接点击“转账”（见图 5–7）。在转账页面中，顾客可以根据实际情况来选择。如果顾客想转账到店主支付宝账户，可以直接点击“转到支付宝账户”（见图 5–8）。

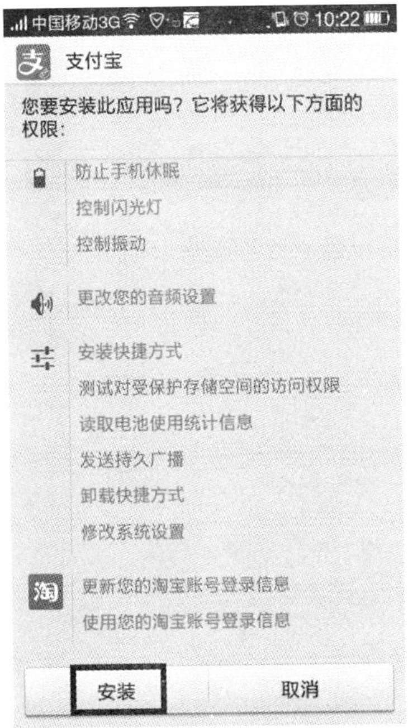

图 5-3 点击“安装”

图 5-4 点击“打开”

图 5-5 登录页面

图 5-6 输入账号和密码

图 5-7 点击“转账”

图 5-8 点击“转到支付宝账户”

进入“转到支付宝账户”页面，在对方账户一栏中，顾客可以输入店主的手机账号（见图 5-9）。在确认转账页面，顾客需要在金额一栏中输入购买商品的价格。输入金额后（见图 5-10），顾客可以根据自己的意愿填写备注。填写完这些后，点击蓝色按键“确认转账”。

接下来，顾客还需要输入支付宝密码（见图 5-11）。输入完支付宝密码后，在账单详情中会显示“交易成功”（见图 5-12），24 小时之内店主就会收到此账款。

以上是下载和使用支付宝支付的基本操作。掌握这些流程后，店主就可以让顾客使用这一方式进行付款了。

不过店主需要注意的是，支付宝转账一般都会在 24 小时之内直接转账到店主的账号中。如果顾客与店主没有建立十分信任的关系，顾客是不会轻易采取这种方式来付款的。

图 5-9 输入对方账号

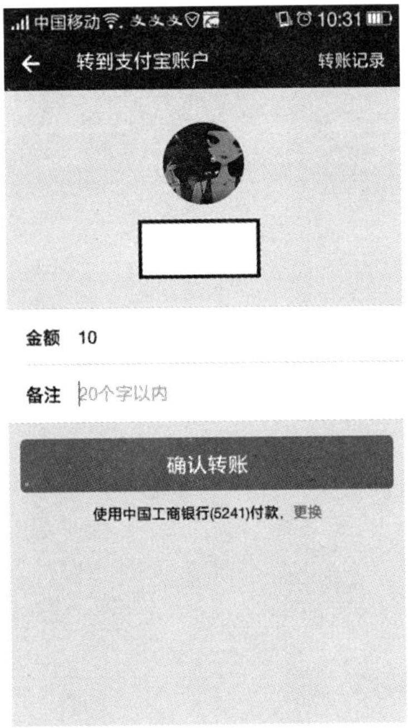

图 5-10 输入金额

图 5-11 输入支付宝密码

图 5-12 交易成功

5.1.2 在微店使用“支付宝付款”功能

在微店运营中，支付宝是买卖双方交易过程中不可或缺的一个工具，不仅方便快捷，而且相对安全可靠。有了它，顾客不用随身携带银行卡，也不必带信用卡，就可以在微店中使用支付宝进行支付。这无疑也给店主提高销量提供了条件。

顾客如果使用这一支付方式，店主需要告知顾客必须要有支付宝账号，并且绑定银行卡，只有这样顾客才能成功完成付款。

当顾客有了支付宝账号，又该如何操作呢？这也是店主必须了解的。

1. 提交订单

顾客浏览商品时，想要购买某件商品，可以直接点击红色按键“立即购买”（见图 5-13）。在购物车页面中，顾客需要填写手机号码来快速下单。填写完后，点击红色按键“确认手机号码”（见图 5-14）。

然后顾客还需要填写登录密码，再点击红色按键“确认”（见图 5-15）。

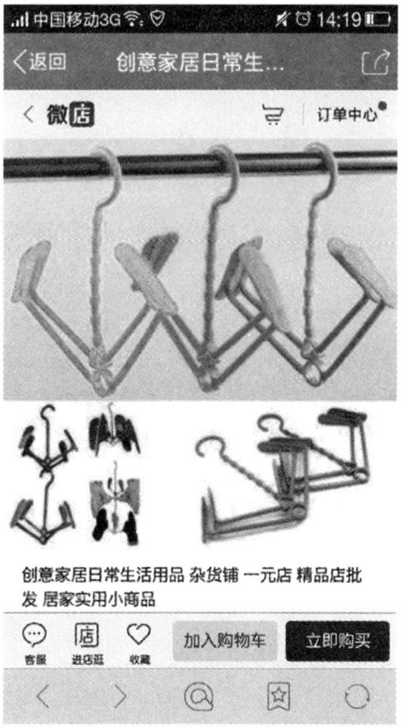

图 5-13 点击“立即购买”

图 5-14 点击“确认手机号码”

这时顾客就成功登录自己的微店账号了。想要完成付款，可以点击红色按键“去结算”（见图 5-16）。

图 5-15 点击“确认”

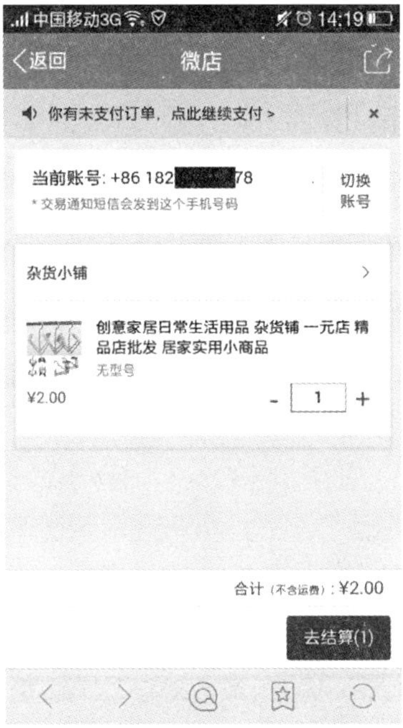

图 5-16 点击“去结算”

进入收货地址页面，在这个页面上，顾客需要填写收货人信息，包括收货人姓名、收货人手机号码、收货人所在地区以及详细地址。填写收货人信息后（见图 5-17），顾客就可以点击红色按键“确认收货地址”。然后顾客还需要选择支付方式，点击它就可以（见图 5-18）。

这时，页面会弹出一个支付方式选项界面。在这个界面上，顾客有两种支付方式可供选择，一种是担保交易，另一种则是直接付款。如果顾客选择担保交易，收到货物后，顾客需要确认收货。选择直接付款，则不需要顾客确认收货。选定在线支付的方式后（见图 5-19），点击“确定”。

然后在确认下单页面中，顾客就完成了所有信息的填写和选择，之后可以点击红色按键“提交订单”（见图 5-20）。这时页面会弹出一个提示信息（见图 5-21），顾客阅读完提示信息后，点击“确认”即可。

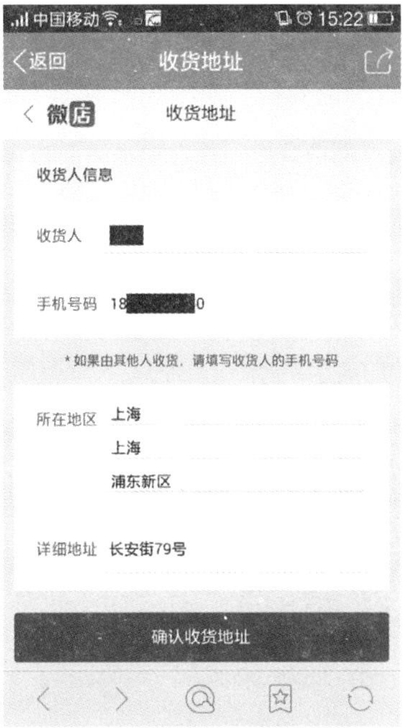

图 5-17 填写收货人信息

图 5-18 点击支付方式

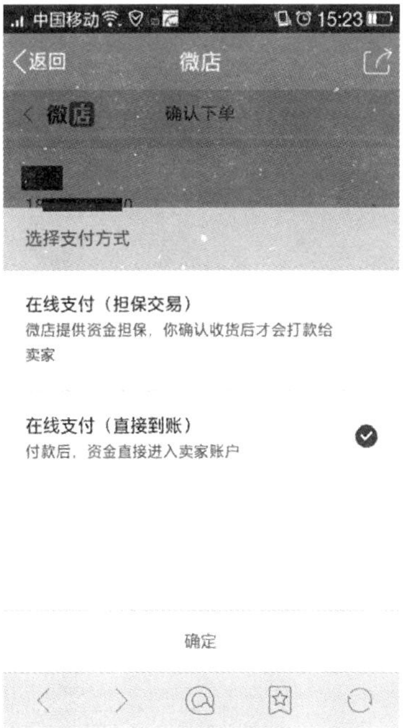

图 5-19 选定在线支付方式

图 5-20 点击提交订单”

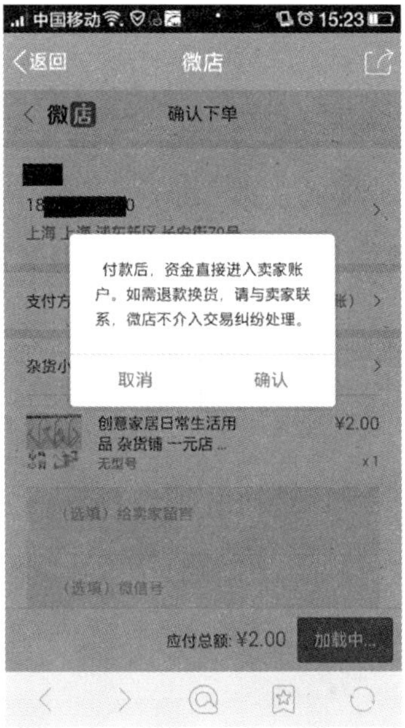

图 5-21 确认付款提示信息

2. 支付宝支付

进入支付中心页面后，可以看到四种支付方式，分别是信用卡支付、储蓄卡支付、QQ 钱包和支付宝。如果顾客有支付宝，可以选择支付宝支付方式，点击它就可以了（见图 5–22）。在登录支付宝页面中（见图 5–23），顾客需要填写手机号码才能登录到支付宝账号。

填写完手机号，顾客可以点击蓝色按键“下一步”（见图 5–24）。这时支付款快捷收银台会向顾客手机号发送校验码（见图 5–25）。当顾客收到校验码后（见图 5–26），将这个校验码记下来，并在短信校验码页面中输入校验码（见图 5–27）。

在付款详情页面中，顾客可以看到自己的付款详情信息。决定付款，可以点击蓝色按键“确认付款”（见图 5–28）。进入输入支付密码页面（见图 5–29），在这个页面中，顾客需要输入支付密码才能完成付款。

输入支付宝的支付密码后（见图 5–30），顾客会在付款结果页面中看到“支付成功”四个字（见图 5–31），这说明顾客已完成付款。

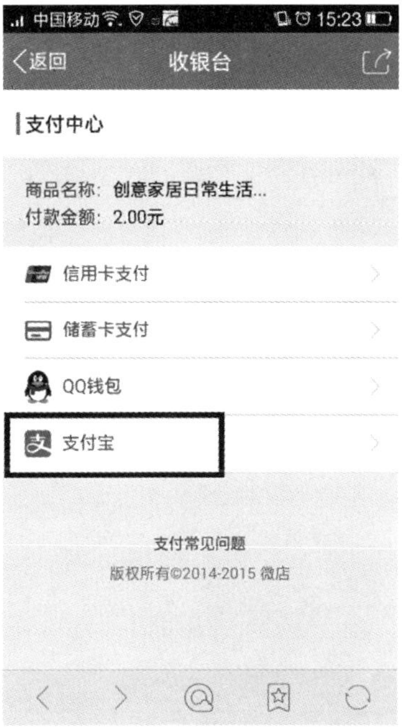

图 5-22 点击支付宝

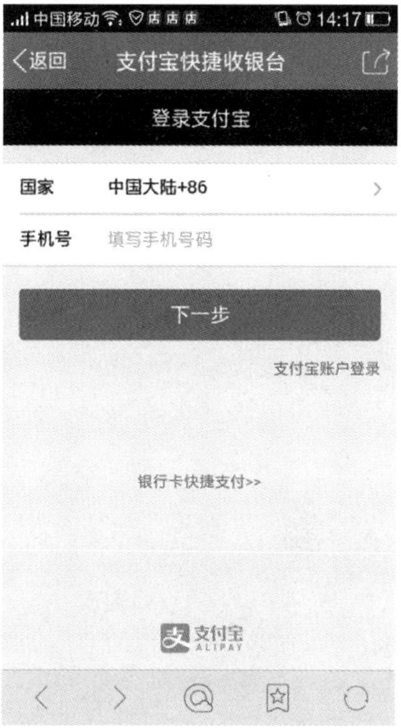

图 5-23 登录支付宝页面

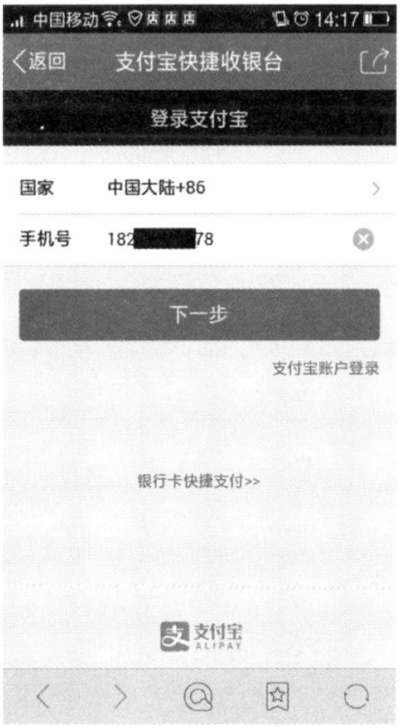

图 5-24 点击蓝色按键“下一步”

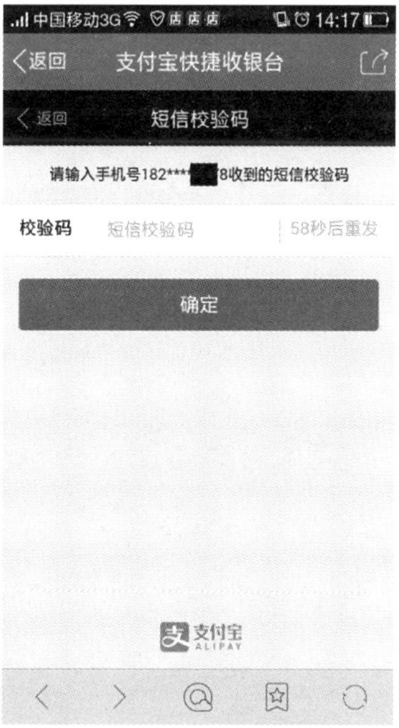

图 5-25 发送校验码

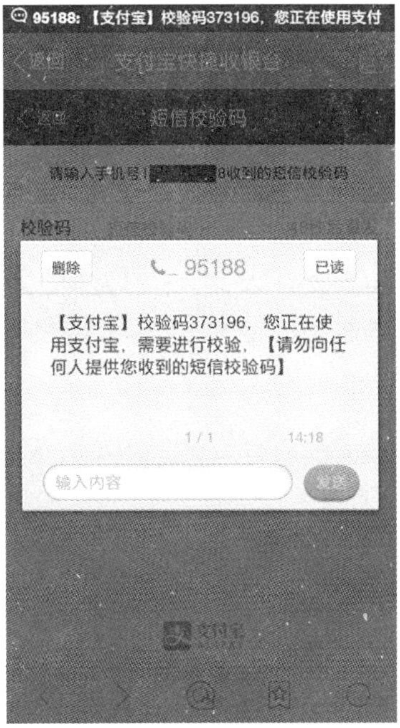

图 5-26 收到校验码

图 5-27 输入校验码

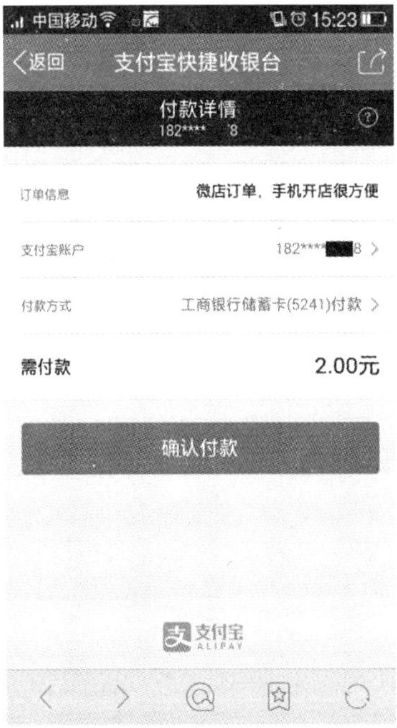

图 5-28 点击“确认付款”

图 5-29 输入支付密码页面

图 5-30 输入支付密码

图 5-31 支付成功

以上是在微店中使用支付宝付款的基本操作，其操作比较简单。店主了解这些后，就能在顾客有支付问题的时候帮助顾客解决问题。

总之，微店交易需要安全，支付宝是使买卖双方安心交易的保障。使用支付宝收付货款，能让买卖双方交易更放心、省心、舒心。

5.2
QQ钱包支付

QQ钱包是腾讯推出的第三方支付平台，可以用于网上支付。QQ钱包的使用范围非常广泛，为用户提供了多方面的在线生活服务。

在微店中，QQ钱包是平台提供的一种支付方式。如果顾客开通了财付通，就可以使用QQ钱包进行支付。

对于店主来说，要想帮助顾客快速完成付款，掌握QQ钱包的支付操作是非常必要的。

5.2.1 如何使用QQ钱包付款

在微店中，如果顾客付款时没有记住银行卡号，但有财付通账号，那么顾客可以使用QQ钱包进行支付。对于QQ钱包，店主必须对它的付款操作有所了解，以便日后能够派上用场。

具体如何操作呢?

1. 提交订单

想要购买某件商品，顾客可以在该商品的宝贝详情页中点击红色按键“立即购买”（见图5–32）。进入“购物车”页面，顾客可以看到想要购买的商品已经被加入到购物车中了。不过要想付款，顾客需要登录自己的微店账号。输入手机号码和登录密码，顾客就可以点击红色按键“确认”（见图 5–33）。

图 5–32 点击“立即购买”

图 5–33 点击红色按键“确认”

登录到自己的微店账户后（见图 5–34），顾客点击红色按键“去结算”。在“确认下单”页面，如果顾客经常在微店中购买商品，页面会直接显示收货人的信息，包括收货人姓名、地址、联系电话等。如果是寄给他人的商品，或是自己的地址有变动，可以修改收货人信息。

点击收货人信息选项（见图 5–35）。在“选择收货地址”页面，顾客有两种选择，一种是修改收货地址，另一种则是添加新地址。如果顾客选择“修改收货地址”，可以直接点击（见图 5–36）。这时在原有地址信息下方会显示“编辑”和“删除”选项，因为要修改收货人地址，可以点击“编辑”按钮（见图 5–37）。

进入“编辑地址”页面，可以更改收货人信息。编辑完成后（见图 5–38），直接点击红色按键“确认”。确定收货人地址后，顾客需要选中它（见图 5–39）。

图 5-34 微店账号已登录

图 5-35 点击收货人信息选项

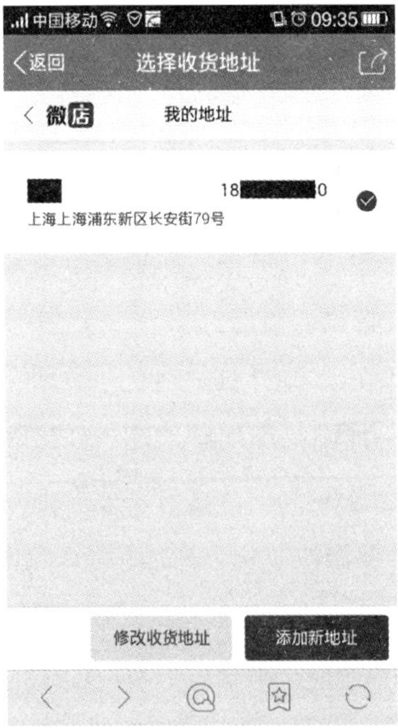

图 5-36 点击“修改收货地址”

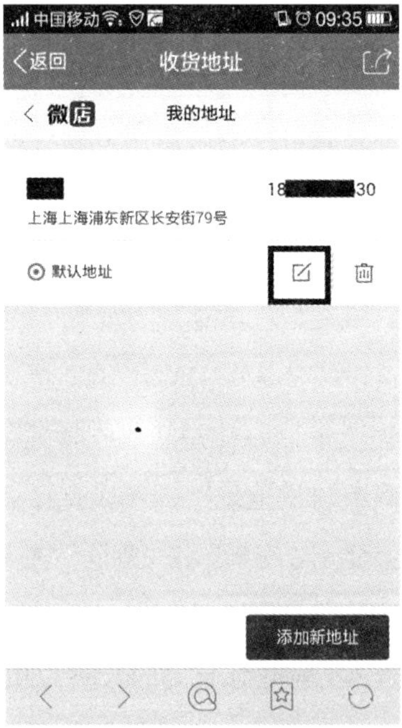

图 5-37 点击“编辑”

图 5-38 编辑地址

图 5-39 选中收货地址

修改后的收货人信息会显示在“确认下单”页面中。如果顾客选择微店平台默认的支付方式并确定付款，可以点击红色按键“提交订单”（见图 5-40）。

2.QQ 钱包支付

在支付中心页面，顾客会看到多种支付方式，此时可以选择并点击“QQ 钱包”（见图 5-41）。点击后会弹出一个界面，在这个界面上，顾客需要输入财付通支付密码。输入财付通支付密码（见图 5-42），点击“立即支付”，顾客就完成了 QQ 钱包付款。

以上是在微店使用 QQ 钱包支付方式完成付款的基本操作。知道它的操作流程后，如果顾客只有财付通账号，店主可以告诉顾客，在微店付款可以使用 QQ 钱包进行支付。这样顾客很快就会完成付款，店主也能促使顾客快速作出付款的决定。

图 5-40 点击“提交订单”

图 5-41 点击“QQ 钱包”

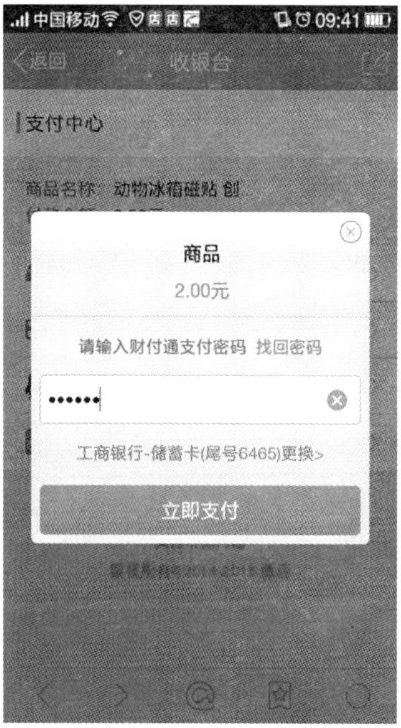

图 5-42 输入财付通支付密码

5.2.2 QQ 钱包付款操作流程

QQ 是中国最大的社交工具，几乎每个人都拥有不止一个 QQ 号码。QQ 不仅可以用来聊天，还可以用来交易，其中 QQ 钱包就是微店自身功能之外的一个支付方式。

如果你的顾客是从 QQ 中挖掘出来的，而且对方开通了财付通，那么店主就可以让顾客使用 QQ 钱包完成付款。使用这种方式付款，顾客无须停留在微店页面，就能快速完成付款。

对于 QQ 钱包付款，店主需要掌握它的操作流程。

在 QQ 页面找到并点击“QQ 钱包”（见图 5-43），进入“我的钱包”页面。在这个页面上，左边界面可以看到“我的财付通”。想要付款的话，点击“转账”功能（见图 5-44）。

图 5-43 点击“QQ 钱包”

图 5-44 点击“转账”

在转账付款页面（见图 5-45），可以看到有两种转账方式，一种是财付通账户，另一种则是银行卡。如果选择财付通账户，需要填写收款人的 QQ 号、Email 或手机号码，还需要填写收款人的姓名、支付金额以及备注。

填写完转账付款信息后，点击“付款”（见图 5-46），这样通过财付通账户就完成了付款。

图 5-45 转账付款页面

图 5-46 点击“付款”

当然，也可以使用银行卡进行支付。在转账付款页面，点击“银行卡”（见图 5-47）。进入银行卡页面，需要在收款人一栏中添加账户，点击收款人按钮。在银行卡信息页面中，需要选择银行卡类型，点击“选择银行卡”按钮（见图 5-48）。

然后在选择银行卡界面会看到很多银行，比如工商银行、农业银行、招商银行、建设银行等。需要选择已开通网银的银行，选中它（见图 5-49）。选定银行卡类型后，还需要输入开户姓名和银行卡号。填写银行卡信息后（见图 5-50），点击“确认”即可。

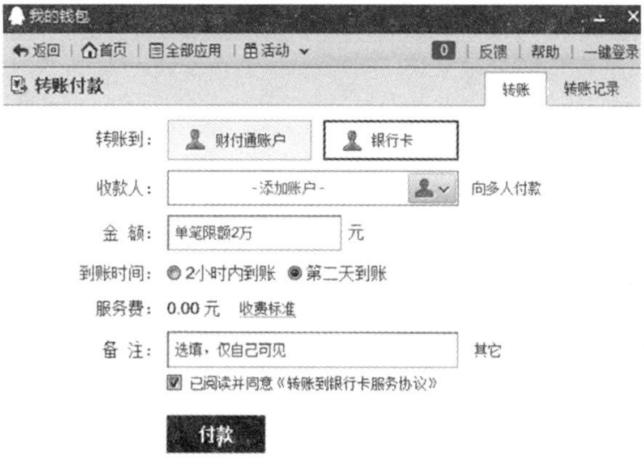

图 5-47 点击“银行卡”

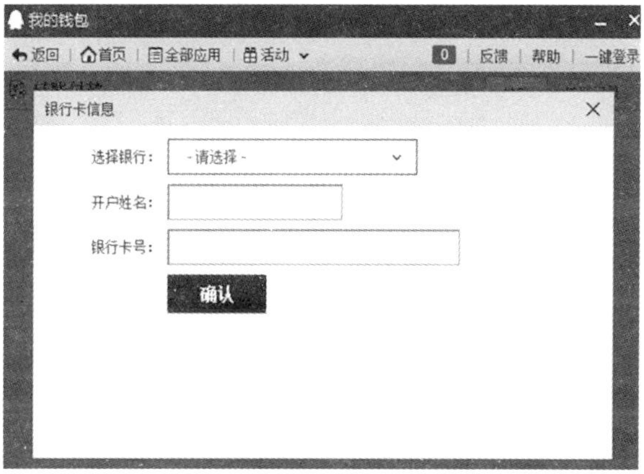

图 5-48 点击“选择银行卡”按钮

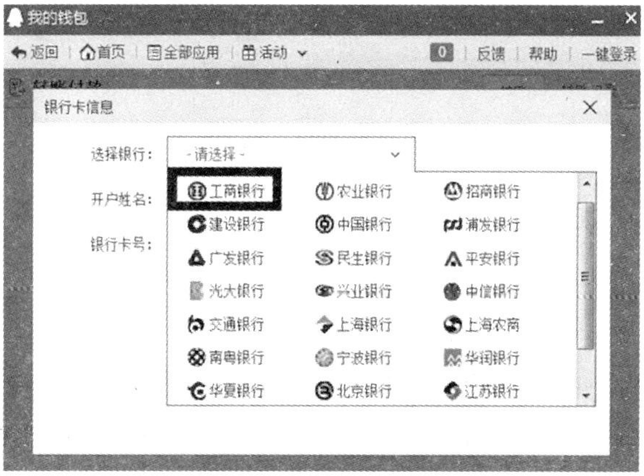

图 5-49 选择已开通网银的银行

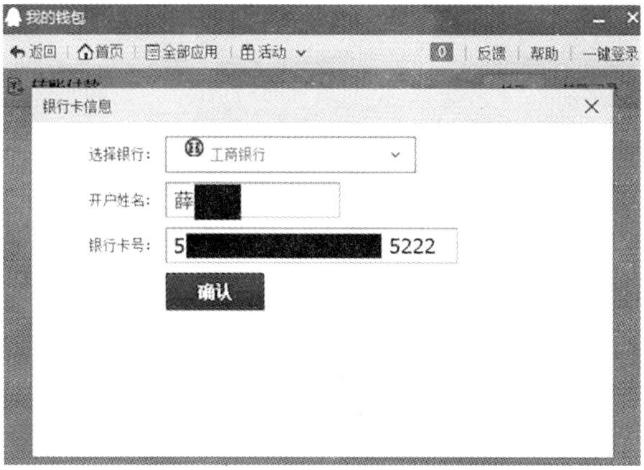

图 5-50 银行卡信息填写完毕

填写完收款人后，还需要填写金额。对于到账时间，主要有 2 种选择，一种是 2 小时到账，另一种则是第二天到账。相应地，两种选择收取的服务费用也有所不同。

其中，“第二天到账”的服务费率为 0.1%，“2 小时到账”的服务费用要高一些，是 0.25%。手续费用单笔收费下限为 1 元，“2 小时内到账”每笔手续费上限为 10 元，“第二天到账”每笔手续费的上限为 50 元。

输入金额，并选择到账时间，服务费用就会显示在页面中。顾客阅读并同意《转账到银行卡服务协议》，就可以点击“付款”（见图 5-51）。

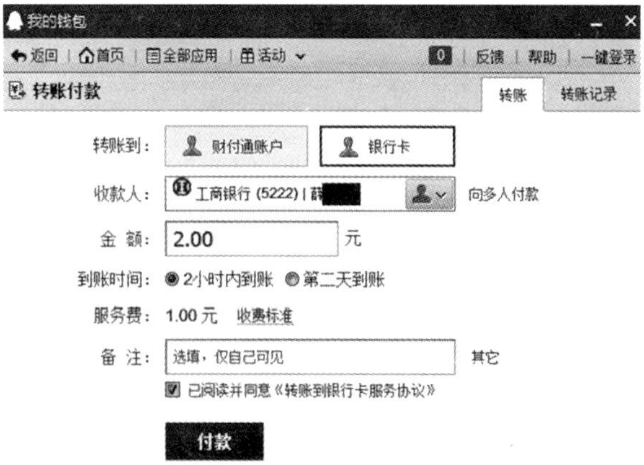

图 5-51 点击“付款”

这时在转账付款页面中，可以看到收款人信息、到账时间和付款金额，说明已成功完成付款（见图 5-52）。当顾客完成付款后，店主会在一定时间内收到货款。

从以上操作不难看出，选择不同的转账方式，其操作步骤是不一样的。使用财付通账户付款，可以免费享受一定的付款流量，但选择银行卡是需要收取一定服务费用的。掌握它们之间的区别，店主可以在顾客付款前提醒顾客。这样不但可以让顾客做到心中有数，付款时也能快速做出选择。

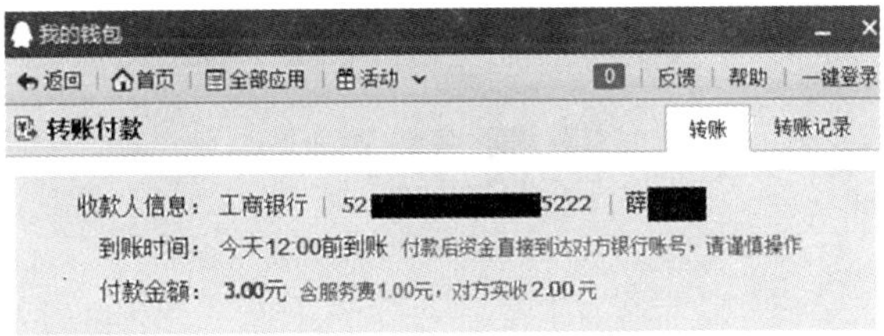

图 5-52 成功完成付款

5.3 储蓄卡支付

在生活中，几乎每个人都有一张或几张储蓄卡，习惯网上购物的人也大多都开通了网银。在微店经营中，如果顾客只有储蓄卡且开通了网银，可以让其使用储蓄卡完成付款。

如何在微店中完成储蓄卡支付这一操作，店主需要了解它的流程。只有对其了如指掌，才能在顾客需要帮助的时候充当顾客的帮手，手把手教顾客操作，以快速获取订单。

5.3.1 确认下单

顾客在微店中浏览商品时，如果非常喜欢某件商品，想要购买下来，可以直接点击红色按键“立即购买”（见图 5–53）。

进入购物车页面后，顾客就能看到自己喜欢的商品被放在了购物车中。如果顾客不是第一次在微店中购买商品，则无须重新登录微店账号。决定付款时，可以直接点击红色按键“去结算”（见图 5–54）。

在确认下单页面中（见图 5–55），如果顾客不是第一次在微店中购物，上面会显示顾客曾经填写的收货地址。顾客不修改收货地址的话，就可以

图 5-53 点击“立即购买”

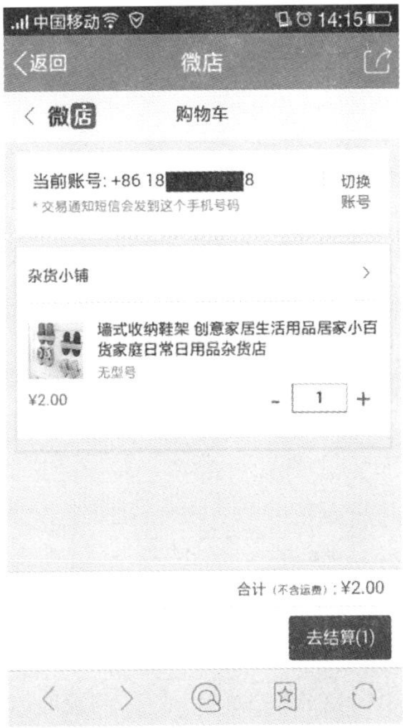

图 5-54 点击“去结算”

图 5-55 确认下单页面

图 5-56 输入留言信息

接着选择支付方式。

一般来说，微店平台默认的支付方式是担保交易。如果顾客不需要重新选择其他支付方式，可以不用点击“支付方式”。

如果顾客想要给店主留言，可以在确认下单页面下方的留言栏中输入信息。输入留言信息后（见图 5-56），顾客可以直接点击红色按键“提交订单”。

5.3.2 储蓄卡付款

在支付中心页面中，顾客可以看到多种支付方式。如果顾客只有储蓄卡，且又开通了网上银行，就可以点击“储蓄卡支付”（见图 5-57）。

这时页面会显示很多储蓄卡快捷银行，比如招商银行、中国银行、农业银行等。顾客可以从中选择自己开通银行卡的那家银行（见图 5-58）。

在银行卡信息页面（见图 5-59），顾客需要填写银行卡信息，包括银行卡卡号、姓名、身份证号和手机号。填写完银行卡信息后（见图 5-60），

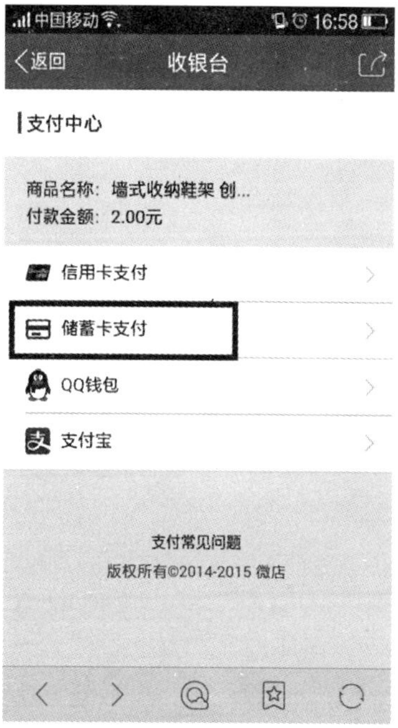

图 5-57 点击“储蓄卡支付”

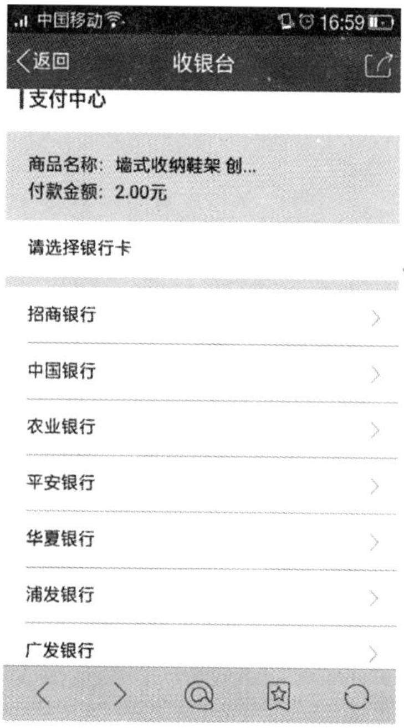

图 5-58 选择开卡银行

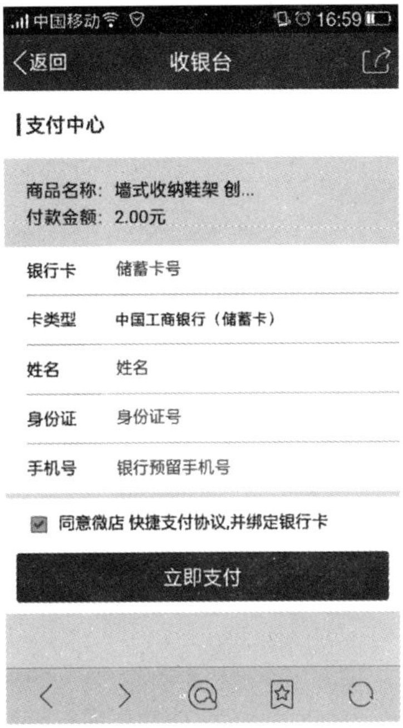

图 5-59 银行卡信息页面

图 5-60 填写银行卡信息

可以点击绿色按键“立即支付”。

在验证码界面（见图 5-61），顾客会看到支付平台已将验证码发送至手机。收到验证码信息后（见图 5-62），顾客需要将验证码牢记心中，并在验证码栏中输入验证码（见图 5-63）。

在收银台页面（见图 5-64），支付平台会建议顾客设置微店支付密码。如果顾客不想设置，可以点击“暂不设置”。这时页面会显示“支付成功”（见图 5-65），说明顾客已经成功使用储蓄卡完成了付款。

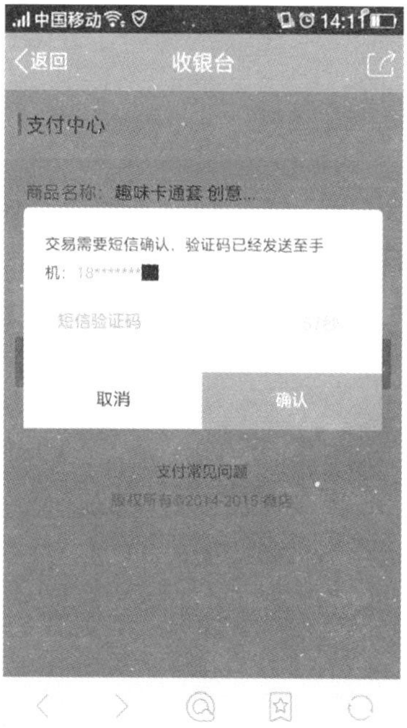

图 5-61 验证码界面

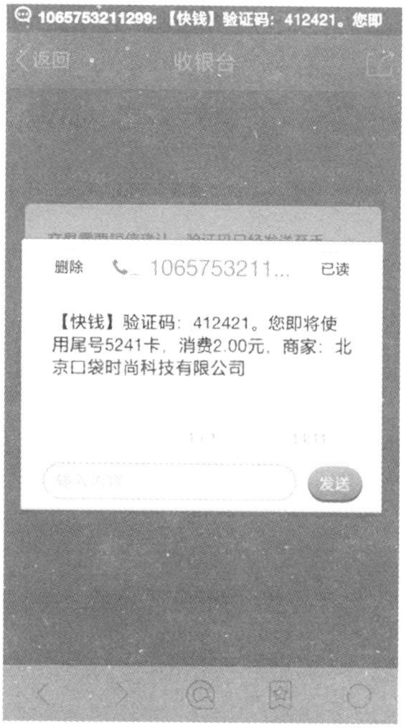

图 5-62 验证码信息

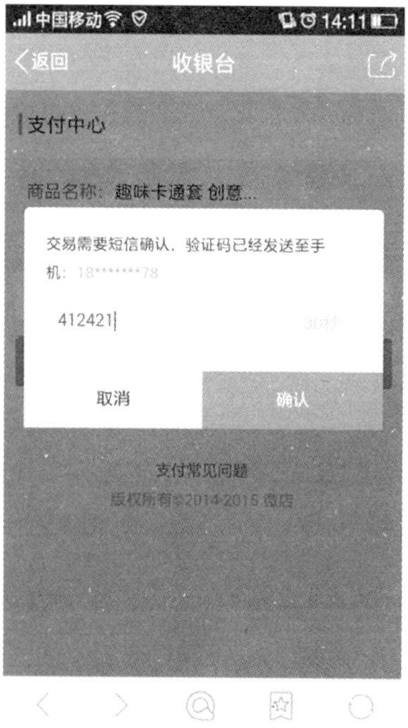

图 5-63 输入验证码

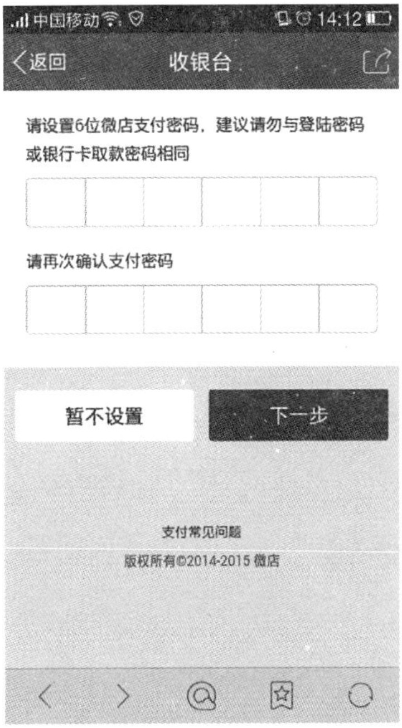

图 5-64 收银台页面

图 5-65 支付成功

5.4 信用卡支付

信用卡也是众多付款方式中比较受人们欢迎的一种。店主掌握信用卡支付操作，有利于指导用户进行支付，促使订单成交。

5.4.1 提交订单

在生活中，由于信用卡的便捷性，使用人群非常多。在微店中，如果顾客的储蓄卡没有开通网银，但拥有信用卡，店主可以让顾客使用信用卡付款。

为了彼此间的交易顺利进行，店主需要事先了解信用卡支付的相关流程，以便告知顾客具体操作时需要注意哪些细节。

在微店中，如果顾客很喜欢某件商品，想要购买下来，可以点击红色按键“立即购买”（见图 5-66）。在购物车页面中，如果顾客已登录微店账号，可以直接点击红色按键“去结算”（见图 5-67）。

在确认下单页面（见图 5-68），如果顾客不是初次在微店购买商品，页面会直接显示收件人信息。不修改收件人信息，并选择微店平台默认的支付方式，想完成付款的话，顾客可以直接点击红色按键“提交订单”。

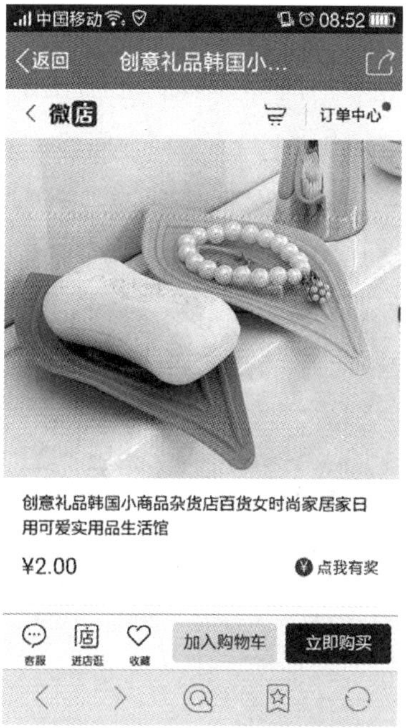

图 5-66 点击“立即购买”

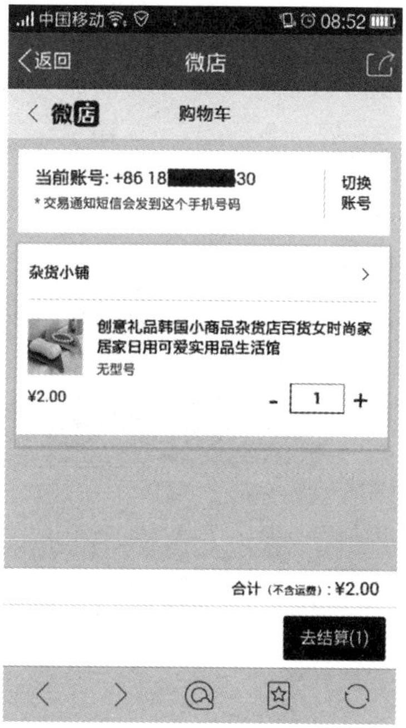

图 5-67 点击“去结算”

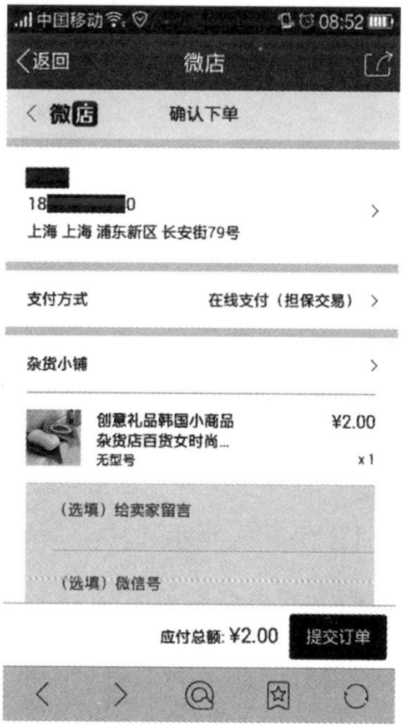

图 5-68 确认下单页面

5.4.2 信用卡付款

在支付中心页面中，有多种支付方式可供选择。如果顾客想用信用卡付款，可以直接点击“信用卡支付”（见图 5-69）。之后，顾客需要填写银行卡信息，包括银行卡类型、银行卡卡号、姓名、身份证、有效期、安全码和手机号。

首先，顾客需要选择信用卡的卡类型，点击它（见图 5-70）。

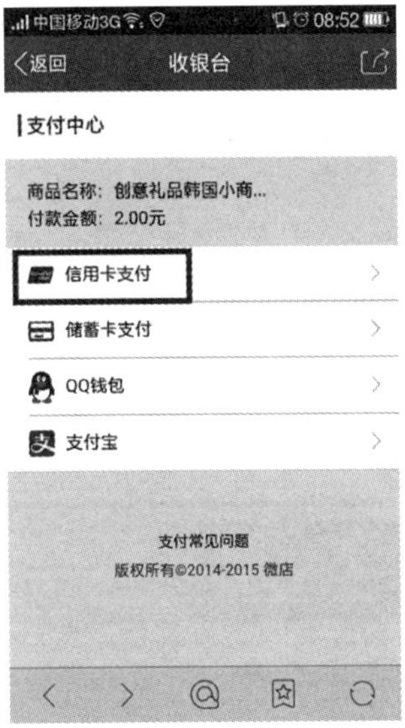

图 5-69 点击“信用卡支付”

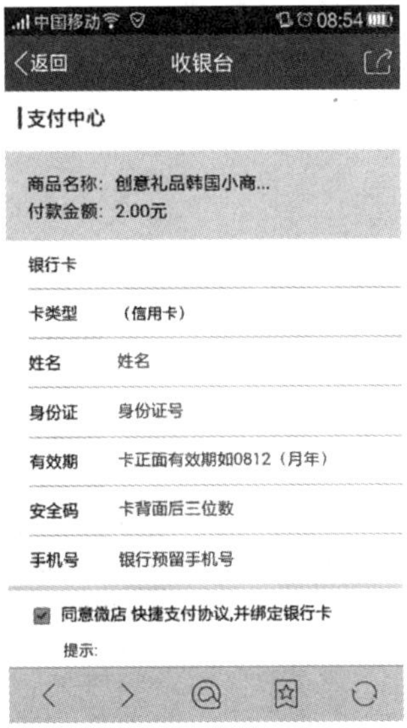

图 5-70 信用卡的卡类型

在选择银行页面，会显示很多发卡银行，比如工商银行、建设银行、农业银行等。顾客使用哪家银行的信用卡，就选中它（见图 5-71）。选择银行卡类型后，在支付中心页面，依次填写信用卡相关信息，并点击绿色按键“立即支付”（见图 5-72）。

这时微店平台会将验证码发送至手机中。顾客收到验证码后，需要在 1 分钟内输入验证码，否则需要再次获取验证码。顾客一定要牢记验证码，争取输入一次即大告成功。

输入验证码后（见图 5-73），顾客需要点击绿色按键“确认”。然后在页面中就会看到“支付成功”字样（见图 5-74），这说明顾客已成功完成了付款。

图 5-71 选中发卡银行

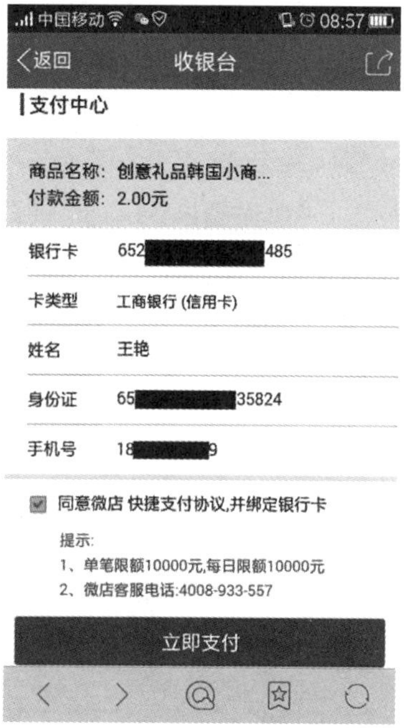

图 5-72 点击“立即支付”

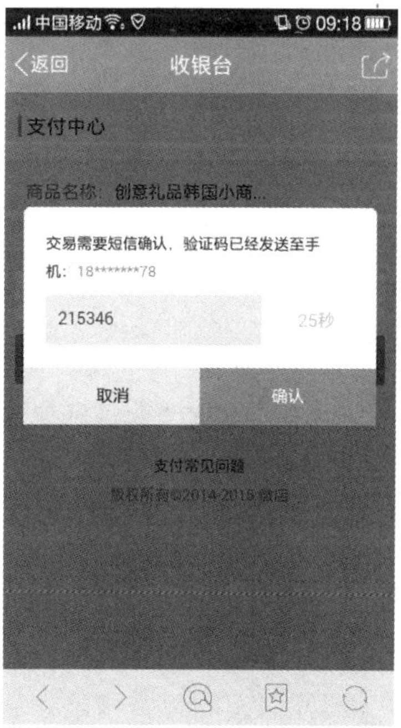

图 5-73 验证码已输入

图 5-74 支付成功

5.5 微信支付

微信拥有庞大的用户基础，人们使用它不仅仅用来聊天，还可以用来交易。当买卖双方彼此信任，并添加了微信好友，顾客就可以使用微信支付快速完成付款。微信支付是一个安全、快捷、高效的支付方式，因而深受广大微信用户的喜爱。

作为微店店主，掌握微信支付的基本操作是非常有必要的。

5.5.1 使用微信支付收款

如果店铺新进一批货，这些货还未来得及上架就被顾客看中了。由于未上架的商品顾客无法购买，若等店主上架后再让顾客支付，顾客恐怕早已离开。为了留住顾客，抓住订单，店主可以先与顾客协商好商品的价格，再询问对方是否开通了微信支付功能。

在对方开通了微信支付的情况下，店主可以先添加对方的微信号，再使用微店的“微信收款”这一功能，就能与顾客快速达成交易。

实际操作过程中如何使用“微信收款”这一功能，也是店主必须掌握的。

1. 店主发起微信收款

首先，店主需要打开微店，在微店首页中点击“微店”。进入微店管理页面，点击“微信收款”功能（见图 5-75）。

在微信收款页面中，会看见一段提示：“微店将配合银行共同打击无真实交易背景的虚假交易、银行卡转账套现或洗钱等被禁止的交易行为，请如实交易，否则款项将不能提现！”阅读完此信息后，需要输入顾客购买商品的价格（见图 5-76），并点击右上角“下一步”。

图 5-75 点击“微信收款”功能

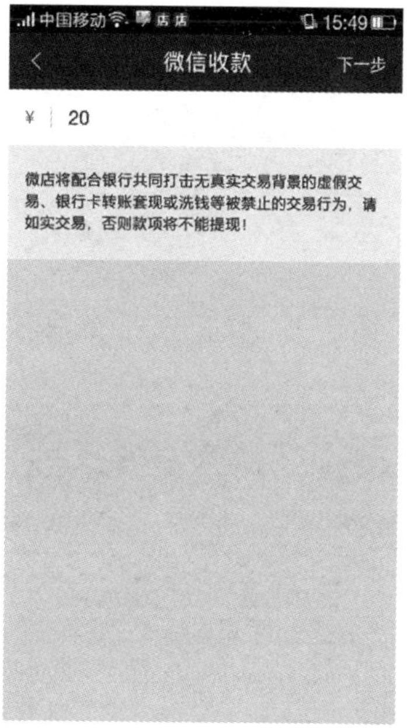

图 5-76 进入微信收款页面

在“向买家发起收款”页面上，店主可以看到“微信收款创建成功”字样（见图 5-77）。接下来，需要选择“向买家发起收款的方式”，页面显示两种方式，一种是微信好友，另一种则是短信。如果店主已经添加顾客的微信号，可以选择“微信好友”。进入微信通讯录页面（见图 5-78），选择需要付款的顾客，找到并点击该顾客的微信号。

然后页面会弹出微信收款链接（见图 5-79）。在这个链接上，店主可以写留言，也可以直接点击“分享”。这时，店主便成功地将微信收款链

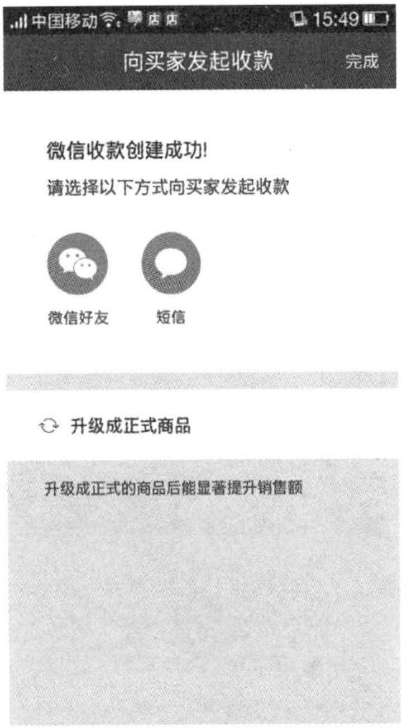

图 5-77 微信收款创建成功

图 5-78 微信通讯录页面

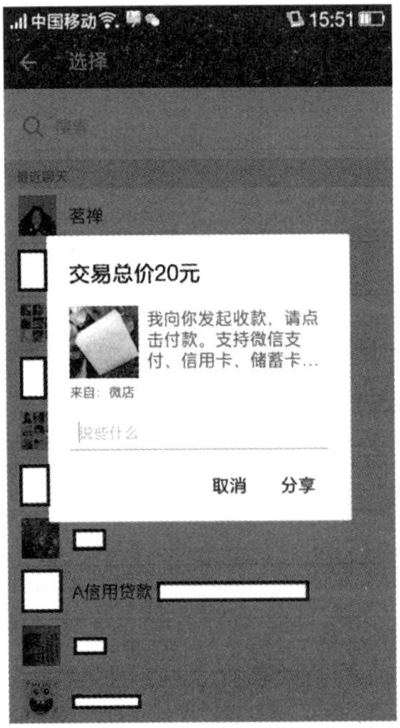

图 5-79 微信收款链接

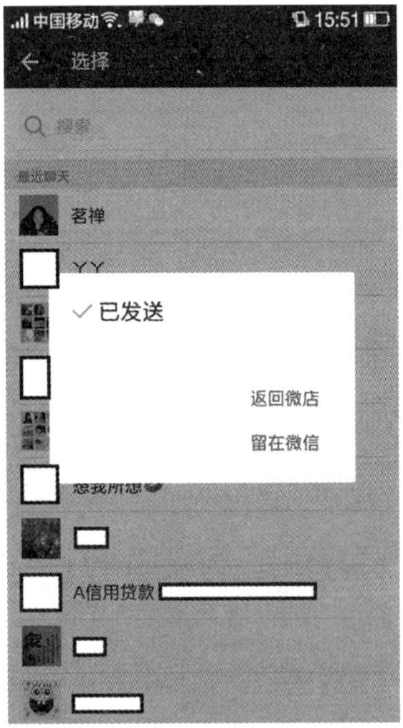

图 5-80 发送微信收款链接

接分享给顾客了（见图 5-80）。

2. 顾客微信付款

当顾客收到店主发送的微信收款链接后（见图 5-81），可以直接点击该链接，随后便进入到微店购物车页面（见图 5-82）。顾客想要完成付款，可以直接点击红色按键“结算”。

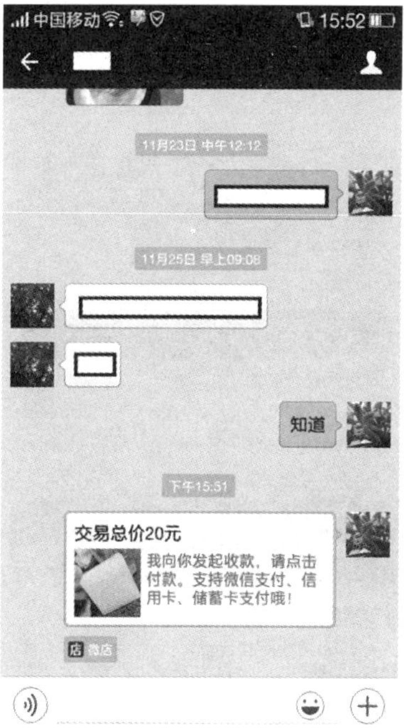

图 5-81 顾客收到微信收款链接

图 5-82 微店购物车页面

在收货地址页面（见图 5-83），顾客需要填写收货人信息，包括收货人姓名、手机号码、所在地区以及详细地址。输入收货人信息后（见图 5-84），点击“确认收货地址”。

进入确认下单页面（见图 5-85），顾客已填写完收货人信息，接下来需要选择支付方式。如果顾客选择微店平台默认的在线支付，可以直接点击红色按键“提交订单”。在支付中心，顾客会看到微信支付，直接点击它就可以了（见图 5-86）。

如果顾客的微信已经绑定银行卡，可以直接输入支付密码。输入完密

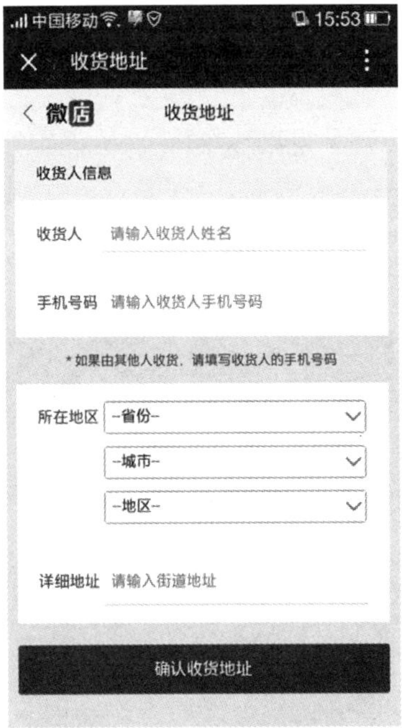

图 5-83 收货地址页面

图 5-84 输入收货人信息

图 5-85 确认下单页面

图 5-86 直接点击“微信支付”

码后（见图 5-87），页面会显示“支付成功”（见图 5-88），这说明顾客已完成微信支付。

图 5-87 输入支付密码

图 5-88 支付成功

以上是店主使用微信收款功能的基本操作。掌握这些流程后，店主就能快速完成微信收款的功能设置。当店主将微信收款链接分享给顾客后，顾客就能通过该链接完成付款。

5.5.2 使用微信完成付款

如果顾客是店铺的忠实粉丝，与你已经建立了深厚的感情，对你非常信任，那么店主可以添加顾客的微信号，让顾客直接使用微信付款。这种方式既方便又快捷，只需在微信界面就可完成。

需要提醒店主的是，顾客采用微信付款，账户有余额或绑定已开通网银的银行卡，才能顺利完成付款。店主要想提现货款，必须绑定自己的银行卡才行。

当顾客具备微信支付条件时，就可以采用以下两种方法完成付款，这也是店主必须要掌握的。

1. 微信红包付款

在微店购买商品时，如果顾客与店主早已互相添加了微信号，彼此互相信任，顾客可以使用微信红包付款。

首先，顾客需要登录自己的微信账号。在微信主页面，顾客点击“我”（见图 5-89）。进入“我”的页面，顾客想要付款，点击“钱包”（见图 5-90）。

图 5-89 点击“我”

图 5-90 点击“钱包”

在“我的钱包”页面，会看到很多服务项目，比如刷卡、手机充值等。因为要付款，顾客可以点击“微信红包”（见图 5-91），进入微信红包页面。

在微信红包页面，顾客可以看到两种红包形式，一种是拼手气群红包，另一种则是普通红包。其中，“拼手气群红包”具有娱乐性，主要用于多人领取。普通红包可限制红包数量和金额，可用于交易，因此顾客可以选择“普通红包”（见图 5-92）。

图 5-91 点击“微信红包”

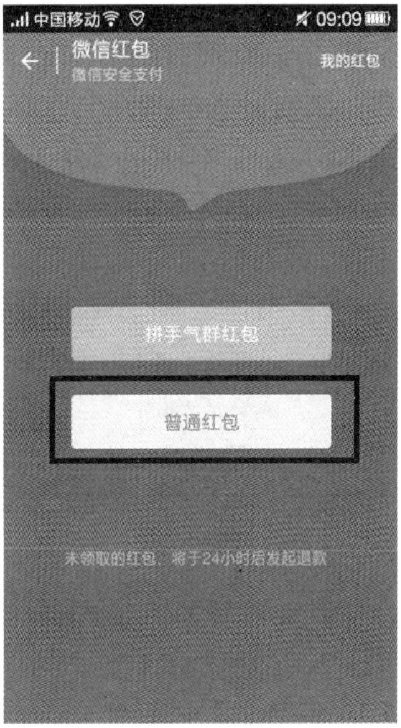

图 5-92 选择“普通红包”

在普通红包页面中，顾客输入红包个数和单个金额，同时顾客也可以填写留言。输入完这些后，顾客点击“塞钱进红包”（见图 5-93）。这时会弹出一个支付页面，顾客需要输入支付密码（见图 5-94）。

然后页面会显示“红包已包好”（见图 5-95），顾客可以点击“发红包”。在选择页面中，顾客需要找到并点击店主的微信号（见图 5-96）。

然后页面会弹出一个确认提示，顾客看清楚是店主的微信号，确认付款，就可以点击“发送”（见图 5-97）。这时顾客就将红包发送至店主的微信号中了（见图 5-98），也说明顾客完成了付款。店主收到红包，打开红包，就收到了货款，双方完成了此次支付。

2. 微信转账

顾客在微信上与店主谈好了价格后，想要付款，可以采用微信转账的方式将钱打给店主。具体的做法是，在微信聊天对话框中，顾客点击右下角的“+”图标（见图 5-99）。这时会弹出一个功能页面，顾客可以看到“转账”功能图标，直接点击它（见图 5-100）。

图 5-93 点击“塞钱进红包”

图 5-94 输入支付密码

图 5-95 红包已包好

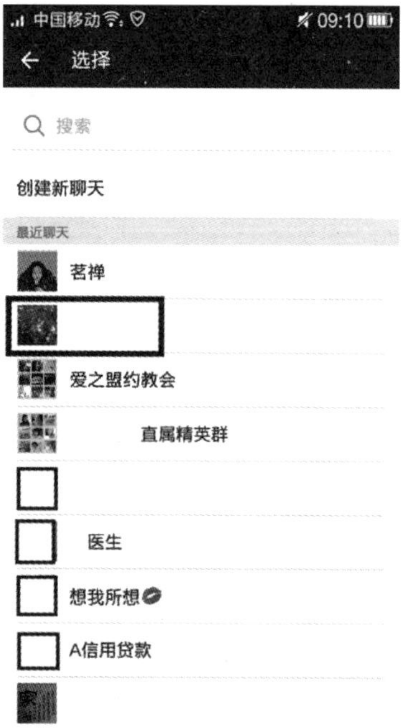

图 5-96 点击店主的微信号

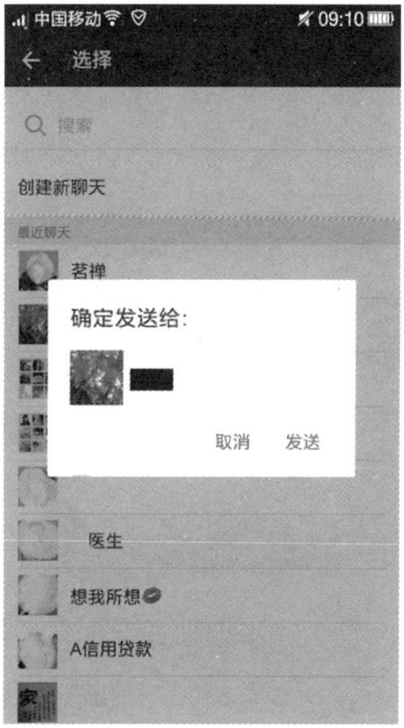

图 5-97 点击“发送”

图 5-98 红包已发送

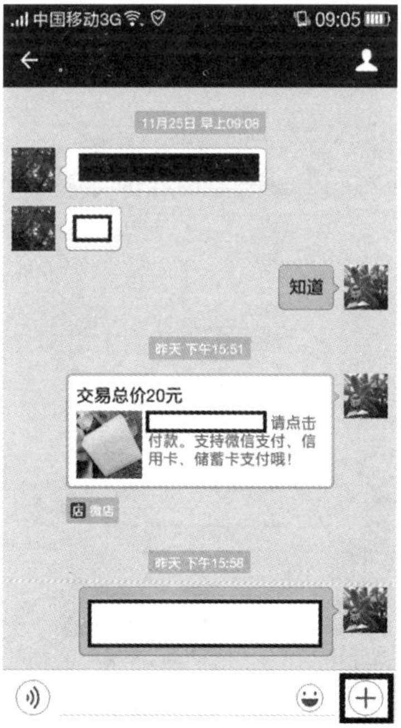

图 5-99 点击“＋”图标

图 5-100 点击“转账”

在转账给朋友页面中，会显示店主的微信头像。确认准确无误后，顾客需要输入转账金额（见图 5-101），并点击绿色按键“转账”。然后顾客还需要输入支付密码（见图 5-102）。

图 5-101 输入转账金额

图 5-102 输入支付密码

图 5-103 支付成功

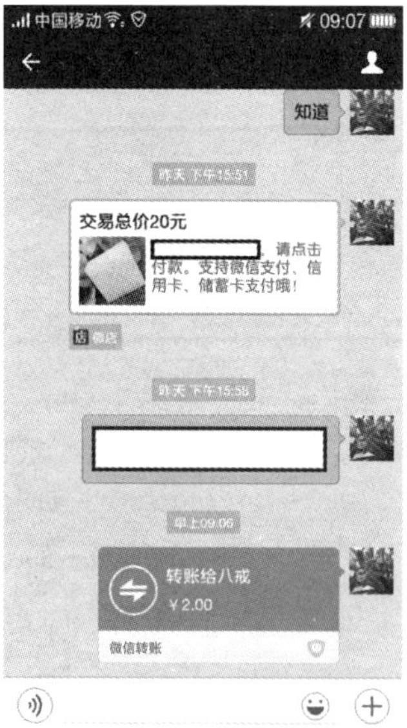

图 5-104 聊天对话框

这时页面会显示“支付成功”（见图 5-103），说明顾客已完成付款。返回聊天对话框后（见图 5-104），顾客就可以看到转账金额了。

以上是采用微信付款的两种付款方式。在具体操作过程中，不管顾客选择哪种支付方式，当顾客打款后，店主必须在 24 小时之内确认收款，否则款项会退回到顾客的微信账户中。

5.6

货到付款

在微店中，顾客看不到真实的商品，难免会因缺乏安全感而犹豫不决。如果店主设置了货到付款这一付款方式，在一定程度上可以提高顾客的安全感和信任感，对店铺销售起到一定的促进作用。

5.6.1 开通货到付款功能

对于新顾客来说，初次在微店中购买商品，由于对店铺和商品缺乏信任，因而不敢贸然下单。这时店主可以通过设置货到付款功能来增加顾客对店铺的信任感，促使顾客下单。

货到付款需要提前开通，顾客才能通过这一功能来完成付款，所以店主必须掌握开通货到付款的流程，以便快速完成该功能的设置。

打开微店，在微店主页面点击“微店”，进入微店管理页面。下拉页面，就可以看到货到付款，点击它（见图 5-105）。

在货到付款页面中（见图 5-106），要想开通货到付款，只需向右移动“货到付款”的按钮就可以。

这时，货到付款的按钮就会由灰色变成绿色，说明店主已成功开通货

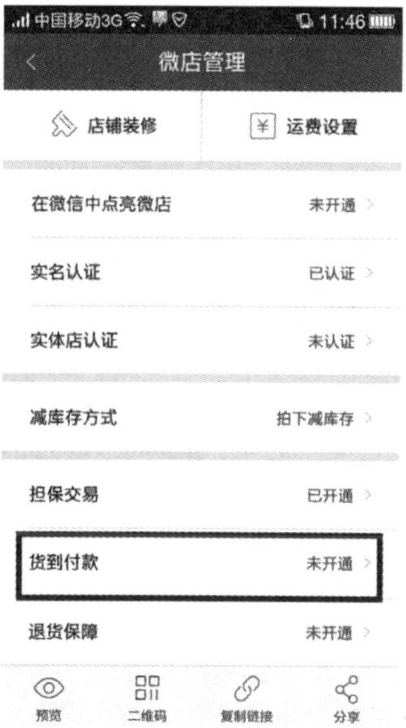
中国移动3G 11:46
微店管理
店铺装修
运费设置
在微信中点亮微店 未开通
实名认证 已认证
实体店认证 未认证
减库存方式 拍下减库存
担保交易 已开通
货到付款 未开通
退货保障 未开通
预览
二维码
复制链接
分享

图 5-105 点击货到付款

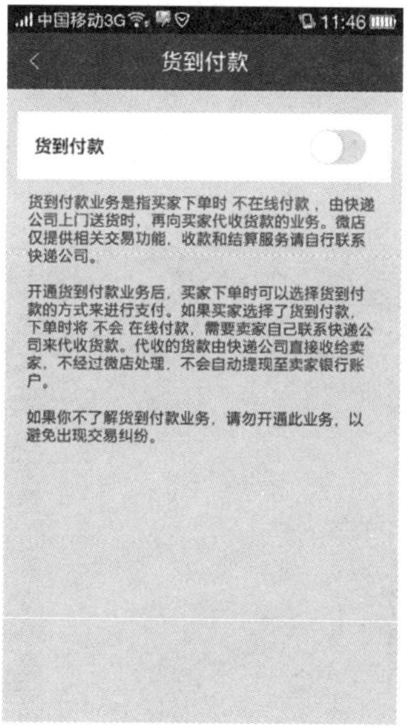
中国移动3G 11:46
货到付款
货到付款
货到付款业务是指买家下单时 不在线付款，由快递公司上门送货时，再向买家代收货款的业务。微店仅提供相关交易功能，收款和结算服务请自行联系快递公司。
开通货到付款业务后，买家下单时可以选择货到付款的方式来进行支付。如果买家选择了货到付款，下单时将 不会 在线付款，需要卖家自己联系快递公司来代收货款。代收的货款由快递公司直接收给卖家，不经过微店处理，不会自动提现至卖家银行账户。
如果你不了解货到付款业务，请勿开通此业务，以避免出现交易纠纷。

图 5-106 开通货到付款

到付款（见图 5-107）。虽然微店提供货到付款的支付方式，但相关收款和结算服务则需要店主自己联系快递公司。快递公司一般都要收取一定比率的代收费，这个费用最终由谁来承担，店主需要做出决定。

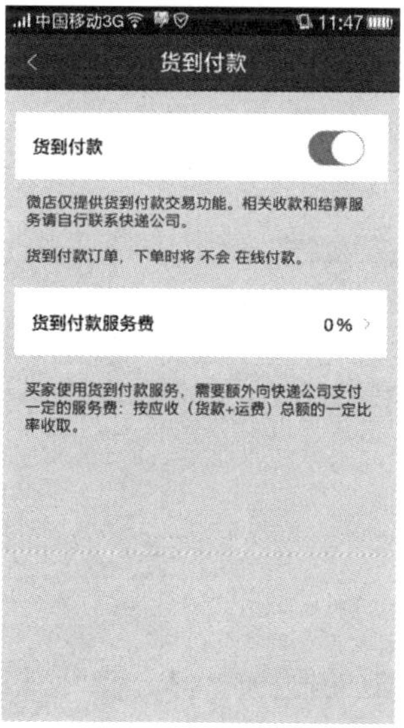
中国移动3G 11:47
货到付款
货到付款
微店仅提供货到付款交易功能。相关收款和结算服务请自行联系快递公司。
货到付款订单，下单时将 不会 在线付款。
货到付款服务费 0%
买家使用货到付款服务，需要额外向快递公司支付一定的服务费：按应收（货款+运费）总额的一定比率收取。

图 5-107 货到付款已开通

点击“货到付款服务费”按钮后，在货到付款服务费比率页面中（见图 5-108），店主可以自行设置货到付款的服务费比率。

选定货到付款服务费比率后，就完成了货到付款的设置（见图 5-109）。

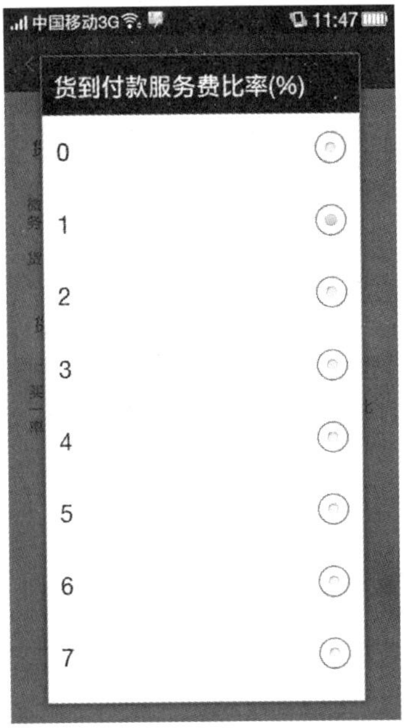
中国移动3G
11:47
货到付款服务费比率(%)
0
1
2
3
4
5
6
7

图 5-108 货到付款服务费比率页面

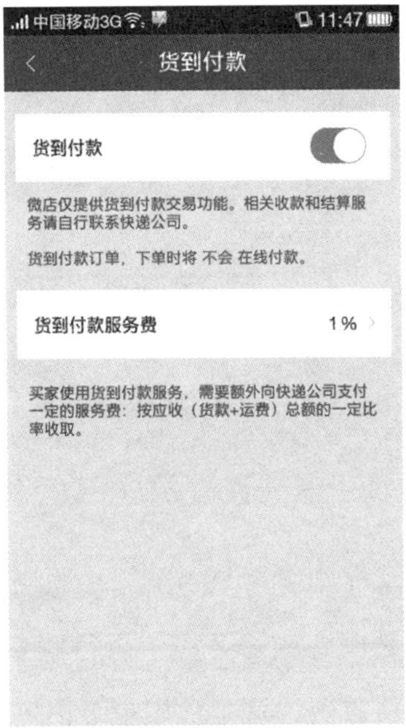
中国移动3G
11:47
货到付款
货到付款
微店仅提供货到付款交易功能。相关收款和结算服务请自行联系快递公司。
货到付款订单，下单时将 不会 在线付款。
货到付款服务费
1%
买家使用货到付款服务，需要额外向快递公司支付一定的服务费：按应收（货款+运费）总额的一定比率收取。

图 5-109 货到付款已设置

以上是开通货到付款的基本操作。不难看出，货到付款的设置很简单，店主可以根据实际情况作出开通或关闭货到付款的决定。

5.6.2 货到付款操作流程

在微店中，如果店主开通了货到付款服务，顾客在具体操作过程中，无须执行付款操作，只需提交订单，就可以等待快递送货上门，收货时再进行付款即可。

实行货到付款，店主需要提前与顾客协商货到付款的服务费由谁来承担，以免顾客付款时发现需要额外支付货到付款的服务费而放弃购买。

与顾客协商好货到付款的服务费后，就可以让顾客进行支付了。顾客如何使用这一支付方式完成付款，这也是店主必须要了解的。

顾客决定购买某件商品，可以点击红色按键“立即购买”（见图 5-110）。在微店页面中，顾客会看到自己要购买的商品已被放入购物车中。如果顾客已登录自己的微店账号，可以直接点击红色按键“去结算”（见图 5-111）。

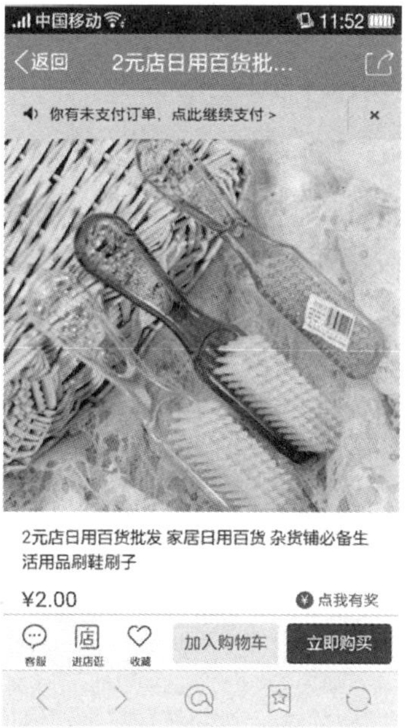

图 5-110 点击“立即购买”

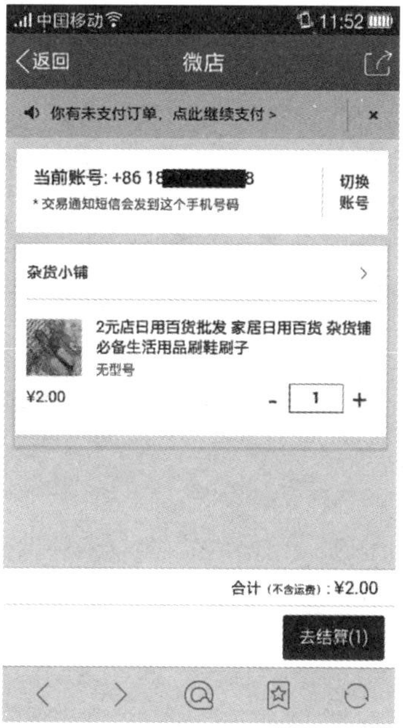

图 5-111 点击“去结算”

如果店主已开通货到付款，顾客付款时，微店默认的支付方式就是货到付款，商品下方会显示货到付款的服务费。

填写好收货人信息后，顾客可以点击红色按键“提交订单”（见图 5-112）。这时页面会显示“订单提交成功”（见图 5-113），说明顾客已完成订单。

以上是顾客采用货到付款方式完成交易的基本操作。掌握这些流程后，店主可以做到心中有数，在顾客付款前，将付款需要注意的一些细节问题提前告知顾客，以便顾客顺利完成付款。

顾客使用这一支付方式完成付款后，快递公司会代替店主收款，将货物先发送到顾客手中。顾客收到货物后，先检验货物的真实性、质量等情况，再根据情况确定是否签单收货，并将货款交给送货员。

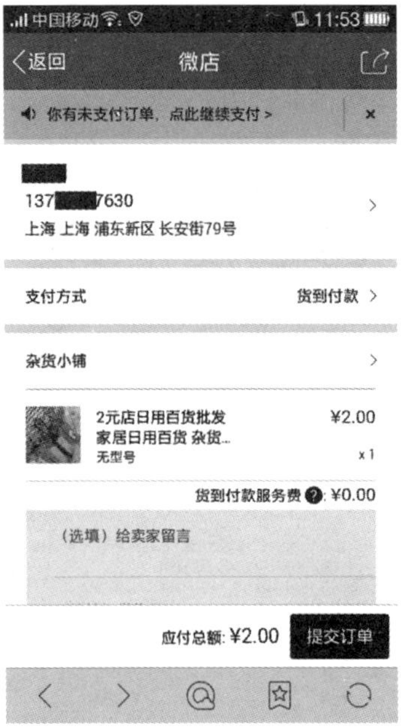

图 5-112 点击“提交订单”

图 5-113 订单提交成功

第6章

CHAPTER SIX

订单功能：实时查看订单，做好订单处理

在微店中，订单管理是一项重要的功能，也是店主与客户关系的有效延伸。

对于顾客来说，店主处理订单的速度和质量，同样会影响到用户体验。如果店主不及时处理各种订单，不但会影响顾客对店铺的满意度，而且关系到发货工作的顺利进行，甚至会失去挖掘潜在顾客的机会。

店主必须时时查看订单，做好订单管理工作，这样才能有效提高店铺的成交率。

6.1 查看待发货订单并为买家发货

如果运营得好，店铺每天都会产生一些待发货订单。这些订单能否及时处理，直接关系到用户体验的好坏。

待处理订单如果没能及时处理，不但影响与顾客的正常交易，还会影响店铺的口碑。因此，店主必须及时查看并高效处理待发货订单，尽快为买家发货。

6.1.1 查看待发货订单

在订单管理中，待发货订单是店主经常用到的重要功能之一。具体来讲，待发货订单是指顾客已经完成付款，需要店主处理并完成发货的订单。

一般来说，顾客看中某件商品，并成功完成付款后，微店平台就会自动向店主发送一条提示短信，提醒店主尽快给顾客发货。店主要想快速完成发货，需要使用微店中的“待发货订单”功能。

使用“待发货订单”功能完成发货之前，需要了解待发货订单功能中这类订单的具体情况。首先，店主需要登录自己的微店，进入微店首页，点击“订单管理”功能。

在“进行中”的“待发货订单”页面中，店主能看到所有需要处理的待发货订单（见图 6–1）。如果有待发货订单，可以使用待发货功能处理这类订单。

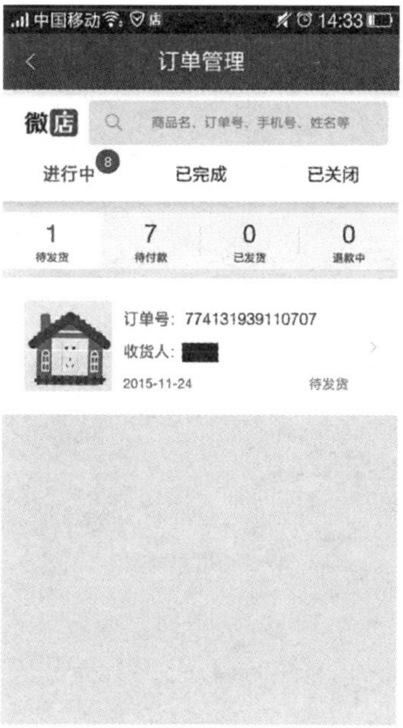

图 6–1 待处理订单

6.1.2 为买家发货

在“待发货订单”页面，如果有待发货订单，可以使用“待发货订单”功能来完成发货。具体做法是，首先，点击优先处理的订单。然后在“订单详情”页面点击页面下方的“发货”（见图 6–2）。

接下来，需要为订单选择快递服务，这里分普通快递、同城快递和无需物流三种情况，下面进行详细介绍。

1. 普通快递

在发货页面中（见图 6–3），首先要选择发货的形式。发货总共有“普通快递”“同城快递”和“无需物流”三种形式。

如果店主选择的是“普通快递”，那么接下来就需要填写物流信息，包括快递单号和快递公司。首先，店主需要选择快速公司，点击它即可。

图 6-2 点击“发货”

图 6-3 发货页面

在选择快递公司页面（见图 6–4），可以看到很多与微店平台合作的国内外快递公司，比如顺丰速运、圆通速递、中通速递等。店主可以根据自己的需求，选择其中一种。

选定快递公司后（见图 6–5），点击右上角“确定”。这时快递公司就选好了（见图 6–6）。选好快递公司后，店主还需要填写快递单号，这里需要点击“快递单号”。

在快递单号界面中（见图 6–7），店主可以用扫描或人工填写的方式输入快递单号。

快递单的正上方有黑白相间的条码，条码下面有一串十二位的数字，这十二个数字就是快递单号（见图 6–8）。如果店主想扫描，直接扫这个条形码，页面就会显示快递单号。当然，你也可以直接输入快递单号。

输入快递单号后，点击“确定”（见图 6–9）。这时就完成了物流信息的填写（见图 6–10），接下来就可以点击右上角的“发货”了。

如果店主已有合作的快递公司，微店平台上并没有该快递公司的名字，

图 6-4 选择快递公司页面

图 6-5 选定快递公司

图 6-6 快递公司已选定

图 6-7 快递单号界面

图 6-8 快递单号

图 6-9 快递单号已输入

图 6-10 物流信息已填写

店主也可以自己填写。

然后在订单详情中，就可以看到此订单的订单状态为“已发货”（见图 6-11）。该订单也会出现在“已发货”一栏中（见图 6-12），这说明店主已经完成了待发货订单的处理工作。

图 6-11 订单状态为“已发货”

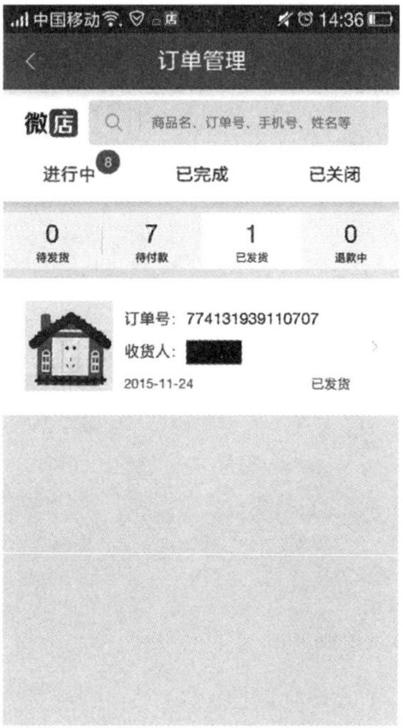

图 6-12 已发货订单

一旦货物发出后，店主可以随时通过订单详情查看物流信息。

2. 同城快递

如果顾客与店主在同一座城市，但彼此之间的距离比较远，店主又不方便送货上门，可以选择“同城快递”（见图 6–13）。如果店主不了解同城快递，点击“查看同城特点及开通城市”，就能了解有关它的内容。

当店主了解了相关信息后，选择好快递公司，比如人人快递或闪送，并填写好寄件地址和收件地址，就可以点击右上角的“发货”，快递员很快就会上门来取件。

3. 无需物流

如果顾客与店主在同一座城市，而且距离比较近，店主可以省去快递这一流程，选择送货上门，也可以让顾客上门取货，具体因情况而定。

具体操作上，店主可以点击“无需物流”（见图 6–14），再点击右上角“发货”，便完成了发货工作。

以上是店主使用“待发货”订单功能快速完成发货的基本操作。掌握

图 6-13 同城快递

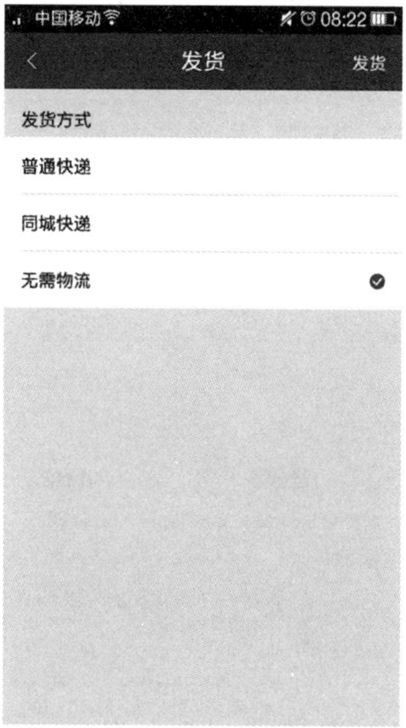

图 6-14 无需物流

了这些流程后，店主就可以使用待发货订单功能处理订单了。

处理完这类订单后，店主还要时时关注物流情况。直到顾客收到货物并签收，才算真正完成发货工作。

6.2 查看待付款订单并与买家沟通

在订单管理中，待付款订单功能是店主处理待付款订单需要用到的专用功能。

在使用待付款订单功能处理订单时，需要根据顾客留下的联系方式，主动与顾客取得联系，了解顾客未付款的原因，然后“对症下药”，顺利处理待付款订单。

通过这一功能，店主不仅可以通过顾客了解店铺的不足之处，还能提高店铺的销量。

6.2.1 查看待付款订单

待付款订单是指顾客已经完成下单并将购物信息填写完整，却没有成功完成付款的订单。

一般来说，如果顾客在订单上已经填写了完整的收件人信息，说明他非常喜欢这件商品，拥有强烈的想要将其购买下来的意愿，只是在付款过程中，因为某种原因没有完成付款而已。这种订单需要店主及时处理，店主可以使用待付款订单功能来处理。

使用待付款订单功能处理订单之前，店主需要了解待付款订单的具体情况。

首先，打开“订单管理”，在“订单管理”页面中，点击“进行中”订单的“待付款”功能。在待付款页面中，就可以看到微店中所有的待付款订单（见图 6-15）。如果店铺中有待付款订单，店主就可以使用待付款订单功能来处理待付款订单。

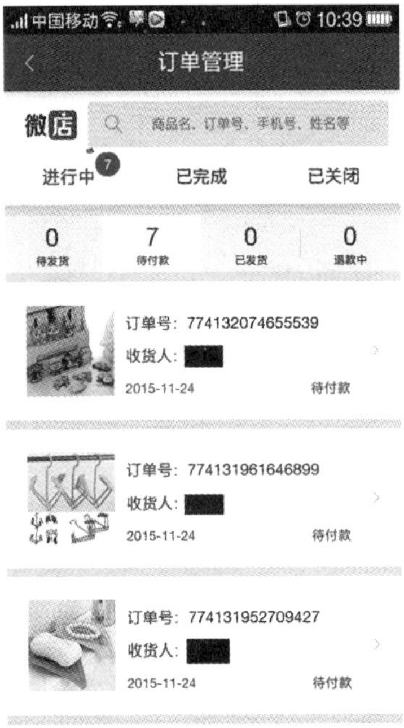

图 6-15 待付款订单

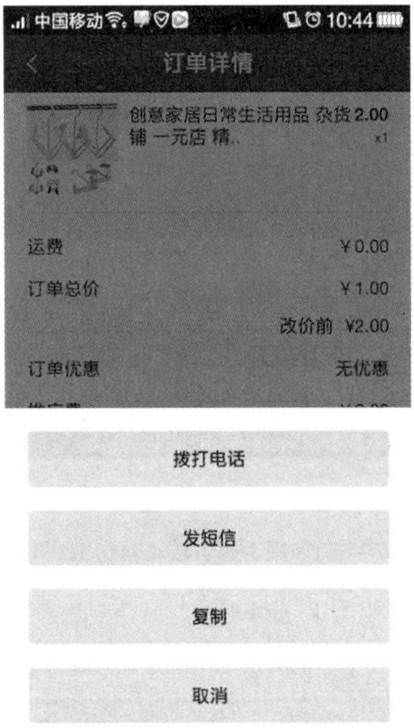

图 6-16 两种沟通方式

6.2.2 与买家进行沟通

“待付款订单”处理的好坏，直接影响到这些订单的成交率，从而影响店铺的销量。店主必须及时查看这种订单，主动与顾客沟通，了解顾客未付款的原因，并采取相应的处理方式，这样才有可能顺利抓取这种订单，促成交易。

想要处理待付款订单，需要点击订单管理中的“待付款”功能。在待付款页面中，店主可以点击优先处理的订单。在订单详情页面中，可以在“下单账号”栏中看到该顾客的联系方式，点击它，会弹出一个界面。

在这个界面上（见图 6–16），店主可以选择两种沟通方式，一种是“拨打电话”，另一种则是“发短信”。店主可以根据自己的实际情况，选择其中一种方式与顾客取得联系，了解顾客未付款的原因。

以下是几种常见的顾客下单之后未付款的原因以及具体的处理方式。

1. 顾客嫌商品价格太高

在购物时，很多顾客都有一种“占地盘”的心理，不管最后买不买，先下单再说，然后再考虑商品和价格是否合适。这样就难免会发生下单之后嫌商品太贵的情况。

如果顾客是因为商品价格太高而放弃购买，从店主的角度看，如果顾客选购的这件商品还可以做出一定的让步，那么可以与顾客协商一下，适当调整一下商品价格。如此一来，基本上就能获取此类订单了。

具体如何操作呢？

在订单详情中，点击右下方的“修改价格”（见图 6–17），进入修改

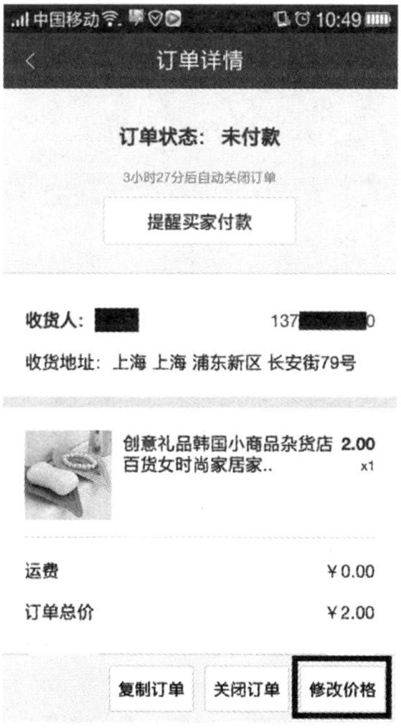

图 6–17 点击“修改价格”

价格页面（见图 6–18）。在该页面中，店主可以在货款中填写事先与顾客协商好的价格。价格填写完毕后（见图 6–19），点击右上角的“完成”。

图 6–18 修改价格页面

图 6–19 价格已修改

这时页面会弹出一段提示：是否将订单改为这个价格？店主确定无误后，可以点击“好”（见图 6–20）。这样，在订单详情中，店主就能看到已经修改的订单总价了（见图 6–21）。

当店主修改好价格后，微店平台会自动向顾客发送一条修改商品价格的信息（见图 6–22）。

收到信息后，顾客会重新返回到自己的微店账号中，找到该订单，重新开始付款。

总之，只要顾客提出的要求比较合理，付出一点小代价就能够挽回这类订单，那么店主适当做出一点儿让步也未尝不可。

2. 顾客放弃购买

当然，如果顾客不是因为价格太高，而是因为考虑过后不想购买了，

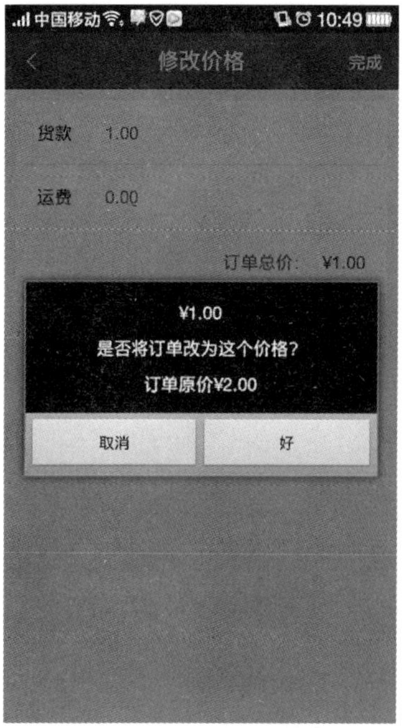

图 6-20 点击“好”

图 6-21 订单总价已修改

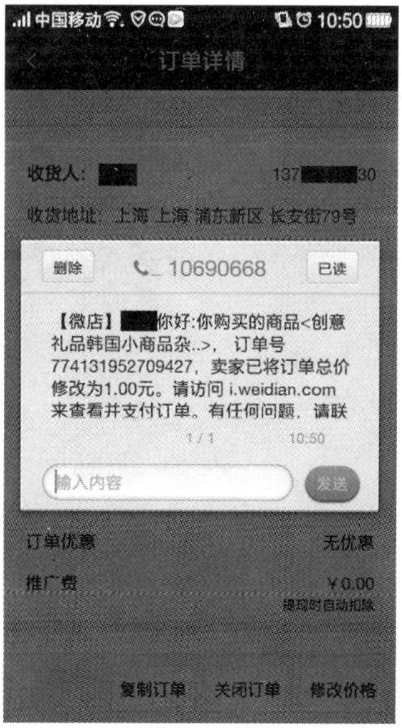

图 6-22 顾客收到已修改价格的信息

那么即使店主想尽一切办法说服顾客，顾客也未必能回心转意。在这种情况下，店主就可以选择关闭此订单了。

不过，虽然交易失败了，但这个时候店主不能仅仅关闭订单，还可以通过这个环节了解一下顾客放弃购买的具体原因，是商品款式不符合心意，还是接受不了价格，是发现了更好的商品，还是服务态度不好让顾客望而却步，等等。了解了这些情况之后，才能根据顾客反映的这些问题，及时调整自己的经营策略。

具体操作上，在该订单详情页，店主可以点击页面下方的“关闭订单”（见图 6–23）。

这时页面会弹出一个选项界面，店主可以根据顾客的意愿，从上面的选项中选择顾客不购买的原因（见图 6–24），比如“买家不想要了”。选中选项后，该订单的状态就会由“未付款”自动转变成“已关闭”（见图 6–25）。

然后店主还需要下拉页面，点击订单信息中的“备注”（见图 6–26）。在备注页面，可以输入该待付款订单顾客不想购买的具体原因，再点击右

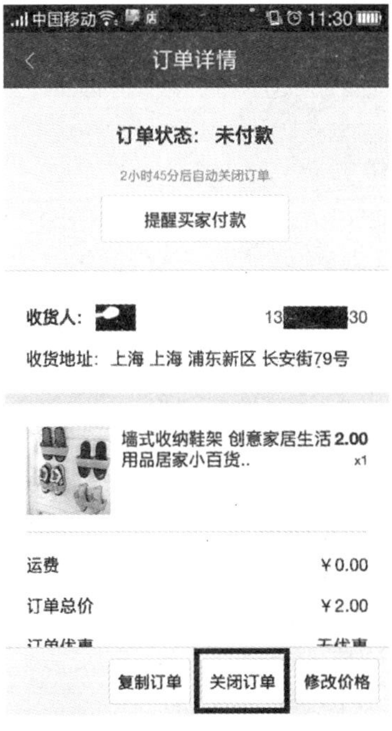

图 6–23 点击“关闭订单”

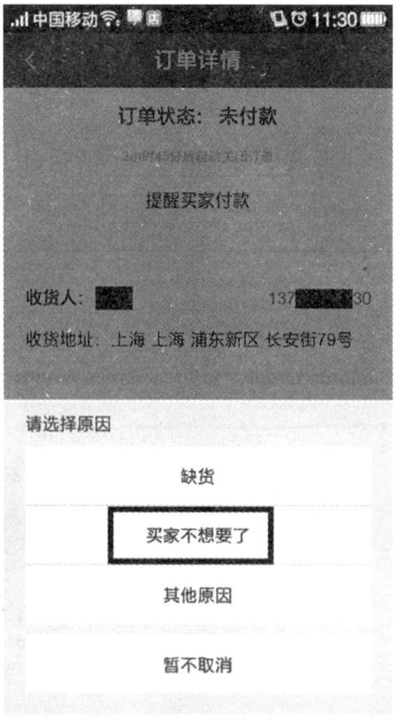

图 6–24 选择顾客不购买的原因

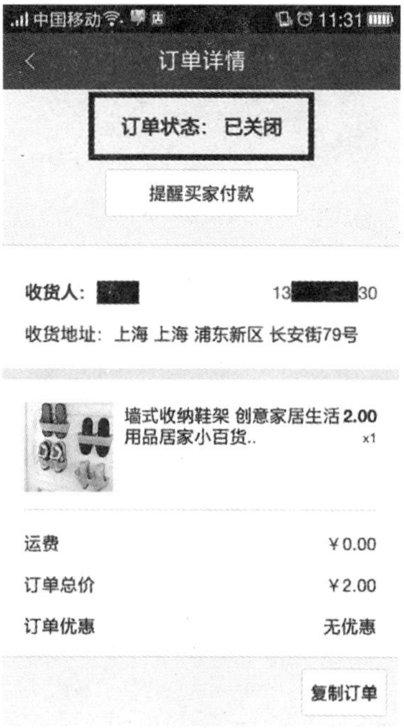

图 6-25 订单状态变成“已关闭”

图 6-26 点击“备注”

上角“完成”（见图 6–27）。

这时，店主就能在订单详情中看到该订单的备注了（见图 6–28）。对于该订单的备注，顾客是看不见的。之所以填写备注，是为了店主能够更好地处理已关闭订单。

3. 顾客未开通网银或卡上余额不足

如果顾客是因为未开通网银或卡上余额不足而未完成交易，店主可以告诉顾客尽快到银行开通网银或及时给银行卡充值。经过一段时间后，如果顾客仍没有完成付款，店主可以以短信的方式提醒顾客及时付款，否则该订单会在 24 小时内自动关闭。

具体的操作是，店主打开该顾客的订单，在订单详情中点击“提醒买家付款”（见图 6–29）。这时页面会出现一段提示，“已将提示信息复制到剪贴板，你可以直接粘贴发送给买家”，店主可以直接点击“确定”（见图 6–30）。

然后在订单详情中，点击“下单账号”中的电话号码（见图 6–31）。

图 6-27 点击“完成”

图 6-28 备注已填写好

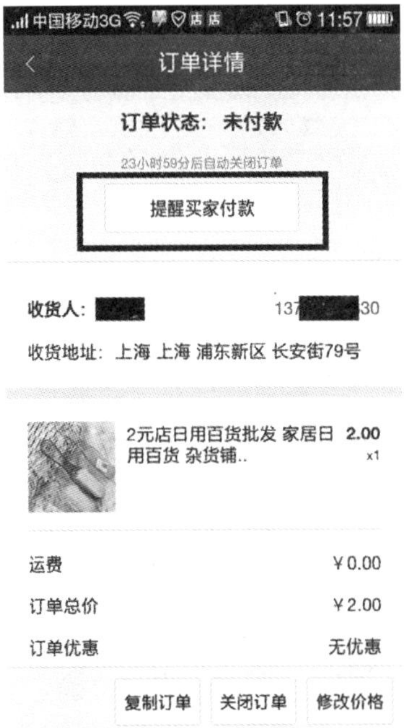

图 6-29 点击“提醒买家付款”

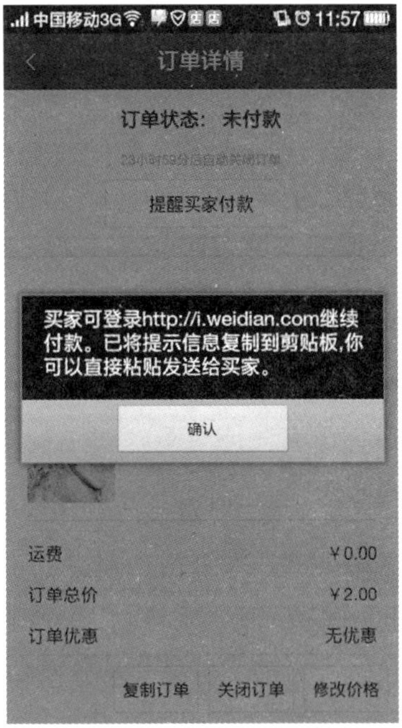

图 6-30 点击“确定”

这时页面会出现几个选项，店主可以点击“发短信”（见图 6–32）。

在发送信息栏中，粘贴提示信息（见图 6–33），再点击“发送”。然后店主就完成了提醒顾客付款的工作（见图 6–34），顾客也会收到此信息。

图 6–31 点击“下单账号”中的电话号码

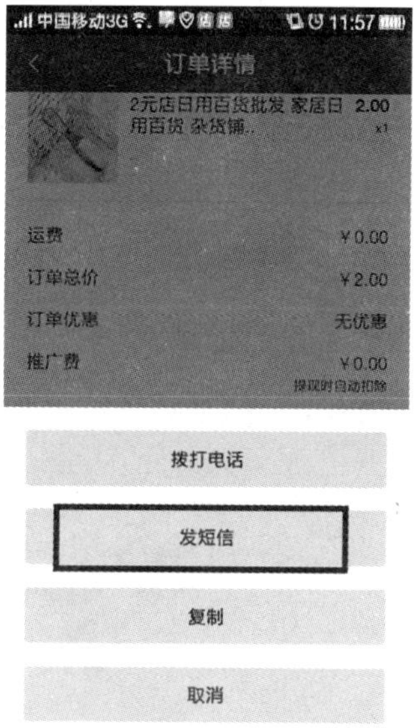

图 6–32 点击“发短信”

图 6–33 粘贴提示信息

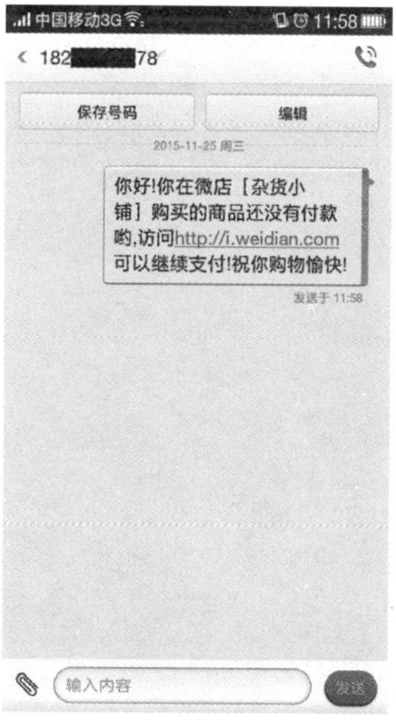

图 6–34 已发送提示信息

如果顾客已完成了银行卡的网银开通工作，或卡里已有余额，收到信息后，就会完成付款的。

4. 顾客不知道如何支付

店主发短信或打电话给顾客，得知顾客是因为不知道如何支付而放弃付款，那么店主可以为顾客详细讲解支付的流程以及可能遇到的各种问题，手把手教顾客完成付款。这样不但可以帮助顾客尽快完成付款，而且会在无形中增加顾客对店铺的好感。

总之，如果微店中产生了大量待付款订单，店主就应该充分发挥待付款订单功能的作用，及时与顾客沟通，并根据顾客未付款的原因采取不同的应对措施，争取将待付款订单追回来。只有这样，才能提高店铺的销售量。

6.3 查看已完成订单并查询快递

在订单管理中，已完成订单是非常重要的订单，因为这常常意味着顾客前期已经接受了店铺的商品和价格，只要快递没有问题，并且拿到的商品符合顾客的预期，交易基本就算成功了。

正常来讲，走到这一步也并非万无一失。店主完成发货后，还要时时查看已完成订单，查看快递状态，了解货物运输情况。这样一旦有顾客询问，店主也能及时回答。同时，如果快递存在问题，店主也能及时与快递公司取得联系，解决快递过程中遇到的问题。

6.3.1 查看已完成订单

在微店中，当店主处理完“待发货订单”后，如果顾客选择的是直接付款方式，这种类型的订单就会自动更新为“已发货订单”。如果顾客选择的是担保交易方式，这种类型的订单就会自动更新为“已完成订单”。不管哪种类型的订单，这些订单都会进入发货流程。

店主完成发货后，并不代表店主与顾客之间的交易就此结束，而是刚刚开始。也就是说，在顾客收到货物之前，店主应该时时查看“已完成订单”

或“已发货订单”，充分了解快递公司的运送情况。一旦有顾客询问货物运输情况，店主就能从容应对。

当然，如果顾客不主动询问，快递出现问题时，店主也可以将实际情况反馈给顾客，以免顾客担心。

想要查看“已发货”订单，店主可以在“订单管理”页面中点击“已发货”。这时店主就能看到店铺中所有“已发货”的订单了（见图 6–35）。

6.3.2 查询快递

当店主处理完“待发货订单”，顾客很快会收到店主发货的信息。在发货过程中，顾客随时都有可能询问店主有关商品运输的情况。如果订单很多，一一查找会比较麻烦。这时店主可以使用“订单管理”的“搜索”功能，通过它，可以快速查询任何一个“已完成订单”。

在订单管理页面中，需要点击“搜索”功能（见图 6–36），进入搜索页面（见图 6–37）。在该页面的搜索框里，输入所查询顾客的商品名、订单号、手机号或姓名，填写其中一种就可以。输入完毕后（见图 6–38），点击红色按键“搜索”。

图 6–35 “已发货”订单

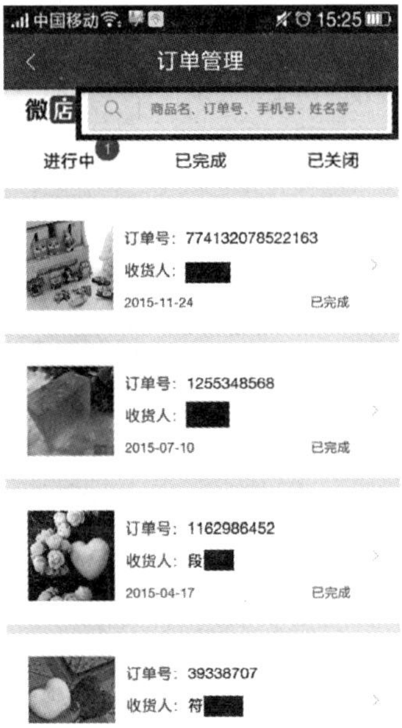

图 6–36 点击“搜索”功能

图 6-37 搜索页面

图 6-38 顾客姓名已输入

图 6-39 页面显示已搜索的顾客订单

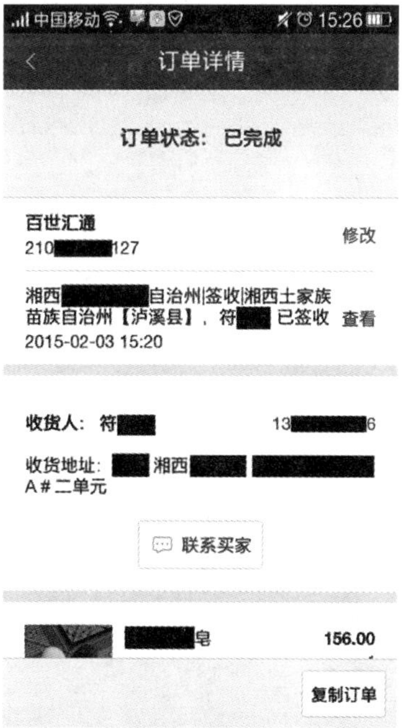

图 6-40 “订单详情”页面

这时在搜索页面中，就会显示该顾客的订单（见图 6–39）。此时需要点击它，进入“订单详情”页面。

在“订单详情”页面中（见图 6–40），不仅会显示该订单目前的状态，还会显示物流信息。想要了解该订单的物流情况，店主可以直接点击“查看”。在“物流信息”页面中，就能看到该订单的物流情况了（见图 6–41）。当顾客询问商品运输的相关信息时，店主可以将该订单的物流情况截图发送至顾客的手机上。

以上是查询顾客商品物流情况的基本操作。掌握这些后，店主就能对顾客的商品运输情况做到心中有数。

图 6–41 物流情况

6.4 查看已关闭订单并与顾客重新沟通

如果店铺内产生大量“待付款订单”，店主在 24 小时内又没有及时处理这部分订单，这些订单就会自动变成“已关闭订单”。

如果店主能够通过订单功能查看已关闭订单，积极主动地与顾客进行沟通，那么仍有可能重新获得这类订单。

6.4.1 查看已关闭订单

已关闭订单是指顾客在 24 小时内没有完成付款，店主也没有及时处理的订单。如果店主因为各种原因长时间未上线，导致订单关闭，那么想要了解已关闭订单的情况，可以在“已关闭订单”中查看。

打开微店首页，点击“订单”功能。在订单管理中，点击“已关闭”功能，就能看到店铺内所有已关闭的订单了（见图 6–42）。

6.4.2 与顾客重新沟通

对于已关闭订单，也是需要店主及时处理的。如果处理得好，即使是已关闭订单，也有可能转化为有效订单。

处理已关闭订单之前，店主需要认真分析形成已关闭订单的原因，再

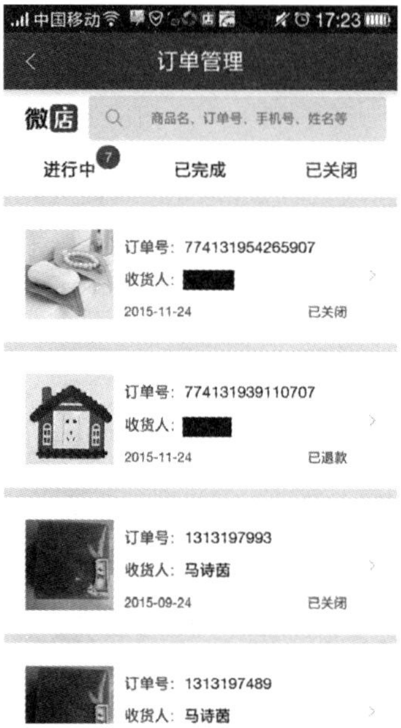

图 6-42 已关闭订单

图 6-43 担保交易

根据具体情况进行有针对性的处理。

一般来说，在已关闭订单的订单详情中，会有顾客的相关信息。通过这些信息，店主可以以发短信或打电话的形式与顾客取得联系。

处理已关闭订单时，店主可以根据订单类型，分析顾客的购买心理以及放弃购买的原因。一般来说，根据订单类型，已关闭订单可以分为担保交易订单、直接付款订单、有备注的订单和已处理过的订单，下面进行具体介绍。

1. 选择担保交易的订单

在已关闭订单详情中，如果顾客选择的是担保交易（见图 6-43），店主可以初步判断此顾客极有可能是第一次在店铺中购买商品，对店铺以及商品持有怀疑态度。

与此类顾客沟通时，店主可以向顾客保证商品是正品，从正规渠道进货，并向顾客说明店铺已经开通“七天无理由退货”服务。顾客收到货后，只要符合退货条件，店铺会尽快退换货，请顾客放心购买。

通过这样的沟通，很多时候能打消顾客心中的顾虑，促使顾客重新下单。

2. 选择直接交易的订单

在订单详情中，如果顾客选择的是直接付款，而顾客在备注上没有填写任何信息（见图 6–44），从付款方式上来看，可以判断该顾客对店铺比较信任，因为某种原因而放弃付款。

图 6–44 店主备注没有信息

与此类顾客沟通时，店主可以主动询问顾客对店铺的商品或服务有什么疑问，以此来引导顾客说出自己未付款的原因。只要顾客说出了问题，店主就能有针对性地解决顾客的问题，增加重新获得该订单的概率。

3. 有备注的订单

在订单详情中，如果顾客在备注上说出了自己的要求或担心，说明顾客非常想购买这件商品，只是心中有疑虑，急需店主解决他的问题。对于这种订单，店主更应该主动与顾客取得联系。解决顾客心中的疑虑，才有可能重新获得这部分顾客的订单。

如果顾客提出了自己的要求，只要这个要求是合理的，店主可以适当满足。另外，如果顾客在备注上填写的是缺货（见图 6–45），对于这种订单，

图 6-45 备注有顾客的留言

图 6-46 订单备注已填写

店主要先查询该商品是否真的缺货了。如果商品真的是缺货了，就要及时补货，然后与顾客取得联系，告知顾客该商品正在补货，请顾客耐心等待。

4. 已处理过的订单

在已关闭订单中，并非所有订单都是因为未及时处理而导致的，还有一部分订单是因为店主处理待付款订单时，因未能说服顾客继续支付而关闭的。

处理这类已关闭订单时，店主一定要看订单详情中的备注是否有自己填写的信息。如果有（见图 6-46），说明该订单已经处理过了，店主不需要与这类订单的顾客重新进行沟通。

以上是处理“已关闭”订单的几种情况。店主掌握了这些，在处理已关闭订单时，就能根据实际情况采取相应的措施。即使追不回全部订单，也能追回部分订单，提高店铺的销量。

店主需要注意的是，每次处理完一个已关闭订单，店主必须要填写备注。这样不但可以有效避免重复处理同一订单，提高店主的工作效率，而且能够根据顾客反馈的信息改善店铺的服务，减少已关闭订单的产生。

6.5 查看退款订单并处理退款

在经营微店过程中，几乎每个店铺都会遭遇顾客退款的情况。如果店主能够与顾客好好沟通，给顾客一个合理的解释，或者推荐其购买其他商品，是挽回退款订单的一种有效方法。但如果顾客强烈要求退款，店主必须给予退款。

6.5.1 查看退款订单

退款订单是指顾客已成功完成付款，店主也已完成发货的订单。也就是说，顾客完成付款后，因为某种原因申请退款，这种订单就会出现在“退款中”页面。店主想要知道店铺是否有退款订单，可以在“退款中”订单中查看。

具体做法是，打开微店首页，点击“订单”功能。在订单管理中，可以点击“退款中”，这样就能看到店铺产生的退款订单了（见图6-47）。

6.5.2 处理未发货订单的退款

顾客在浏览微店商品时，有时候可能会因为一时冲动下单购买，但成功付款后，还没等店主发货，他们又反悔了。这种情况下，由于顾客选择

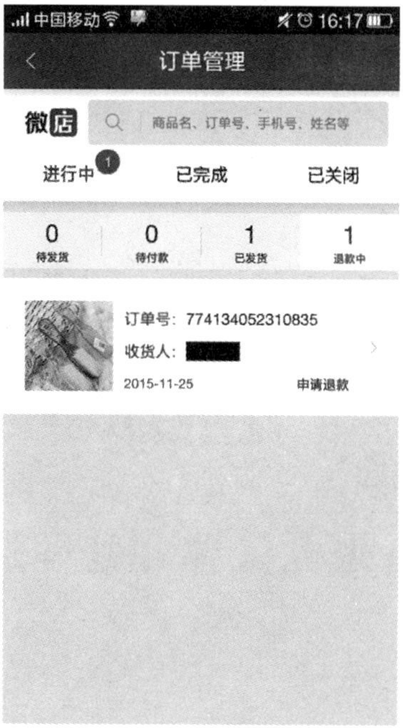

图 6-47 退款订单

的支付方式不同，店主处理退款的过程也会不同。

如何处理未发货订单的退款呢？

1. 直接付款的待发货订单

一般来说，如果顾客选择的是直接付款的方式，成功付款后，店主还未发货，他们便想退款，那么顾客只能通过打电话或发短信的形式联系店主，顾客自己在这种情况下是无法申请退款的。店主了解具体情况后，可以根据双方协商的结果，选择发起退款，然后支付相应的退款金额。

在“待发货”页面中（见图 6–48），店主需要找到并点击顾客想要退款的待发货订单。在该顾客的订单详情中，可以点击页面下方的“退款”功能（见图 6–49）。

在退款页面中（见图 6–50），退款金额栏中会直接显示退款金额，店主无须输入，可以直接点击红色按键“退款”。这时页面会提示店主，“请用你的付款账号来充值退款，不需要向买家索要任何信息，确认退款吗？”阅读完此信息后，店主如果确认退款，那么直接点击“确定”（见图 6–51）。

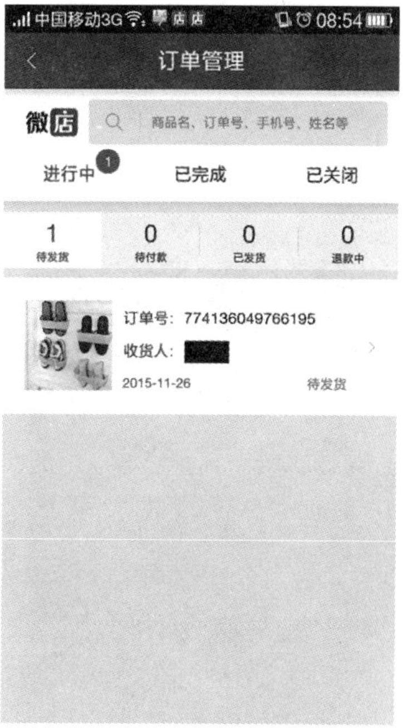

图 6-48 “待发货”页面

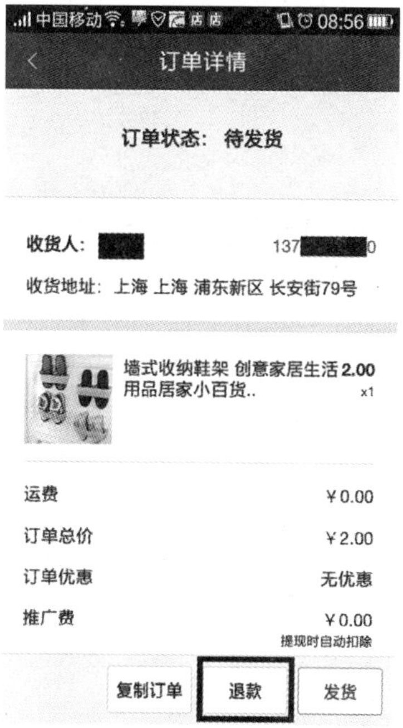

图 6-49 点击“退款”按钮

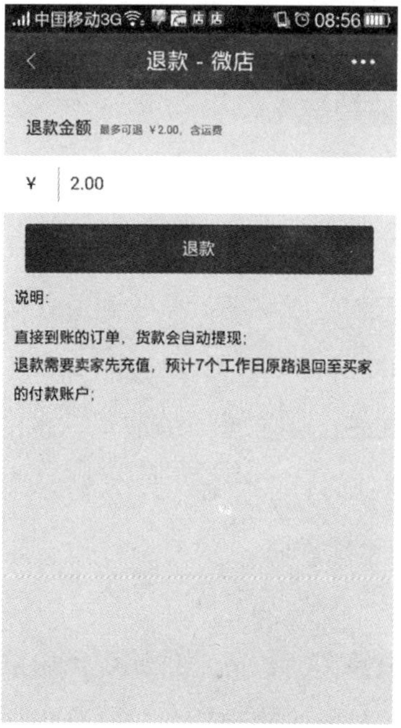

图 6-50 退款页面

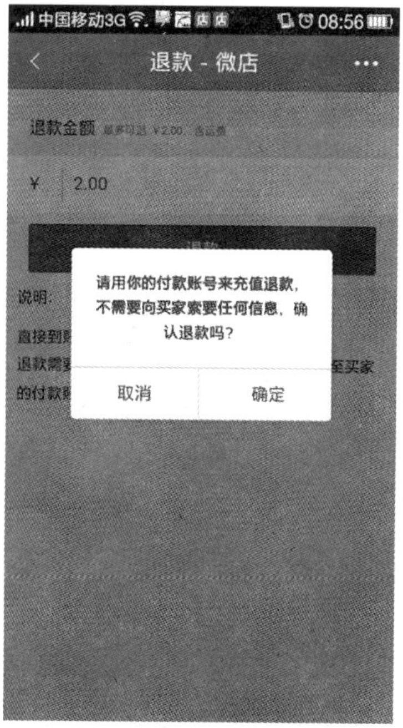

图 6-51 点击“确定”

进入支付中心页面（见图 6–52），店主可以选择一种支付方式，点击绿色按键“立即支付”。这时微店平台会向你的手机发送验证码信息，输入验证码，再点击“确认”（见图 6–53）。

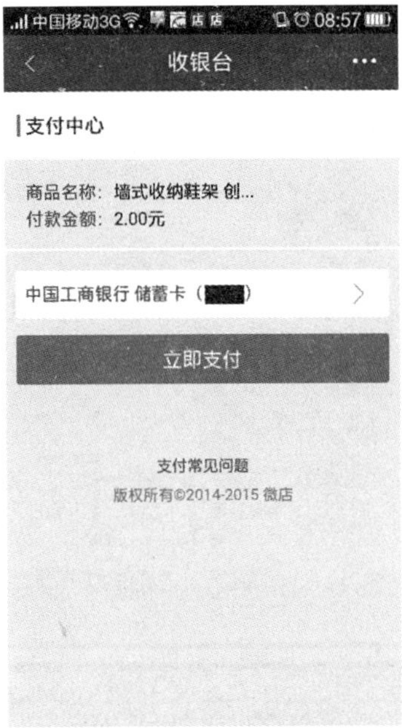

图 6–52 支付中心页面

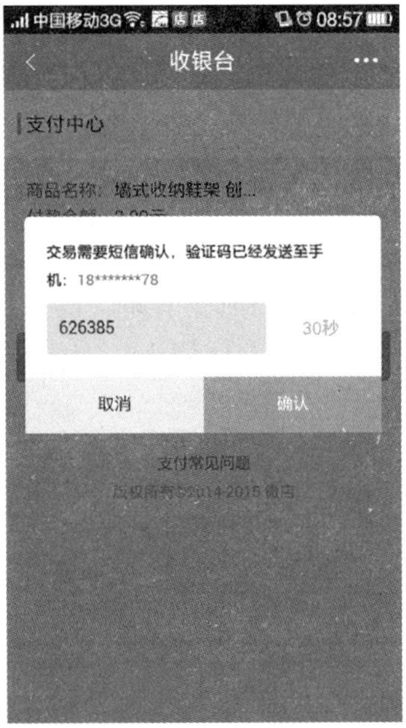

图 6–53 点击“确认”

这时支付页面会建议店主设置微店支付密码。如果店主不想设置，可以直接点击“暂不设置”（见图 6–54）。在退款页面，可以看到“充值成功”四个字（见图 6–55），说明店主已完成退款，顾客随后会收到退款信息。不过退款金额还不能立即退还给顾客，需要等待微店平台处理。

如果店主想查看退款进度，可以直接点击红色按键“查看退款进度”。然后店主就可以在退款页面中看到正在退款的订单信息（见图 6–56）。顾客打开链接，进入自己的订单，也会看到这个界面。

2. 担保交易的待付款订单

在付款过程中，如果顾客选择的是担保交易，成功付款后，如果店主还未发货，顾客想要退款，可以通过成功付款的短信连接，登录到自己的微店账号中处理退款。店主收到退款信息后，再确认退款，便可以完成退款。

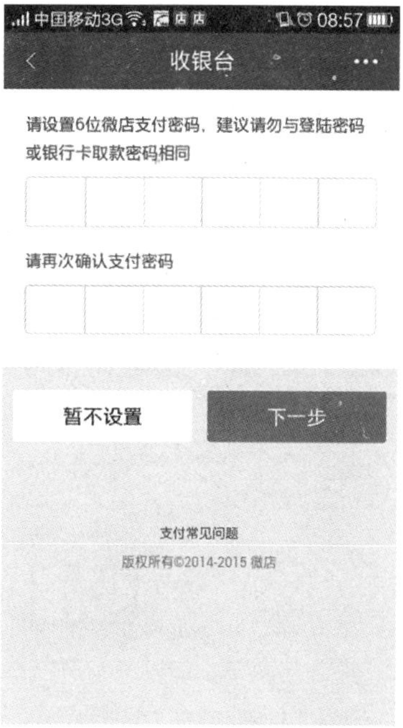
中国移动3G 08:57
收银台
请设置6位微店支付密码，建议请勿与登陆密码或银行卡取款密码相同
请再次确认支付密码
暂不设置
下一步
支付常见问题
版权所有©2014-2015 微店

图 6-54 点击“暂不设置”

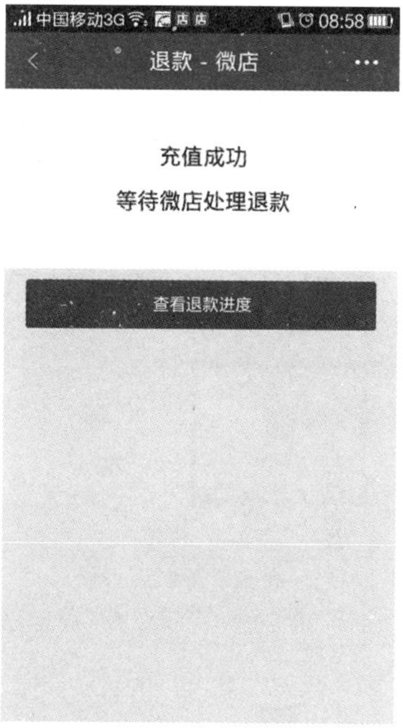
中国移动3G 08:58
退款 - 微店
充值成功
等待微店处理退款
查看退款进度

图 6-55 充值成功

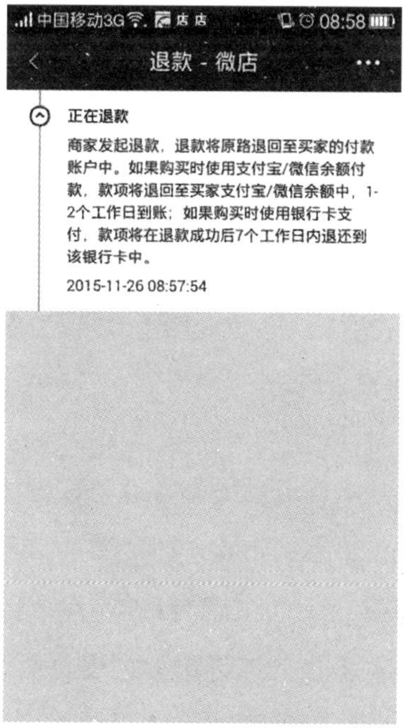
中国移动3G 08:58
退款 - 微店
正在退款
商家发起退款，退款将原路退回至买家的付款账户中。如果购买时使用支付宝/微信余额付款，款项将退回至买家支付宝/微信余额中，1-2个工作日到账；如果购买时使用银行卡支付，款项将在退款成功后7个工作日内退还到该银行卡中。
2015-11-26 08:57:54

图 6-56 正在退款

具体如何操作呢？

顾客登录到自己的微店账号后，在订单中心点击“我的订单”（见图6-57）。进入订单页面后，找到需要退款的订单，点击该订单下方的“退款”（见图6-58）。

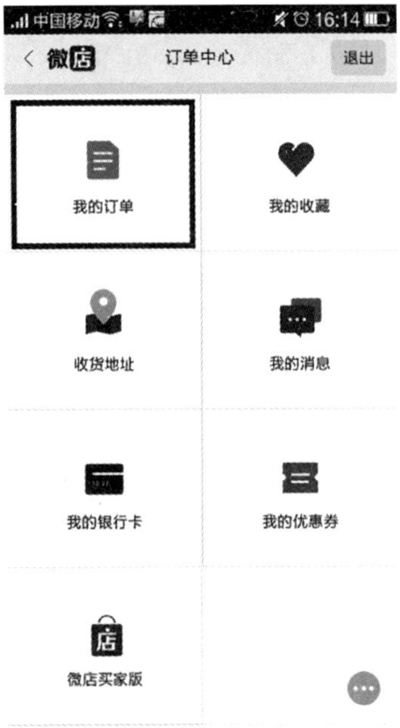

图6-57 点击“我的订单”

图6-58 点击“退款”

在申请退款页面中，可以看到三个必填选项，分别是是否退款、退款原因和退款金额。顾客只需要选择退款原因，再点击“退款原因”即可（见图6-59）。在“请选择退款原因”选项中，顾客可以从中选择一项（见图6-60）。

选定退款原因后，可以点击页面下方红色按键“提交”（见图6-61），这时顾客就成功申请退款了（见图6-62），接下来只需等待店主处理即可。

当顾客成功申请退款后，店主就会在待付款订单中看到顾客申请退款的订单。这时店主需要点击进入该订单的详情页面（见图6-63）。在订单详情中，店主需要点击“处理退款”（见图6-64）。

在退款页面中，店主确认退款，可以点击“同意退款”（见图6-65）。

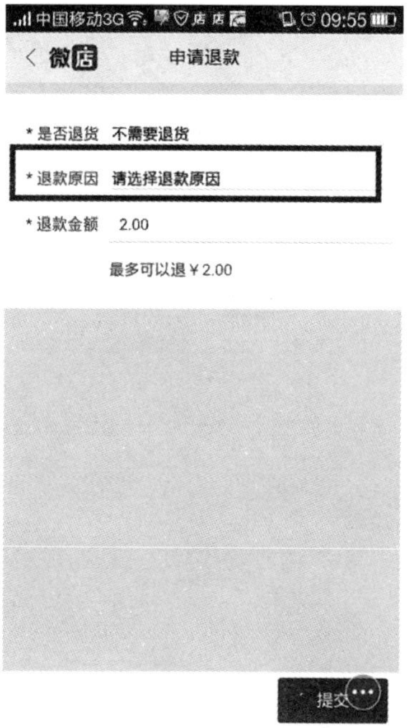

图 6-59 点击“退款原因”

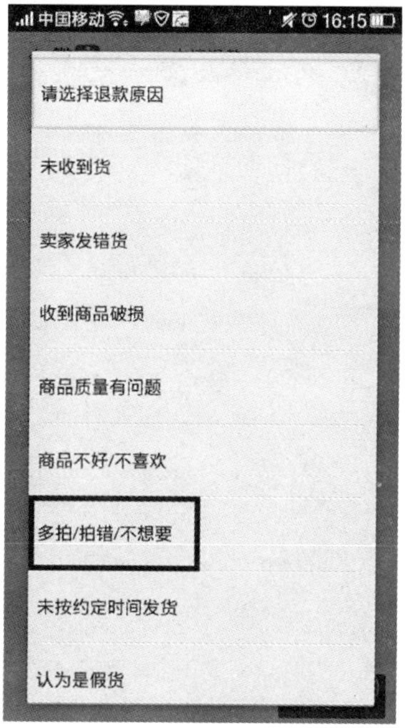

图 6-60 选择退款原因

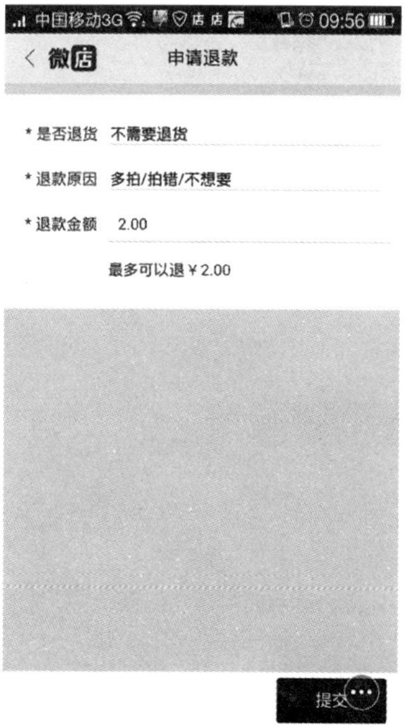

图 6-61 点击“提交”

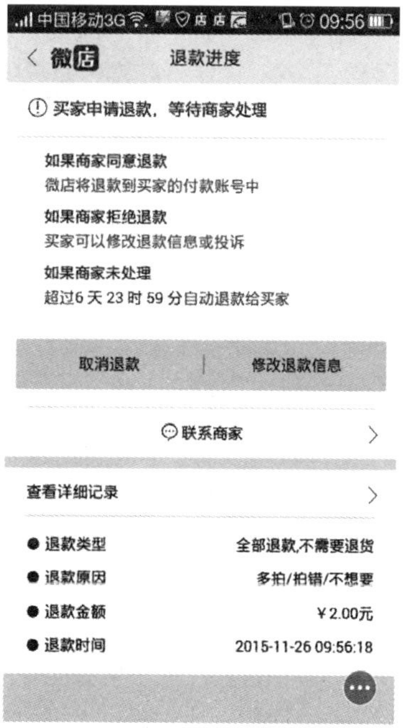

图 6-62 成功申请退款

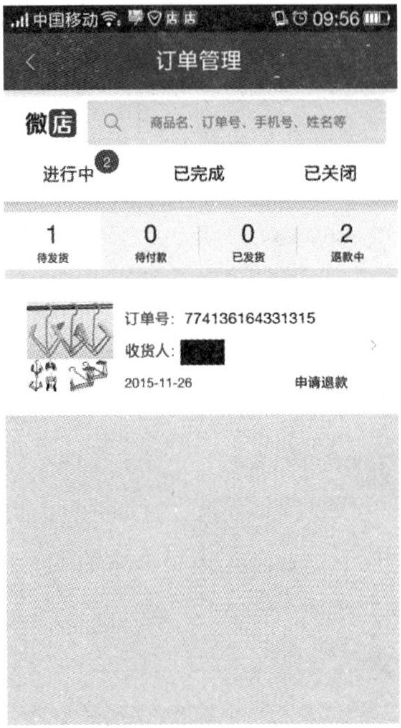

图 6-63 点击申请退款的待发货订单

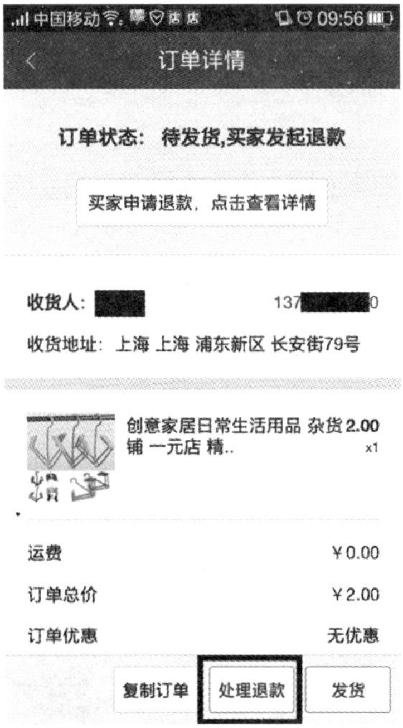

图 6-64 点击“处理退款”

图 6-65 点击“同意退款”

这时页面会弹出一个提示，“同意后，退款将打回买家支付账号，请确认？”如果店主对此没有意见，可以点击“确定”（见图6-66）。这时微店平台就会处理退款（见图6-67）。

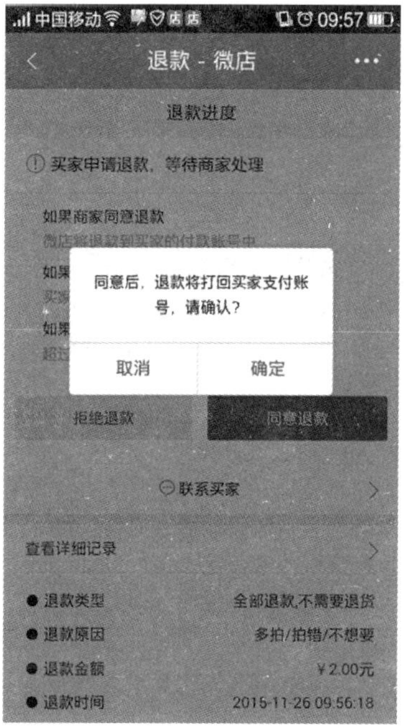

图6-66 点击“确定”

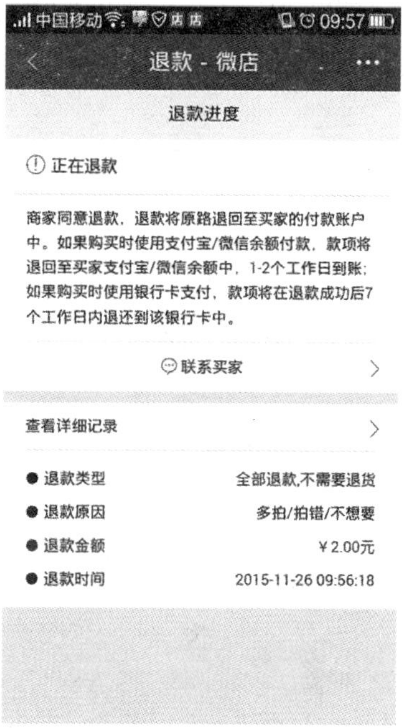

图6-67 正在退款

以上是处理待发货订单退款的基本流程。店主掌握了这些后，就能根据顾客选择的不同交易方式做出相应的处理。

6.5.3 处理已发货订单的退款

顾客成功付款后，如果店主已经发货，顾客收到货物后对商品不满意，或者是顾客还未收到货物就不想购买了，就会出现已发货订单的退款问题。

在这种情况下，店主应主动与顾客沟通，尽量避免退货退款。如若顾客强烈要求退款，店主可以使用“退款”功能，尽快为顾客处理退款。

在处理退款时，该如何处理已发货订单的退款呢？

1. 店主发起退款

如果顾客收到货物后对商品不满意，强烈要求退款，店主可以给予退款。

打开微店，在订单管理页面点击“已发货”功能。在已发货订单页面中找到并点击需要处理退款的订单（见图 6–68）。进入订单详情页面，点击“退款”（见图 6–69）。

图 6–68 点击需要退款的已发货订单

图 6–69 点击“退款”

在退款页面中（见图 6–70），会看到退款金额，最多只能全额退款。在退款金额一栏中，输入多少退款金额，店主需要同顾客协商，因为有可能涉及扣除发货运费的问题。

协商之后，店主可以直接填写相应金额。输入退款金额后，点击红色按键“退款”（见图 6–71）。

这时页面会弹出一个提示，店主阅读完后，点击“确定”（见图 6–72）。在退款页面中，就可以看到退款的进度了（见图 6–73）。待顾客确认退款后，即可完成退款，此时订单的状态也会由已发货自动转变成“退款中”（见图 6–74）。

顾客收到退款信息后，通过链接可以进入到自己的订单管理中。点击退款订单，在订单详情中，顾客可以看到店主发起的退款申请，点击红色

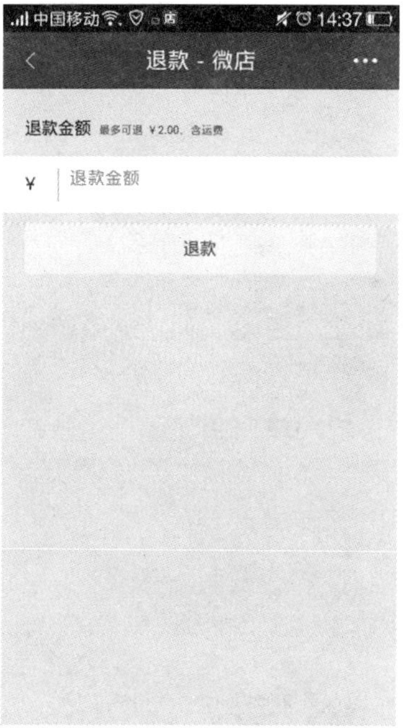

图 6-70 退款页面

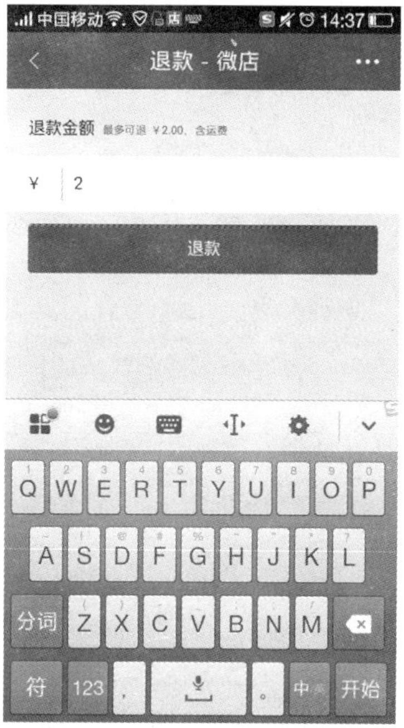

图 6-71 点击红色按键“退款”

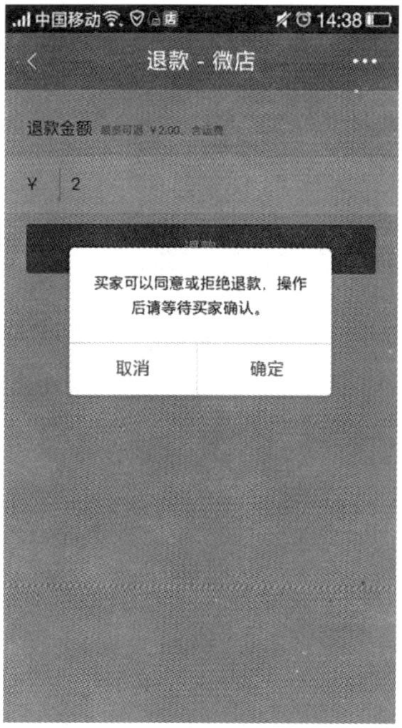

图 6-72 点击“确定”

图 6-73 退款已申请

字体“查看详情”（见图 6–75）。进入退款进度页面，顾客确认退款，就可以点击“同意退款”（见图 6–76）。

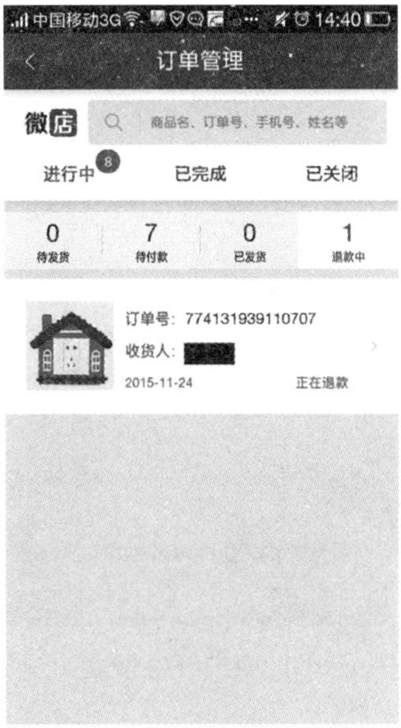

图 6–74 退款中订单

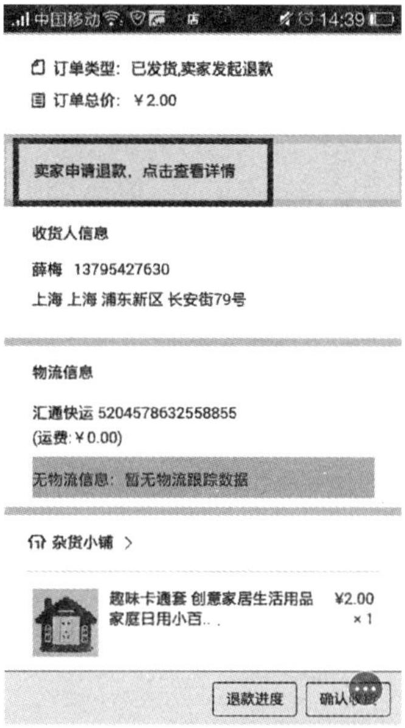

图 6–75 点击“查看详情”

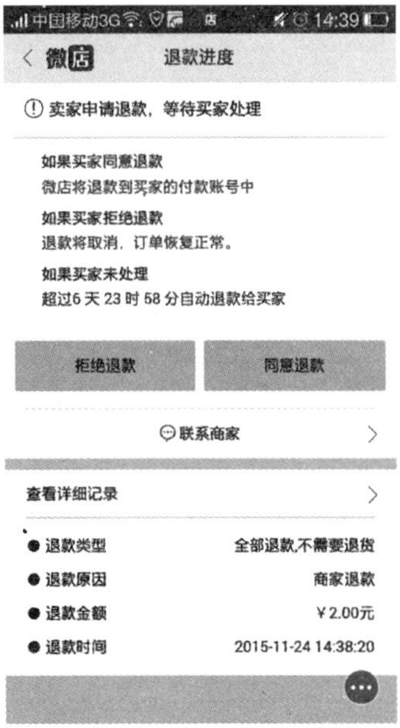

图 6–76 点击“同意退款”

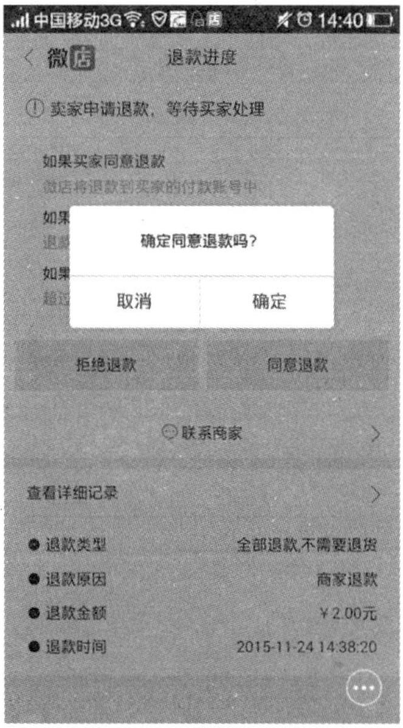

图 6–77 点击“确定”

这时页面会弹出一个提示，“确定同意退款吗？”顾客退款态度很坚定，就可以点击“确定”（见图 6-77）。在退款进度页面中，可以看到微店平台正在处理退款（见图 6-78）。耐心等待一段时间，店主和顾客都会收到退款成功的信息。在该订单的退款进度页面上，也会显示退款成功（见图 6-79）。

图 6-78 正在退款

图 6-79 退款成功

2. 顾客发起退款

如果顾客收到货后对商品不太满意，比如商品质量存在问题，或者款式不喜欢等，就可以登录微店申请退款。

顾客申请退款的流程，店主也必须了解并掌握，以便帮助一些不懂如何申请退款的顾客完成退款工作。

顾客进入“我的订单”后，在“我的订单”页面中找到想要退款的订单，并点击“退款”（见图 6-80）。在“申请退款”页面中，顾客需要按要求依次选择相关选项。首先选择是否退货，然后点击它（见图 6-81）。

图 6-80 点击“退款”

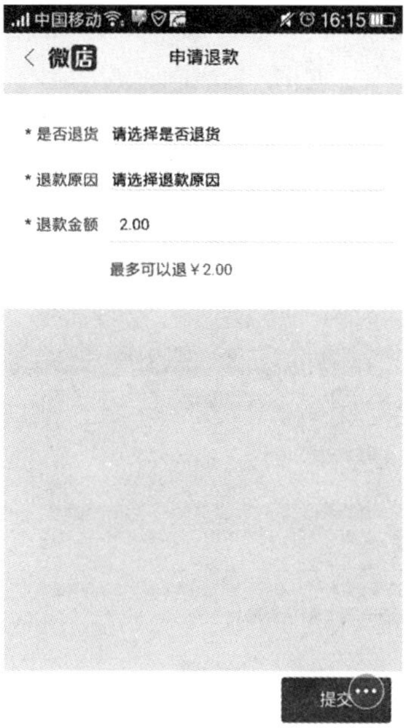

图 6-81 点击“是否退货”

在“是否退货”页面，如果顾客已经收到货了，则需要选择“需要退货”（见图 6–82）。然后顾客还需要点击“退换原因”（见图 6–83），根据实际情况从中选择一种。选定退款原因后，顾客就可以点击红色按键“提交”（见图 6–84）。

然后在申请退款页面中，顾客还需要填写退货物流信息，包括退货单号和快递公司。填写完退货单号，选好快递公司，顾客就可以点击“确认退款”（见图 6–85）。这样顾客就完成了退款申请（见图 6–86），之后需要等待店主处理。

顾客完成退款后，店主会收到退款信息。想要处理退款订单，店主需要打开微店中的“订单”功能。

在订单管理页面中，点击“退款中”，进入退款中页面，点击需要处理的退款订单（见图 6–87）。

在订单详情中，店主可以看到订单状态：顾客已发起退款，想要了解订单详情，可以点击“查看详情”（见图 6–88）。

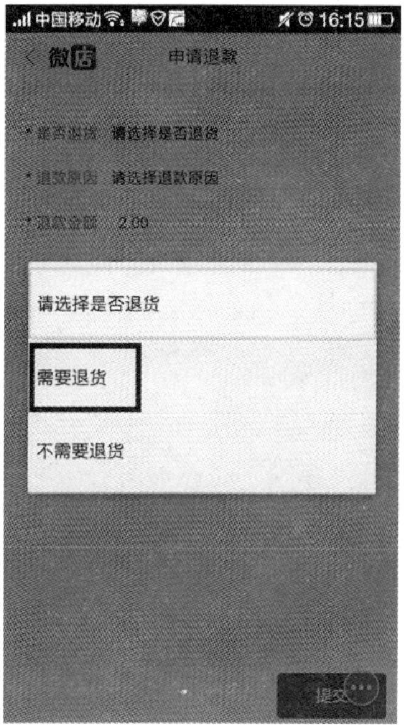

图 6-82 选择“需要退货”

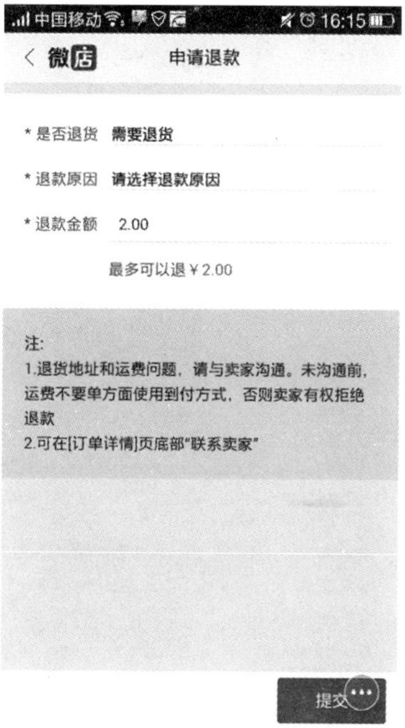

图 6-83 点击“退款原因”

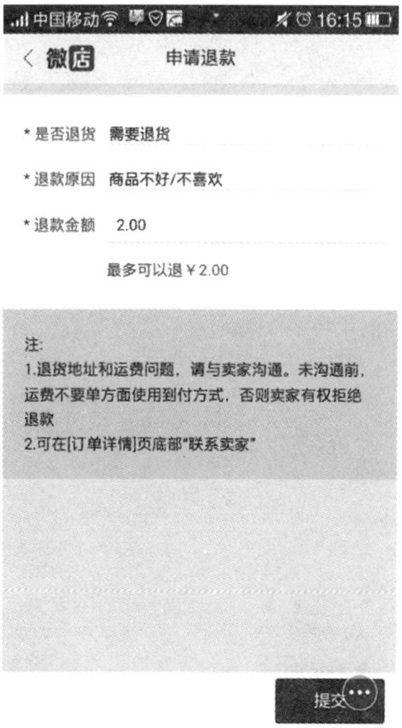

图 6-84 点击“提交”

图 6-85 点击“确认退款”

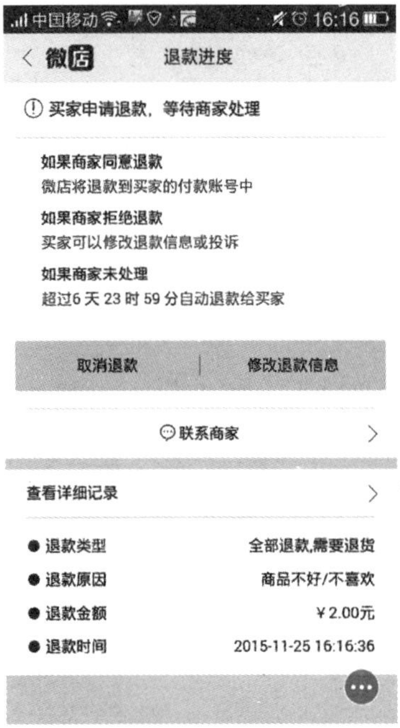

图 6-86 完成退款申请

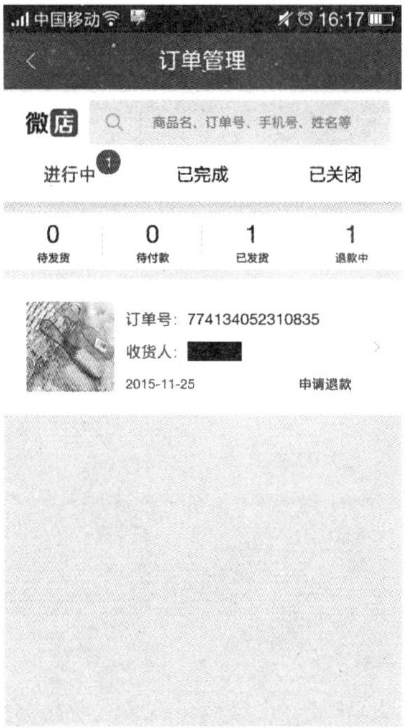

图 6-87 退款中页面

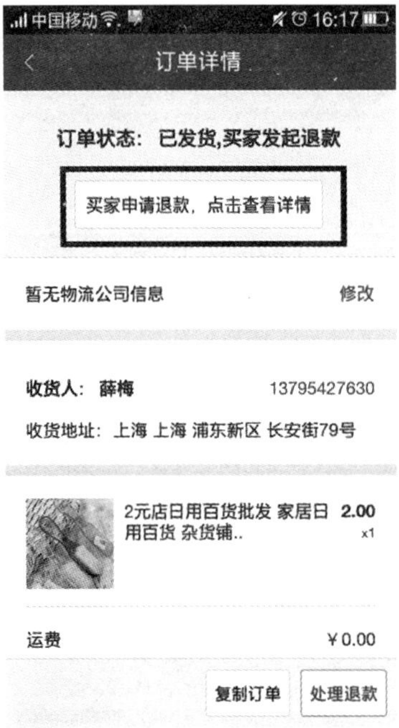

图 6-88 点击“查看详情”

图 6-89 点击“同意退款”

在退款页面，店主就能看到顾客申请退款的基本信息，比如退款类型、退款原因，等等。如果店主确认退款，可以点击“同意退款”（见图 6–89）。然后页面会弹出一个“是否确认”的提示。

如果店主确认退款，可以直接点击“确定”（见图 6–90）。这时店主便完成了申请退款订单的处理，微店平台会进入退款流程（见图 6–91）。

以上是店主处理已发货订单的退款基本操作。掌握这些后，无论是店主发起退款，还是顾客发起退款，店主都能做到心中有数，快速完成顾客的退款订单。

此外，处理退款订单很重要，不管顾客因何种原因选择退款，店主都要与这类顾客好好沟通。即便此次交易失败了，也要给其留下好印象，争取以后再次发生交易。

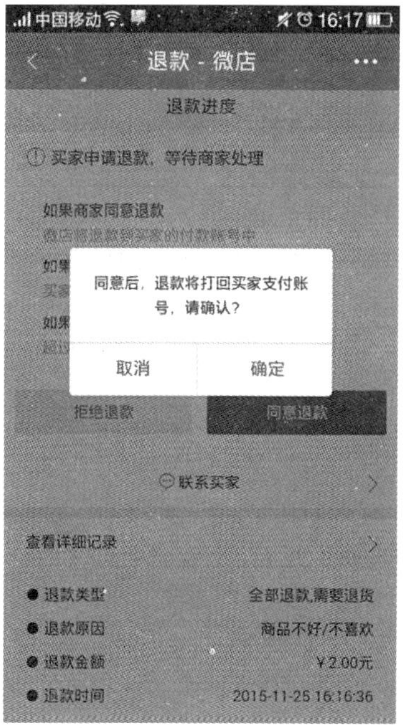

图 6–90 点击“确定”

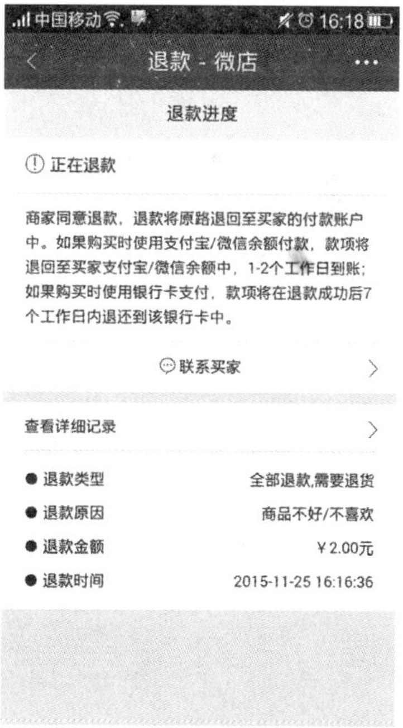

图 6–91 正在退款

6.6

登录微店网页版一键导出订单

到了旺季时，店铺的生意会非常好，订单比较多。店主想要他人代发货，可以使用微店中的“一键导出订单”功能。导出订单时，店主可以根据自己的需要，将相应的订单导出来，以 EXCEL 的形式保存在电脑中，以便店主或者其他工作人员使用。

6.6.1 登录微店网页版

由于手机版微店无法直接导出订单，店主想要一键导出订单，可以登录微店网页版进行操作。

首先，在网站搜索“微店网页版”，找到并点击它（见图 6-92）。

进入微店登录页面（见图 6-93），店主需要输入自己的手机号码和密码，才能进入自己的微店。输入完手机号码和密码后，点击红色按键“进入微店”（见图 6-94）。

这时店主就进入到自己的微店中了（见图 6-95），同时说明店主已经完成微店网页版的登录工作。

以上是登录微店网页版的基本操作，操作比较简单。店主掌握这些操

图 6-92　搜索并点击微店网页版

图 6-93　微店登录页面

图 6-94 点击“进入微店”

图 6-95 我的微店

作后，随时可以登录到自己的微店网页版中。进入微店网页版后，就可以根据自己的需要去管理店铺了。

6.6.2 一键导出订单

进入到微店网页版后，店主可以点击“订单管理”（见图 6-96）。这时在订单管理页面，可以看到蓝色按键“批量导出订单”，点击它（见图 6-97）。

图 6-96 点击订单管理

图 6-97 点击“批量导出订单”

点击后，会弹出一个导出订单界面。在这个界面，可以看到订单状态和成交时间。店主可以根据自己的需求，从待发货、待付款、已发货、退款中、已完成和已关闭 6 种订单中，勾选出自己想要导出的订单种类（见图 6-98）。除此之外，店主还需要选择订单的成交时间。选择完毕后，需要选择下载的类型。

导出订单一共有三种下载类型。

第一种是下载普通报表，该报表能够显示订单总价、折扣信息、收件人信息等，比较适合店主浏览订单概况时使用。

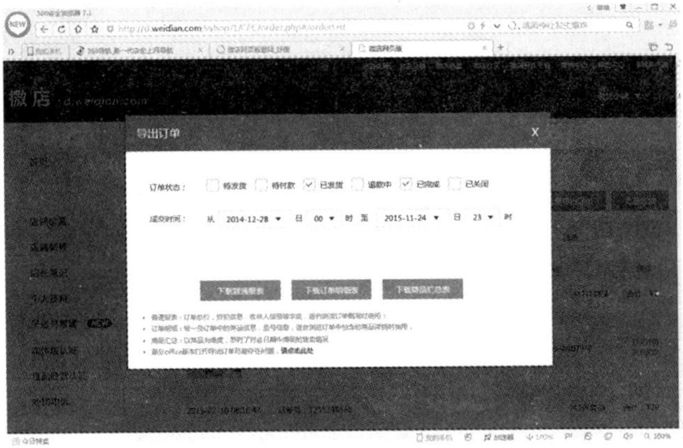

图 6-98 勾选导出的订单种类

第二种是订单明细表，该报表会显示每一条订单中的商品信息和型号信息，比较适合店主浏览订单中包含的商品详情。

第三种是商品汇总表，该报表主要是以商品为维度，罗列对应日期中商品的售卖情况。

下载订单时，店主可以根据自己的需求，从普通报表、订单明细表和商品汇总表中选择其中一种下载，点击它即可。

这时，就会弹出下载界面（见图 6-99），店主需要选择订单保存的路径，再点击绿色按键“下载”。下载完成后，订单就会以 EXCEL 格式保存在你的电脑相应位置中了。如果你想要查看导出的订单，可以直接到文件夹中打开订单，这样就能看到导出来的订单了（见图 6-100）。

图 6-99 下载页面

当然，店主也可以按此操作方法，将其他两种下载类型一起导出来（见图 6–101、图 6–102），方便店主根据不同的需求使用。

以上是一键导出订单的基本操作。店主掌握了这些流程，就可以根据自己的需求，使用微店的“一键导出订单”功能导出相应的订单，方便店主做顾客分析，提高服务质量。

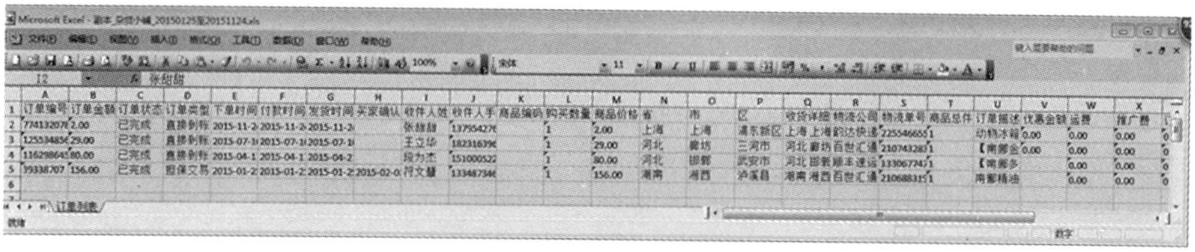

图 6–100 普通报表

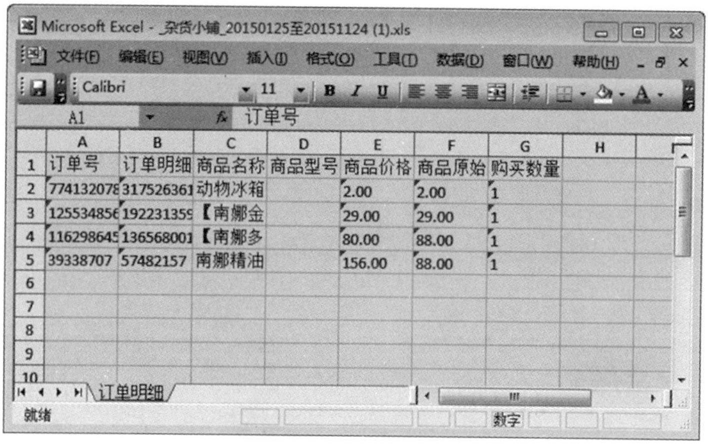

图 6–101 订单明细表

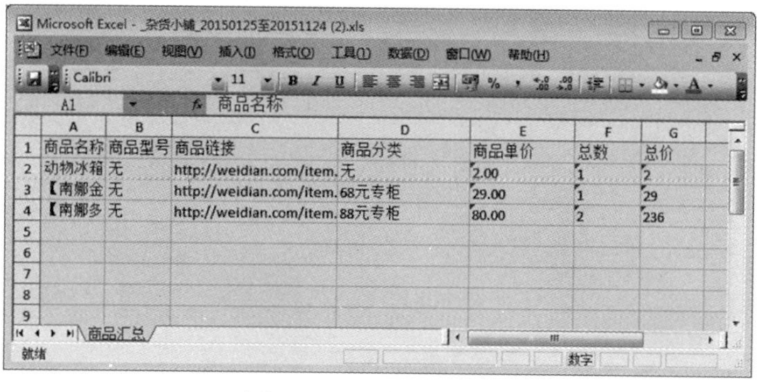

图 6–102 商品汇总表

第7章

CHAPTER SEVEN

客户功能：用心维护，培养顾客忠诚度

在微店中，顾客管理是一切运营工作的重中之重。有顾客才有订单，有订单才有收入，顾客的重要性不言而喻。

维护顾客，挖掘顾客的最大价值，这是店主必须要学会的一项重要技能。在培养顾客忠诚度过程中，店主可以充分利用微店的“客户”功能，不同顾客不同对待，找到管理顾客的最佳方法，用心维护顾客。

7.1 如何处理聊天信息

在微店中，“聊天信息”是微店“客户”功能中很重要的一个功能，通过这个功能，店主可以收到来自微店顾客和微店商圈的信息。

这些信息是否能够及时处理，不仅影响到顾客对店铺的第一印象，而且会影响店铺的成交率。因此店主必须时时查看“客户”功能，及时处理聊天信息。

7.1.1 处理顾客聊天信息

在微店中，如果顾客有需求，想要咨询店主，他们就会主动联系店主。当顾客发送消息后，店主能收到来自顾客发送的信息。即使店主不在线，微店平台也会将顾客发送的信息保存下来。店主上线后，通过微店的“客户”功能查看顾客聊天信息，就能看到顾客的留言了。

一般来说，“客户”功能中的“聊天信息”，是店主与顾客进行沟通的主要“场所”。无论是顾客购买前的问题咨询，还是购买后的意见反馈，都会在这里体现。无论哪一种信息，只要是顾客提出的问题，店主都必须及时、认真地回答，以免因回复不及时而错失与顾客交易的机会。

如何处理顾客的聊天信息呢？

首先，打开微店，进入微店首页，点击“客户”功能。在微店管理页面中，会看到该功能包括聊天消息、微店商圈、评价管理和客户管理四项内容。

在聊天消息页面中（见图 7–1），会看到很多信息，包括微店商圈信息、系统通知信息和顾客留言信息，而且还能清楚地知道信息发送的确切时间。

打开某一顾客的信息，在该顾客的聊天信息页面中，店主就能看到该顾客的留言。然后店主可以根据顾客的提问，快速回复顾客（见图 7–2）。这样不但可以增加顾客对店主的好感，还可以提高顾客满意度。

图 7–1 聊天消息页面

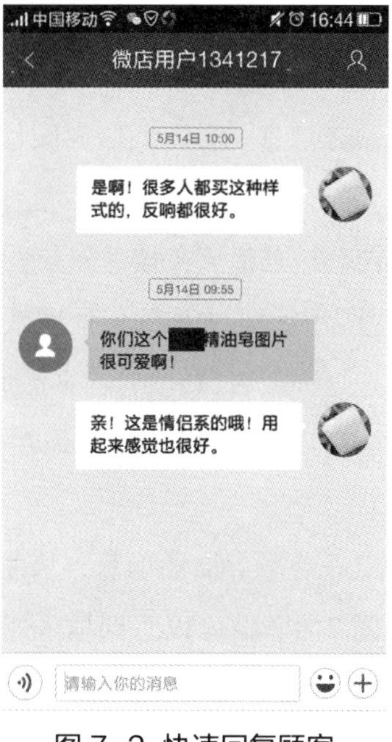

图 7–2 快速回复顾客

一般来说，回复顾客的方式有两种，一种是文字回复，另一种则是语音回复。沟通方式与微信一样，店主可以根据自己的意向，任选其中一种或者两种交叉使用。

处理顾客信息时，店主可以根据信息发送的时间顺序来处理。

一般来说，顾客发送信息的时间越接近店主看到信息的时间，店主越应优先处理，因为店主无法做到及时回复所有顾客的信息，却能保证部分顾客的信息得到及时回复。

另外，在这些信息中，有咨询的，有投诉的。店主可以优先处理咨询的问题，以免错过与顾客沟通的最佳时间，失去这部分顾客的订单。

当然，特殊情况特殊对待，凡事都有个轻重缓急，店主可以根据店铺的实际情况去处理。

7.1.2 处理微店商圈信息

实际上，微店中“客户”的“聊天消息”功能，不仅仅是店主与顾客的沟通场所，同时也是店主与商家交流微店运营经验的地方。无论是你建立的微店商圈，还是你加入的微店商圈，只要商圈中有人说话，其信息都会被微店平台保留下来。

与顾客信息一样，微店商圈信息也很重要。如果有商家对店主的商品比较感兴趣，想要代理店铺商品，做店主的分销商，店主如果回复不及时，极有可能会被其他店主捷足先登，错失发展分销商的机会。

在微店中，店主该如何处理微店商圈信息呢？

首先打开微店，在微店首页面点击“客户”选项，进入微店客户管理页面。进入微店客户管理页面后，就能在聊天消息页面中看到微店商圈信息了（见图 7–3）。

要想查看微店商圈信息，店主可以点击商圈群。在该微店商圈群页面中（见图 7–4），可以看到他人发送的信息，包括商品图片、微店链接、经验交流等。

如果店主对某一个商家发送的信息感兴趣，可以在这个微店商圈群里发信息，也可以点击该商家的图标，在该商家的详细资料页面点击“发送消息”（见图 7–5），这样店主就可以与该商家进行私聊了。

以上是处理微店商圈信息的基本操作。学会这些，店主就能根据自己的需求处理好微店商圈信息了。这样不仅可以与供应商建立长期的交易交流关系链，还可以与顾客、代理商建立长期的交易交流链。

图 7-3 微店商圈信息

图 7-4 微店商圈群页面

图 7-5 点击“发送消息”

7.2 如何管理微店商圈

微店商圈是微店店主们互相交流学习的场所，同时也是店主发展经销商和培养顾客的场所。店主想要学习微店经营，不断充实自己，可以加入微店商圈。想要增加店铺流量，可以建立属于自己的微店商圈。

当然，想要发挥微店商圈的最大作用，店主还必须做好微店商圈的管理工作。只有这样，才能达到自己想要的效果。

7.2.1 建立自己的微店商圈

在微店的“客户”功能中，店主不仅可以建立属于自己的微店商圈，还可以加入他人的微店商圈。如果店主想要创建自己的微店商圈，那么需要在创建之前为自己的商圈定位，比如是为了培养顾客建立的，还是为了发展分销商建立的，等等。只有精准定位，才能吸引有同样兴趣和爱好的人加入自己的商圈。

店主如何建立自己的微店商圈呢？

首先，在客户管理页面中点击“微店商圈”功能。进入微店商圈页面后，会看到“我的商圈”和“附近活跃商圈”。

想要建立商圈，可以点击右上角的添加按钮。这时页面会出现两个选项，一个是创建商圈，另一个则是加入商圈，这里选择“创建商圈”（见图 7–6）。

在创建商圈页面，需要编辑商圈相应内容，包括商圈图标、商圈名称和商圈介绍。

第一步，先选择商圈图标，点击上方“商圈图标”四个字所在位置即可（见图 7–7）。

图 7–6 选择“创建商圈”

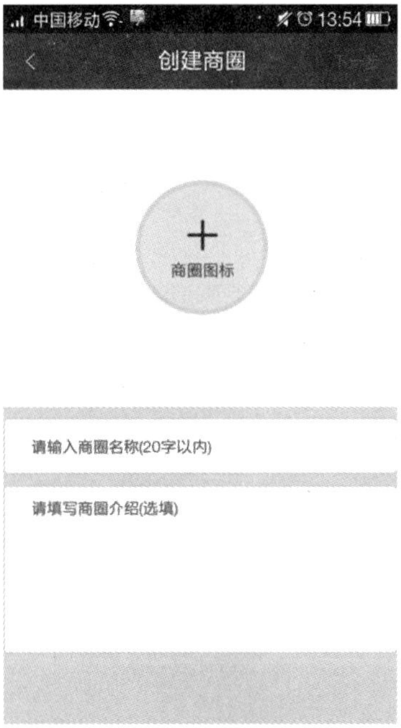

图 7–7 点击商圈图标

点击后，会进入选择图片页面（见图 7–8）。在该页面，店主需要从众多图片中选择其中一个图片，将其作为微店的商圈图标。选中图片后，直接进入修剪照片页面。在这个页面上，店主需要对选中的图片进行裁剪，调整图片的裁剪区域。调整完毕后，点击“√”（见图 7–9）。

这时商圈图标就会显示在创建商圈页面中（见图 7–10）。

接下来，店主还需要输入商圈名称和商圈介绍。当这些信息输入完毕后（见图 7–11），点击右上角“下一步”。

图 7-8 选择图片页面

图 7-9 点击“√”

图 7-10 商圈图标已选定

图 7-11 输入商圈名称和商圈介绍

在分享商圈页面中，会看到“商圈创建成功”（见图 7–12）的提示信息，这说明店主已将属于自己的微店商圈建立好了。然后点击右上角的“完成”，这样在“我的商圈”页面中，就能看到自己已经创建的商圈了（见图 7–13）。

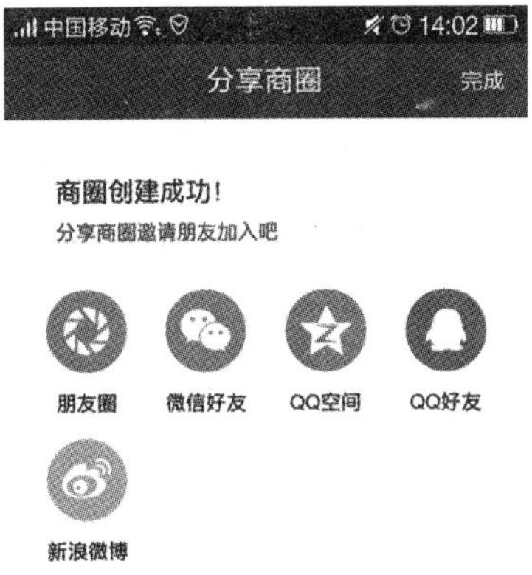

图 7–12 商圈创建成功

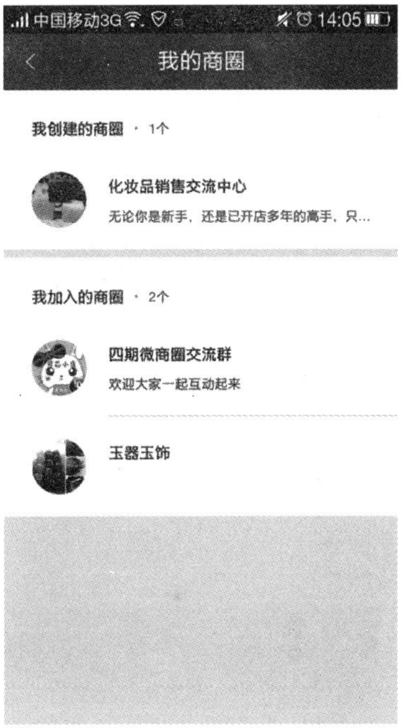

图 7–13 已创建的商圈

如果店主想要更多的人加入自己的微店商圈，可以一键分享到朋友圈、微信好友、QQ 空间等社交平台。

以上是创建微店商圈的基本操作。了解这些流程后，店主就能快速建立微店商圈，拥有属于自己的微店商圈了。

需要注意的是，商圈图标与商铺名称至关重要。通过它，别人才能知道这个商圈是做什么的，才会吸引真正志同道合的人加入。

另外，商圈介绍也很重要。不管店主想要向他人传递什么样的信息，文字都要简明扼要，这样才能给他人留下深刻的印象，也能让他人拥有想要加入的欲望。

7.2.2 加入他人的微店商圈

不管店主是新手，还是经营店铺多年，想要经营好微店，都需要不断地学习，这样才能不断地完善自己。微店平台推出了“微店商圈”功能，给店主与他人沟通交流提供了一个平台。

店主想要加入他人的微店商圈，该如何操作呢?

首先，需要在微店的“客户”功能中点击“微店商圈”，进入微店商圈页面（见图 7–14）。想要加入商圈，可以在附近活跃商圈中寻找，那里有上百个微店商圈。店主可以根据自己的需求，从众多商圈中选择其中一个微店商圈。

选中需要加入的商圈后，可以进入商圈资料页面，了解该商圈详细信息（见图 7–15）。在这个页面上，店主可以看到该商圈的商圈号。想要加入该商圈，可以直接点击“加入商圈”。

这时会弹出一个页面，在这个页面上，店主需要输入加入的理由。输入完申请加入理由后（见图 7–16），点击“确定”。然后店主就会看到“申

图 7–14 微店商圈页面

图 7–15 商圈资料页面

请已发至管理员，请耐心等待结果”的提示（见图 7–17）。当商圈管理员同意后，店主才能加入。

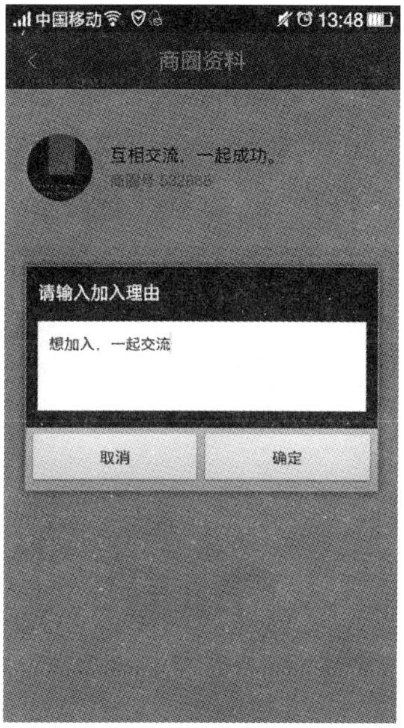

图 7–16 输入申请加入理由

图 7–17 提示信息

除了以上加入商圈的操作方法外，还有一种加入商圈的方法，那就是通过输入他人的商圈号。采用这种方法加入，必须有他人的商圈号才能加入商圈。

具体操作方法是，在客户管理页面，直接点击右上角的添加按钮。这时店主就能看到“加入商圈”选项，点击它就可以了（见图 7–18）。

然后店主需要在搜索栏中输入想要加入微店商圈的商圈号（见图 7–19），并点击红色按键“搜索”，这时可以通过商圈号搜索到该微店商圈（见图 7–20）。在商圈资料页面中，点击“加入商圈”。随后店主需要输入加入的理由。输入完申请加入的理由后（见图 7–21），点击“确定”。

以上是店主加入他人微店商圈的基本操作。了解这些流程后，店主就可以根据自己的需求，添加他人的微店商圈，加入到他人的商圈中了。

总之，在经营微店过程中，单靠个人力量总是有限的。要想做好微店，

图 7-18 点击“加入商圈”

图 7-19 输入商圈号

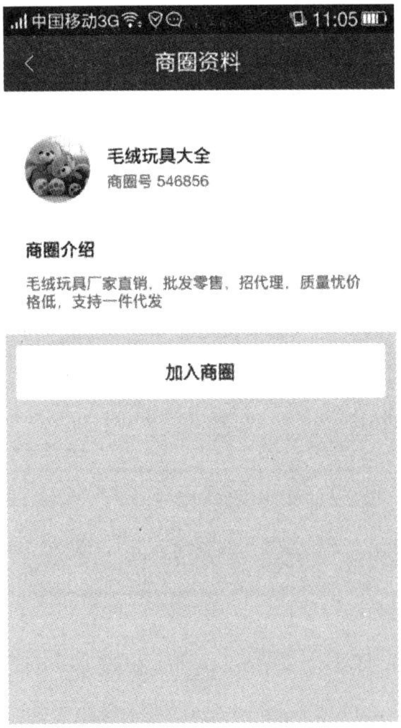

图 7-20 搜索到微店商圈

图 7-21 输入申请加入理由

需要更积极主动地与他人沟通交流，学习他人好的经营方法，不断完善自己。同时结交志同道合的朋友，甚至挖掘潜在的顾客或分销商。因此店主一定要好好运用微店商圈这一功能，充分发挥它最大的作用。

7.2.3 管理微店商圈

无论是自己建立的微店商圈，还是加入他人的微店商圈，都要管理好微店商圈，否则不仅会失去与他人建立良好关系的机会，还有可能错失与他人达成交易的机会。

1. 分享商圈给好友

在“我的商圈”页面中，店主会看到自己创建好的微店商圈。要想将自己的商圈分享给自己的好友，让他人加入到自己的商圈，可以直接点击自己的微店商圈。进入商圈资料页面后（见图 7-22），在这个页面上，可以看到商圈介绍、商圈成员、消息免打扰和分享商圈给好友四项内容，点击“分享商圈给好友”。

这时页面会出现很多社交软件，店主可以根据自己的实际情况，选择其中一种社交软件（见图 7-23），点击它就可以。进入选择联系人页面后（见

图 7-22 商圈资料页面

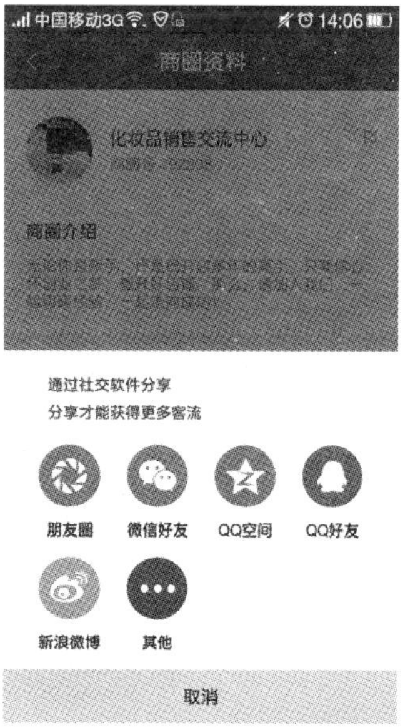

图 7-23 选择其中一种社交软件

图 7-24），需要从众多联系人中选择其中一个人，将微店商圈链接分享给对方。

然后会弹出一个自己的商圈链接，在这个商圈链接上，店主可以输入自己的留言，以便吸引他人加入。输入完信息后（见图 7-25），点击“发送”。这样，店主就成功地将自己的微店商圈分享给他人了（见图 7-26）。

图 7-24 选择联系人页面

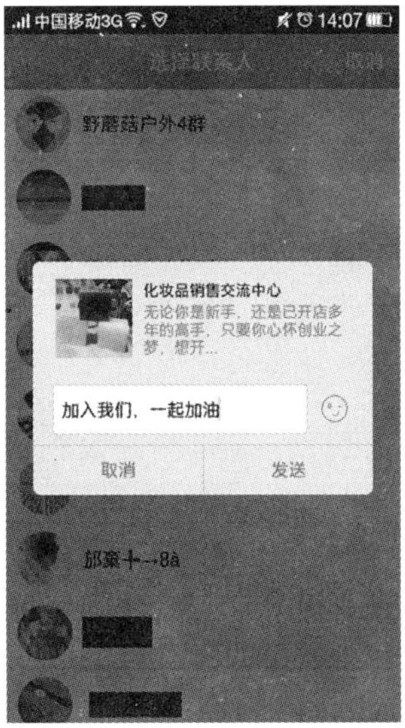

图 7-25 输入留言

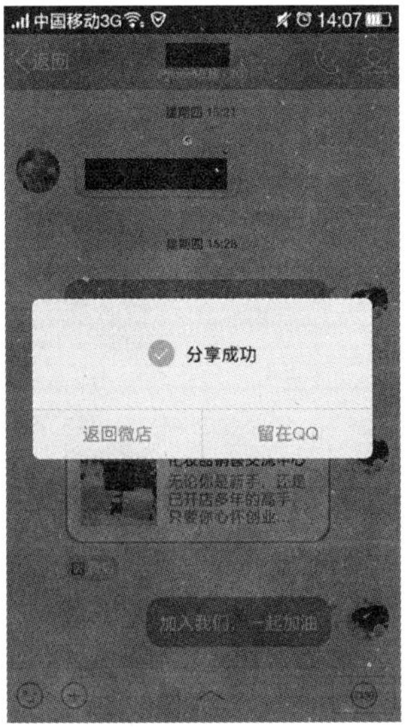

图 7-26 分享成功

2. 同意他人加入微店商圈

当店主将微店商圈分享给他人后，他人会通过微店商圈链接加入店主的微店商圈。当他人申请加入后，店主会在微店的“聊天信息”中看到他人申请加入微店商圈的信息。点击“系统通知”（见图 7–27），在系统通知页面中，可以看到他人想要加入微店商圈的申请（见图 7–28）。店主希望此人加入自己的微店商圈，可以直接点击红色字体“同意”。

图 7–27 点击“系统通知”

图 7–28 他人加入商圈的申请

这时红色字体“同意”就会变成灰色字体“已同意”（见图 7–29），他人就加入到自己的微店商圈了（见图 7–30）。

3. 屏蔽他人信息

如果有人在微店商圈中推广自己的商品，却无其他任何交流信息，推广信息占满了整个商圈群的屏幕，店主比较反感此人，那么也可以屏蔽此人发送的信息。

具体操作方法是，在微店商圈群页面（见图 7–31），点击想要屏蔽的人，这时就会在此人的详细资料页面中看到“屏蔽此人”的按钮。将按钮从左

图 7-29 已同意

图 7-30 他人已加入商圈

图 7-31 微店商圈群页面

图 7-32 移动“屏蔽此人”按钮

向右移动（见图 7–32），按钮由灰色变成“绿色”，这样此人在微店商圈群中发送的任何信息，店主都不会看见了。

4. 删除并退出微店商圈

如果你加入的某个商圈比较冷清，没有多少人，更没有多少有用的消息，你也没有与这个群里的人交流，这样的群即使添加了，对店主也没有多大的实际作用，那么店主可以退出这样的微店商圈。

具体操作做法是，在“我的商圈“页面（见图 7–33），点击需要处理的已加入商圈。在商圈资料页面中，会看到“删除并退出”（见图 7–34），点击它就可以了。

这时页面会弹出一句提示，“确定退出该商圈吗？”如果店主确定退出该商圈，可以直接点击“确定”（见图 7–35）。这样就删除并退出该商圈了（见图 7–36）。在“我的商圈”页面中，也不会再看到已删除的商圈群。

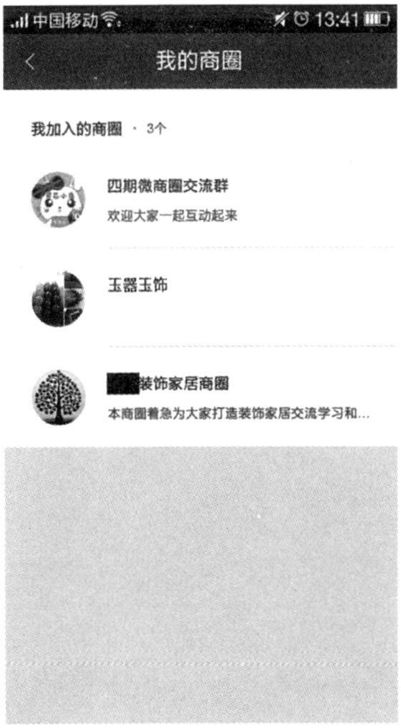

图 7–33 “我的商圈”页面

图 7–34 点击“删除并退出”

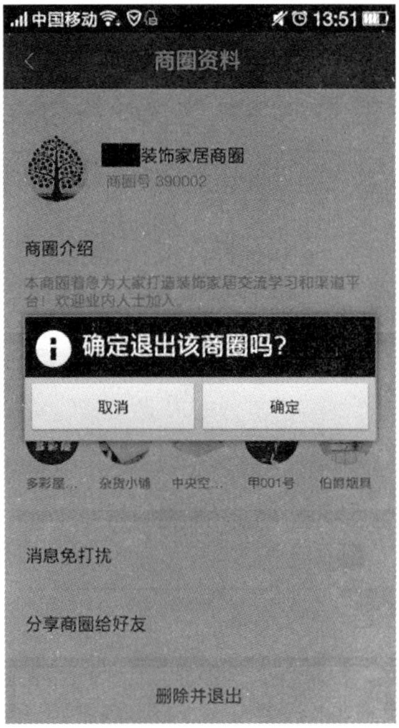

图 7-35 点击“确定”

图 7-36 商圈已删除

以上是管理微店商圈的几种操作方法。店主学会这些操作后，就能根据自己的实际情况管理微店商圈了。

总之，微店商圈是用于学习与交流的场所，只有管理好它，才能真正发挥它的价值。

7.3 如何做好评价管理

在微店中，顾客完成物品交易后，会留下自己对店铺的评价，这是顾客积极参与微店经营的一种方式。

店铺的“评价”功能，不仅可以督促店主与顾客以诚实、积极与公正的态度完成交易，而且买卖双方都可以通过这个功能评估交易对象的诚信度。店主必须做好评价管理，以免因不良评价失去顾客。

7.3.1 全部评价

在“客户”功能中，“评价管理”是微店新增的一个功能。这项功能的推出，不但可以约束店主诚实地完成交易，而且能够帮助店主不断完善自己的服务，防止顾客流失，因此店主要加以重视。

一般来说，当顾客收到货后，就可以在购买的商品订单上输入自己对商品或服务的评价。不管顾客的评论是好评还是差评，都是自己与店主交易的经验概括。其他顾客进入店铺后，都会看到该顾客的评价。

当顾客评价完之后，店主会收到来自微店的提示信息。进入微店的“客户”功能页面，点击“评价管理”，就能在页面上看到评价的四项内容，分别是全部评价、好评、中评和差评。其中全部评价汇集了店铺所有顾客的评价，无论好评还是差评，店主在这里都能看到。

通过全部评价（见图 7-37），店主能了解该店铺有多少顾客评价，有哪些评价还需要店主去处理，同时对店铺内的评价有个全面的了解。

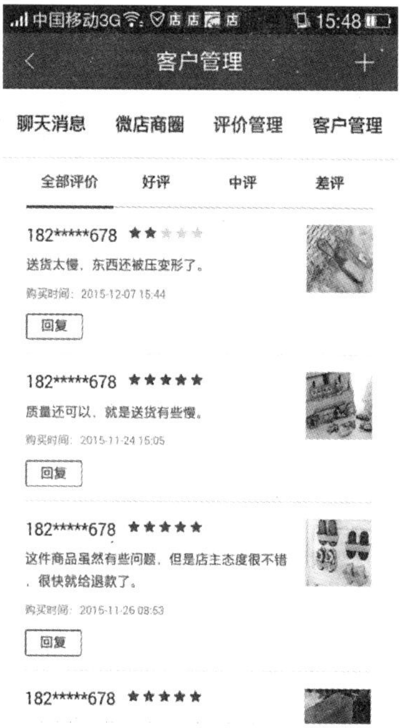

图 7-37 全部评价

7.3.2 好评处理

一般来说，如果顾客对商品或服务比较满意，通常都会给予店铺不错的评价。

收到顾客的好评，店主自然高兴，说明自己的商品、服务和店铺已经获得好评顾客的认可和喜欢。如果这类顾客日后有需求，有可能再次光临店铺，购买店铺的商品。

如果有顾客给予好评，店主该如何处理呢？

首先，在评价管理页面，店主需要点击“好评”。在好评页面（见图 7-38），会看到店铺所有顾客对店铺给予的好评。对于顾客的好评，店主应该真诚地感谢这类顾客对店铺给予的最高评价。

具体操作方法是，选择需要处理的评价，并在该评价下点击“回复”，这时页面会弹出一个回复页面。在这个页面上，可以输入自己回复顾客的内容。回复内容输入完毕后（见图 7–39），可以点击红色按键“发表回复”。

图 7–38　好评页面

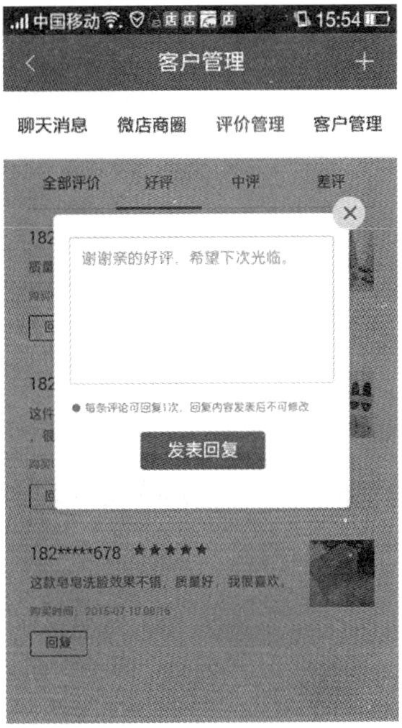

图 7–39　输入回复内容

这时在该评价下，店主就能看到自己回复顾客的内容了。这说明店主已完成好评顾客的回复（见图 7–40）。

实际上，顾客之所以给予店铺好评，说明顾客认为商品不错，对于店铺的服务也比较满意，而且这类顾客通常是比较好说话的。因为爱挑剔的顾客，即使商品质量不错，店铺的服务很好，他们也会鸡蛋里挑骨头，不会给予店铺一个好评。因此对待好评的顾客，店主应该心存感激，更应积极回复他们的评价，这样才有可能将这部分顾客发展成为自己的忠实顾客。

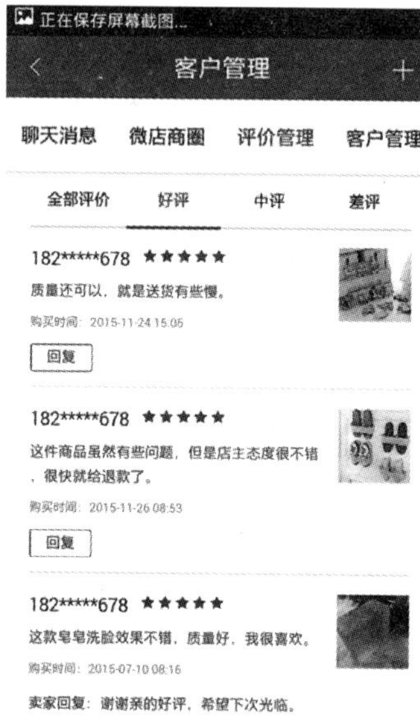

图 7-40 已回复顾客的评价

7.3.3 中评和差评的处理

在微店经营过程中，店主不可能每个细节都想到，每件事都做得很完美，这样就不可避免地会收到一些顾客的中评和差评。虽然店主无法做到令所有人都满意，但面对这样的顾客评价，如果店主处理得比较及时，而且与顾客沟通得比较好，那么通常还是有可能留住这部分顾客的。

店主收到中评和差评后，应及时与这类顾客取得联系，坦诚与其沟通，尽量找到顾客抱怨的原因，然后“对症下药”，尽可能留住顾客。

一般来说，顾客给予店铺中差评，主要有四个方面的原因：一是商品质量方面的原因；二是商品价格方面的原因；三是快递方面的原因；四是顾客自身的原因。

一旦出现这些情况，店主该如何处理呢？

1. 商品质量方面的原因

如果是因为商品质量的原因，导致顾客给予店铺中差评，店主应主动与顾客协调，或者赠送礼物，或者赔付顾客一部分损失，或者是给顾客退换货。

2. 商品价格方面的原因

如果是因为商品价格方面的原因，导致顾客给予中差评，店主首先要做出一个判断。如果自己的商品的确比别的店铺价格高，可以跟顾客解释，向其说明自己商品价格高的原因，比如自己服务比别人好、产地不一样、质量不一样等。如果无法说服顾客，也可以适当地退回差价。

3. 快递方面的原因

如果是因为商品运输原因导致顾客出现异议，进而给出中差评，那么店主应主动与顾客沟通，告诉顾客商品运输过程中，自己能控制的是选择快递公司、商品包装以及物流动向，其他因素自己是无法控制的。

这些必须要向顾客说明，一般顾客都能理解。当然，适当的时候，给予顾客一定的补偿也是可以的。但若顾客提出无理的要求，店主坚决不能妥协。

4. 顾客自身的原因

如果是因为顾客自身的原因，比如因顾客错误操作引起的问题，那么店主应该向顾客说明，可以给予其适当的补偿，但无理的要求店主不能同意，也不能妥协。

另外，除了与顾客沟通外，回复也是必不可少的一个环节。尤其是顾客的差评，回复至关重要。

具体操作是，在客户管理页面中，点击“差评”，进入差评页面（见图 7–41）。在需要处理的差评下方，点击“回复”。

这时会弹出一个回复页面。在这个页面上，输入回复顾客的内容。内容可以是对顾客问题起因的解释，也可以是与顾客沟通、调解的经过。当然，如果确实是因为自己失误造成的问题，店主应在回复内容中主动向顾客认错，表明自己改正的决心。

回复内容输入完毕后（见图 7–42），点击红色按键“发表回复”。

然后在该评论下方，就能看到自己的回复内容了（见图 7–43），这说明已成功回复。当店主成功回复顾客评价后，顾客会看到店主回复的相关内容（见图 7–44）。

中国移动 15:48
客户管理
聊天消息 微店商圈 评价管理 客户管理
全部评价 好评 中评 差评
182*****678
送货太慢，东西还被压变形了。
购买时间：2015-12-07 15:44
回复

图 7-41 差评页面

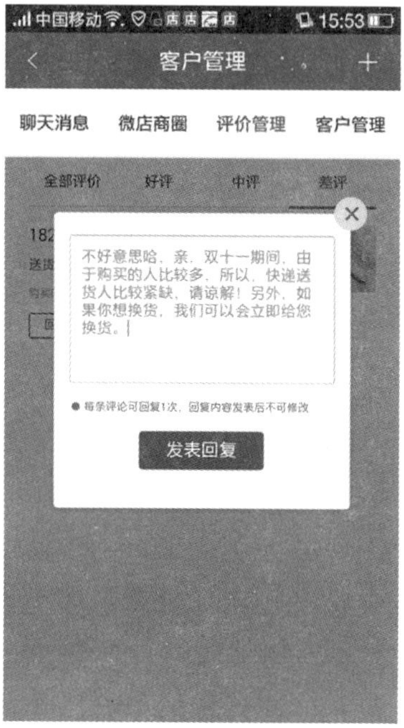

中国移动 15:53
客户管理
聊天消息 微店商圈 评价管理 客户管理
全部评价 好评 中评 差评
不好意思哈，亲，双十一期间，由于购买的人比较多，所以，快递送货人比较紧缺，请谅解！另外，如果你想换货，我们可以会立即给您换货。
每条评论可回复1次，回复内容发表后不可修改
发表回复

图 7-42 输入回复内容

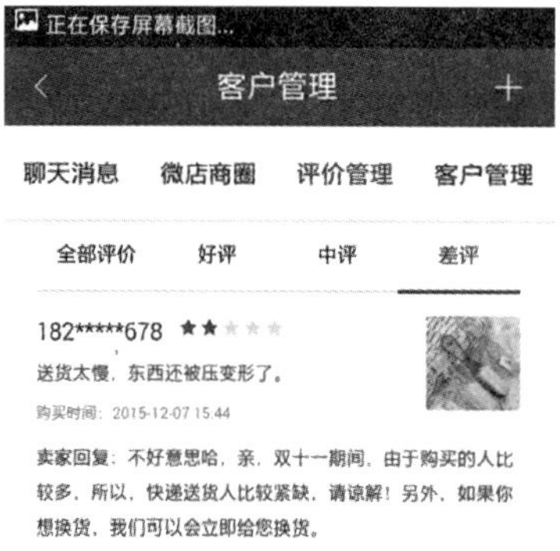

正在保存屏幕截图...
客户管理
聊天消息 微店商圈 评价管理 客户管理
全部评价 好评 中评 差评
182*****678
送货太慢，东西还被压变形了。
购买时间：2015-12-07 15:44
卖家回复：不好意思哈，亲，双十一期间，由于购买的人比较多，所以，快递送货人比较紧缺，请谅解！另外，如果你想换货，我们可以会立即给您换货。

图 7-43 已成功处理顾客评价

中国移动 15:56
微店
订单中心
微店担保交易
淘宝卖家
商品评价（1）
182*****678
送货太慢，东西还被压变形了。
2015-12-07 15:47
店长回复
不好意思哈，亲，双十一期间，由于购买的人比较多，所以，快递送货人比较紧缺，请谅解！另外，如果你想换货，我们可以会立即给您换货。
2015-12-07 15:53:14
杂货小铺
微信：xue19865201985
查看商品分类
进入店铺
客服 进店逛 收藏
加入购物车
立即购买

图 7-44 店长回复

另外，店主需要注意的是，每条评论只可回复 1 次。回复内容发表后，店主是无法修改的。对于这一点，店主一定要注意。

以上是处理顾客差评的具体操作。其实处理中评与差评的流程是一样的，这里就不做赘述了。

一般来说，顾客给予店铺中评或差评，这可能是对店主的一个提醒，告诉店主店铺可能出现了问题，需要店主去完善。店主应正视顾客给予的中差评，尽可能地消除中差评给店铺带来的不利影响。

7.4 如何进行客户管理

在管理学中，有一个“二八法则”——80% 的店铺利润来自 20% 的重要客户，20% 的利润则来自 80% 的普通客户。这个法则放在微店中也同样适用。进行客户管理时，店主应坚持二八法则，将主要精力放在最有价值的客户上。

想要达成这一目标，店主可以利用微店的“客户管理”功能，科学管理顾客信息，这样不仅可以与顾客创造出一种较为持久的信任关系，还可以提高顾客满意度，有效降低顾客流失率。

7.4.1 收集顾客信息

经营微店，店主要以顾客为中心，注重与顾客的交流，做好客户关怀。这样不仅可以留住老顾客，还能吸引新顾客。

要做好客户管理，可以利用微店的“客户管理”功能，收集顾客信息，建立一个顾客档案。

一般来说，只要顾客成功完成付款，其购买记录就会保存在微店平台上。店主想要收集顾客信息，可以从微店的“客户”功能中查看。

在“客户”中的“客户管理”功能页面（见图 7-45），能看到店铺内所有顾客的购买记录。

点击某一顾客，进入客户详情页面（见图 7-46），可以看到收货人信息和成交订单明细。通过收货人信息，可以知道该顾客的姓名、联系方式和地址。如果顾客留有备注，还能直接知道顾客的需求。

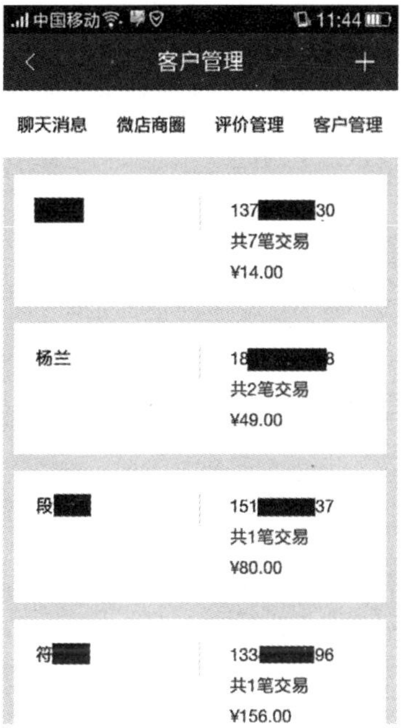

图 7-45 “客户管理”功能页面

图 7-46 客户详情页面

另外，从成交订单明细（见图 7-47），可以了解顾客在店铺成交了几笔订单，共花费了多少金额。甚至还可以知道顾客喜欢购买什么类型的商品。

根据顾客的购买记录，可以建立一个顾客档案。在这个档案中，店主可以将每一位顾客的姓名、联系方式、所在地区以及购买商品的类型保存起来，方便管理顾客。必要的时候，可以根据顾客的购买类型和消费水平进行有针对性的推荐，促使顾客快速下单，从而提高店铺订单成交率。

图 7-47 成交订单明细

7.4.2 顾客分类

在微店中，“客户管理”功能既简单又实用。通过该功能，可以快速收集顾客信息，并从这些信息中挖掘顾客的潜在价值。

由于顾客的年龄、喜好、消费水平等方面各不相同，他们对店铺创造的价值也是不尽相同的。不同的顾客要不同对待。想要有针对性地服务顾客，店主需要根据顾客的购买记录，对顾客进行分类（见表 7-1）。

表 7-1 顾客分类

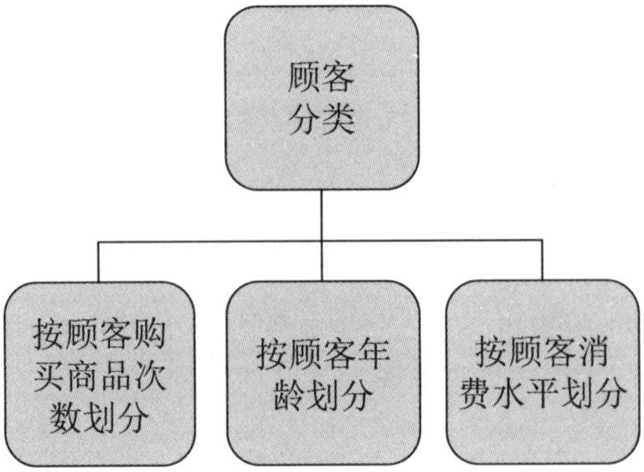

具体如何分类呢？

1.按顾客购买商品次数划分

不同顾客购买商品的次数不同，他们为店铺创造的价值也是不一样的。要想区别对待，店主可以根据顾客购买商品的次数，将顾客分为新顾客和老顾客两种。

通过这样的划分，店主可以充分知道店铺内哪些顾客是新顾客，哪些顾客是老顾客。这样，店主就能采取相应的营销措施，服务好老顾客，留住新顾客。

2.按顾客年龄划分

不同年龄的顾客，其消费心理和消费需求也是不一样的，店主可以通过“客户管理”功能中的顾客信息，将顾客按照一定的年龄阶段划分，以便根据各年龄段顾客的消费心理和需求推荐相应的商品，有效帮助顾客购买真正想要的商品。

根据顾客的年龄阶段，可以将顾客划分为年轻人、中年人和老年人三种。其中，年轻人的特点是接受新事物能力较强，喜欢时尚，对新品比较感兴趣。这部分人群中，绝大多数顾客比较喜欢品牌且质量不错的商品。

中年人的特点是，只要觉得这个品牌不错，会一直购买这个品牌的商品。他们是店铺品牌的忠实守护者，一般只要是他们所需的商品，商品价格又比较合理，通常会毫不犹豫地下单。

老年人的年龄特点是喜欢购买用惯的商品，比较关注保健品或营养品。

总之，当店主掌握了顾客的消费心理与需求，就能根据顾客的年龄特点进行营销了。

3.按顾客消费水平划分

不同的顾客，消费能力自然是不同的，为店铺创造的价值也是不一样的。

店主可以按照顾客的消费水平，将顾客划分为以下三种：第一种是低端消费水平的顾客，第二种是中端消费水平的顾客，第三种是高端消费水平的顾客。通过这一划分，可以充分了解自己店铺的收入主要依靠哪些顾客，这些顾客的消费水平如何。

以上是通过微店的“客户管理“功能，根据顾客购买记录，将顾客进行分类的几种办法。通过不同的顾客划分方法，在对顾客有了全面了解的同时，还可以根据不同顾客的特点，进行有针对性的管理和营销，提高顾客忠诚度，提升店铺销量。

7.4.3 顾客跟踪

顾客完成付款并收到货后,店主千万不要认为自己已经服务好了顾客。如果顾客觉得商品没有达到预期的效果，或是顾客忘记购买，都会影响店铺的销量。要想留住顾客，店主还要做好顾客跟踪。

如何跟踪顾客（见表 7–2）呢？可以根据顾客购买记录，了解顾客购买商品的时间和商品类型，再根据不同的顾客不同对待，具体如下。

表 7–2 顾客跟踪

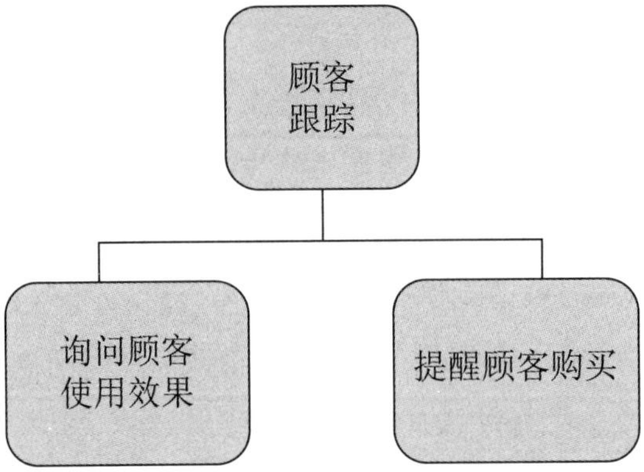

1. 询问顾客使用效果

从客户详情中，如果店主了解到顾客是初次在店铺中购买商品，并且已经使用了一段时间,那么可以通过顾客的联系方式主动与顾客取得联系，询问顾客使用该商品的效果。

2. 提醒顾客购买

查看顾客购买记录时，如果了解到顾客已多次在店铺购买商品，并且频繁购买相同的商品，那么店主就能判定出该顾客有定期购买该商品的需求。这种情况下，可以根据该顾客上次购买的时间，了解该顾客有多长时间未购买。然后店主可以根据顾客的联系方式，主动联系顾客，提醒顾客购买。

与顾客取得联系后，如果得知顾客是因为心情不好或工作较忙等原因忘记购买，店主可以对顾客进行心理关怀。如果该商品正好有优惠，可以对其进行善意的提醒。这样即使顾客真的忘记购买，你的提醒也会让顾客感到很贴心，进而增加对店铺的忠诚度。

以上是跟踪顾客的几种处理办法。总之，店主要学会利用“客户管理”功能，认真分析顾客资料，及时发现店铺经营和管理中存在的问题。根据顾客的反馈，采取相应的销售措施，可以提高顾客复购率，降低顾客流失率。

第8章

CHAPTER EIGHT

评估功能：多角度评估店铺是否盈利

微店开始运营后，营销推广必不可少，订单也会随之而来。但店铺是否真的赚钱，需要店主对店铺的营销效果进行多角度评估才能得知。

微店虽小，功能却很齐全，其中就包括各种统计功能。通过这里面的各种数据，店主不仅能分析出自己的店铺是否赚钱，还能顺藤摸瓜，找到一些潜在问题的蛛丝马迹，进而改善店铺的营销工作，推动店铺继续向前发展。

8.1 微店运营评估注意事项

微店营销活动结束后，店主需要参考一些数据，比如店铺收藏数、收入、订单等，从中快速了解店铺营销投入与实际收益的对比情况，从而评估营销工作取得的效果。

为了让对比有据可依，首先要制定营销考核标准。唯有如此，才能准确衡量店铺的营销效力和效率。

8.1.1 明确营销考核标准的目的、形式和范围

各行各业的营销方式和投入各不相同，营销考核的标准也是不同的。制定营销考核标准没有一个统一不变的模式，它与衡量店主的财务情况一样，没有一个最佳标准，但营销考核标准还是有规律可循的。

在具体制定营销考核标准时，应该明确营销考核标准的目的、形式和范围。通过这些标准，不仅可以对某项营销活动的即时效果和长期效果进行评估，而且可以对店铺销售商品的整体营销效果进行衡量。

8.1.2 区别投资总体回报和边际报酬

为了提高营销效率，店主做出营销决策时，需要知道自己投资出去的

资金带来多少回报。因为随着时间的推移，营销效力会不断递减。如果考核标准是有效的，不仅能帮助店主跟踪并掌握边际报酬带来的收益，还能找出营销活动回报开始下滑的时间点。

制定营销考核标准时，必须要区别投资总体回报和边际报酬，只有这样，才能根据营销活动中各方面的信息和反馈，确定在哪件商品上新增加的投资再也无法带来预期的回报。

8.1.3 区别营销收益和效力

在营销考核标准中，很多标准都是用来衡量营销效力的，比如与店主互动的顾客数量。但也有一些标准是用来衡量生产效率的，比如每次销售的平均成本。虽然这些标准衡量的对象不同，但都能被店主所用，从而做出相应的决策。

店主不能将这些标准分开来看，而是要放在一起通盘考虑。只有这样，才能做出正确的决策，减少不必要的损失。

制定营销考核标准时，店主应将营销收益、效力以及生产率等指标考虑进去。在评估营销收益与效力时，应将重点放在对财务收益有哪些直接或间接的影响上，以免日后的营销工作出现纰漏。

8.1.4 不同商品和市场的回报率不同

在制定营销决策时，店主常常需要快速做出决定，比如到底投资哪个商品，才能为店铺带来最大的回报。但很多店主都忽略了一个问题，那就是不同的商品和市场，其规模大小、利润率以及在竞争中所处的地位都有明显差异，因而不同商品和市场的回报率也是不同的。

制定营销考核制度和标准时，必须要认可这些差异的存在，并提前预测可能会对店铺财务状况产生的影响，以便制定的营销考核标准更加准确。

8.1.5 同时评估短期与长期效果

在微店中，店主开展的一切营销活动，其效果都是多元的。在这些活动中，有些是立竿见影的，有些营销效果却要经过漫长的时间才能逐渐显现出来，且这种效果是长期存在的。

在制定营销考核标准时，应充分考虑营销的多元效果这一特点，并根据这些效果制定不同的评估方法，这样才能同时评估营销活动的短期与长期效果。

8.1.6 为未来决策提供信息

制定的营销考核标准要能够为未来的决策提供依据，通过它，店主可以知道营销活动对店铺产生了多大的营销效果，同时还能为店铺未来的经济收益做出精确的预测。

虽然店主开展的各种营销活动确实能为店铺带来一定的收益，但这只能从某项成功的营销活动中体现出来，却无法具体说明从这项营销活动得到了哪些启示，以便店主预测出这项营销活动的经济收益情况，或者帮助店主在未来做出最佳的决策。

一个好的营销考核标准，应该能够为店主提供一个可信的、强有力的预测手段，这样就能帮助店主正确评估举办的营销活动，比如商品推广等，评估它们对店铺产生的营销效果，帮助店主未来做出相应的决策。

另外，制定营销考核标准时，一定要与财务表现联系在一起去衡量，这样的营销考核标准才是完整的。各项营销活动的回报是不同的，如果店主不考虑经济风险和回报，就无法从备选的营销活动中做出最佳选择。

8.2 用好微店平台分析工具

开店做生意，营销推广是不可或缺的一项重要工作。如果店主想要了解店铺营销效果如何，就必须要借助微店平台的分析工具。

通过微店平台分析工具，根据微店平台提供的真实数据，店主就能正确分析并评估微店的运营效果，及时调整营销策略。

8.2.1 统计

在微店中，“统计”功能很重要。通过这个功能，店主可以全面了解店铺的运营情况，对店铺的客流量、收入以及订单情况做到了如指掌。

具体来讲，从“统计”页面中（见图 8–1），店主不但可以了解到店铺的昨日浏览量、总浏览量、收藏人数和点赞的实际情况，还能通过统计的“访客”“订单”“金额”等信息，具体了解店铺的经营情况，并大致评估出店铺的运营效果。

8.2.2 访客

在统计的“访客”页面中，店主可以充分掌握店铺每周或每月的顾客访问数量以及顾客浏览次数。其中，在“7 天”访客页面中（见图 8–2），

图 8-1 “统计”页面

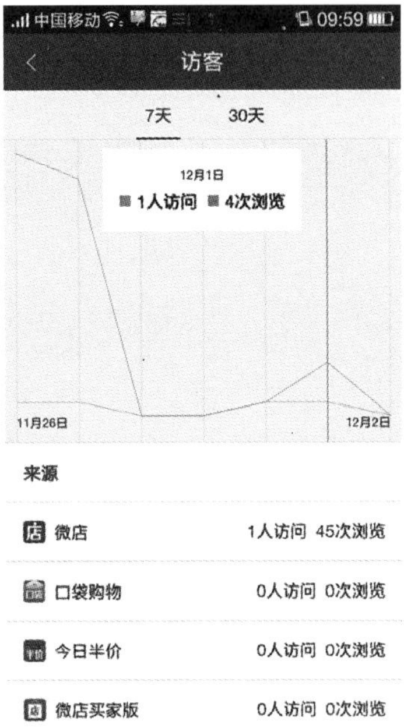

图 8-2 “7 天”访客页面

根据数据图，可以很直观地看到店铺每天的顾客访问数量以及顾客浏览次数。从图上的曲线高低，可以了解店铺哪天的顾客访问量最多，浏览次数最多。再根据访客来源，就能知道这些访客主要源于哪个渠道。

结合 7 天访客排行（见图 8–3），店主可以掌握顾客对店铺哪类商品最感兴趣，从而分析出顾客有什么样的真实需求，以便调整推广策略。

在“30 天”访客页面中（见图 8–4），店主可以充分掌握店铺每月的顾客访问数量以及顾客浏览次数。从图上的曲线高低，了解店铺的顾客访问量和浏览次数是逐渐上升还是逐渐下降的；根据访客来源，可以了解店铺的访客主要源于哪个渠道，从而分析出哪个渠道的顾客对店铺最感兴趣，购买需求最广泛。这些潜在顾客很可能会转化为真正的顾客，他们是店铺的目标顾客，店主可以将推广重点放在这个渠道，快速找到自己的目标顾客。

再结合 7 天访客排行（见图 8–5），店主就可以把握顾客对哪些商品最感兴趣，这些商品有什么特点，以便进行有针对性的推广。

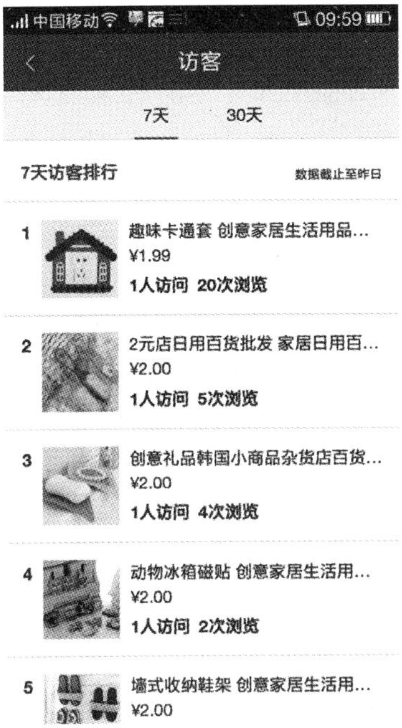

图 8-3 7 天访客排行

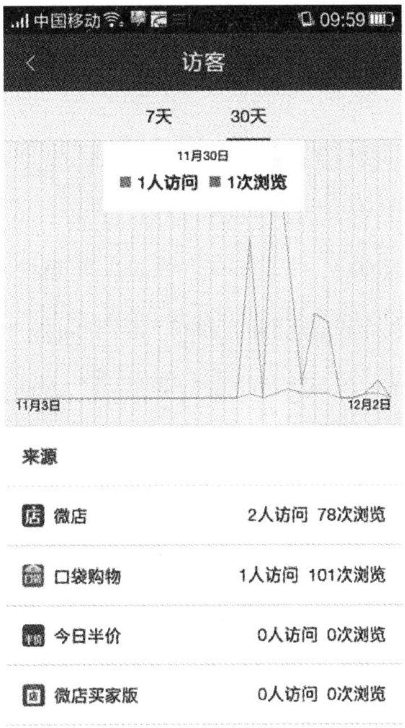

图 8-4 “30 天”访客页面

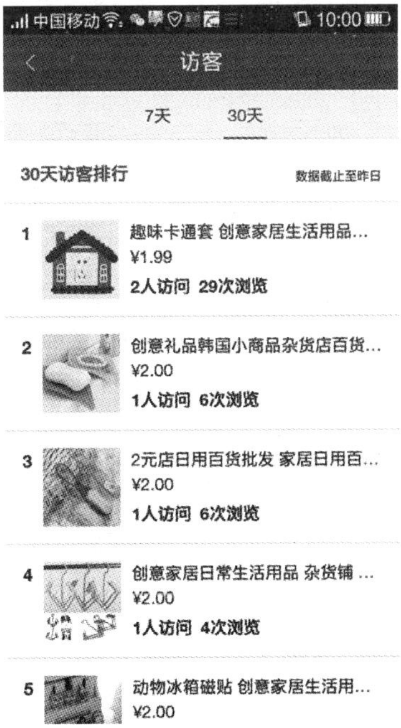

图 8-5 7 天访客排行

8.2.3 订单

在微店“统计”功能中，“订单”功能很重要，它能直观地展示出微店的订单情况。店主可以从“订单”功能页面，充分了解店铺每周或每月的订单成交量以及订单来源。

其中，在“7天”订单页面中（见图8-6），从数据图可以清楚地了解店铺的每周订单成交量情况，而且还能了解到具体哪天订单最多，哪天订单最少。再根据成交订单来源，分析出店铺单日订单最多的是来自哪个渠道，这个渠道为什么会有这么高的订单成交率；从这个渠道来的顾客主要购买哪些商品，这些商品有什么特点，等等。

再结合7天销量排行（见图8-7），店主可以分析出店铺内销量最高的商品是什么，从而综合分析出这个渠道的顾客具体情况，以便日后有针对性地推广。

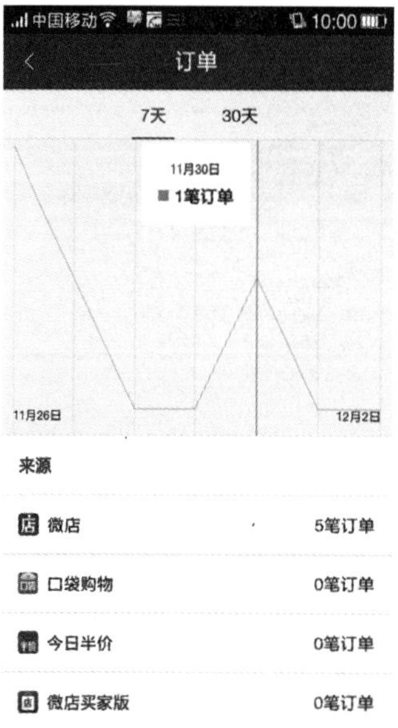

图8-6 “7天”订单页面

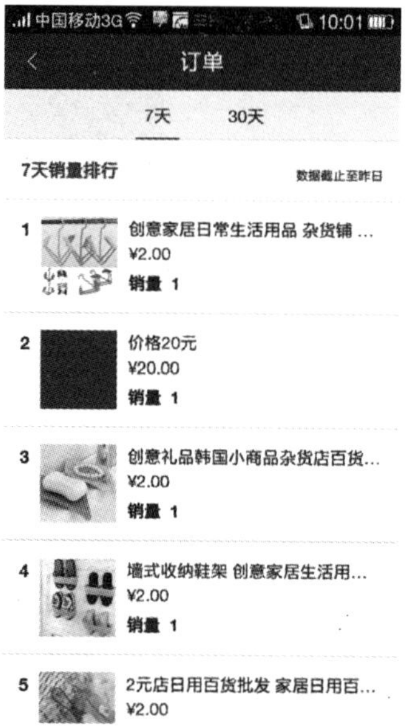

图8-7 7天销量排行

在“30天”订单页面中（见图8-8），店主可以直观地掌握店铺每月的订单成交量情况，还能清楚地知道这些订单来源于哪些渠道。在这些渠

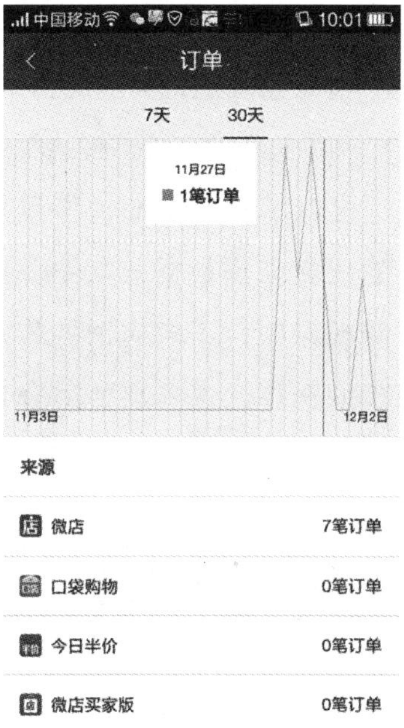

图 8-8 “30 天“订单页面

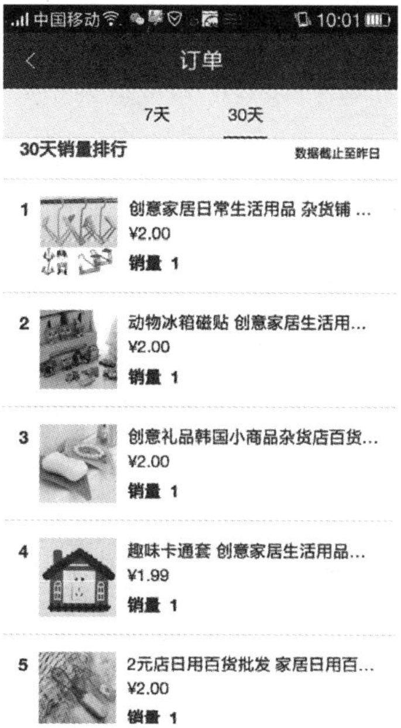

图 8-9 30 天销量排行

道中，哪个渠道推广效果最好。

再根据 30 天销量排行（见图 8-9），可以得知在这些订单中，哪款商品销量最好，它有什么特点，是因为物美价廉，还是因为在这段时间这是顾客最急需购买的东西，等等。

结合这些真实数据，店主可以从中分析店铺的订单成交率是逐渐上升还是逐渐下降的，订单成交率高的原因是什么，低的原因是什么。这样店主就能清楚地知道，通过什么样的渠道，可以获得什么样的营销效果。

8.2.4 金额

在微店的“统计”功能中，“金额”是一项比较重要的功能，它能直观反映出微店的运营成果。店主可以从“金额”页面了解店铺的销售金额以及成交来源。

在“7 天”金额页面中（见图 8-10），店主可以从成交金额数据图中轻松掌握店铺每周的销售情况。从图中显示出来的相关数据，可以了解到哪天店铺的销售金额最高，哪天店铺的销售金额最低。

再根据微店提供的成交来源数据，可以从中分析店铺销售额突然增高或降低的原因，据此可以及时调整营销方案，制定出对店铺有利的营销策略。

在“30 天”金额页面中（见图 8-11），店主可以充分掌握店铺每月的销售情况。从数据图中呈现的曲线高低，可以了解店铺的销售量是呈上升趋势还是逐渐下降。再根据微店提供的成交来源数据，从中分析出店铺某段时间销售额呈上升趋势或逐渐下降的原因，了解店铺的收入主要是从哪个渠道获得的，以便日后做出正确的选择，选择那些适合自己的营销渠道。

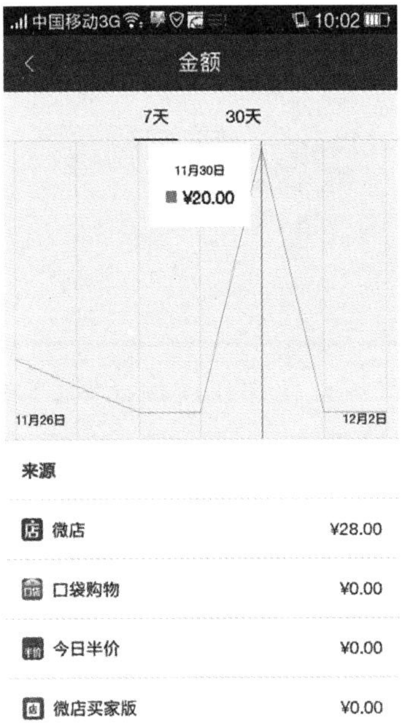

图 8-10 “7 天”金额页面

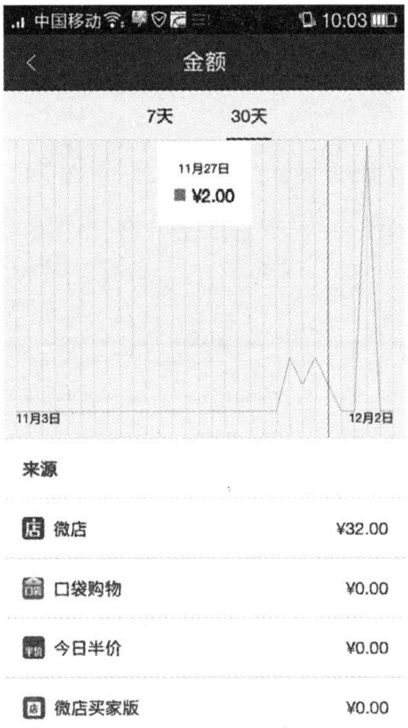

图 8-11 “30 天”金额页面

8.2.5 友情店铺统计

在营销功能中，有一个比较强大的推广功能叫“友情店铺”。具体来讲，就是店主可以通过与自己实力相当且无利益冲突的店铺合作，互加对方为好友。这样对方店铺的顾客在购买商品时，很有可能会看到自己的店铺。如果顾客对自己的店铺感兴趣，就会进入自己的店铺。看到有喜欢的商品，很可能会购买下来。为了检验其效果如何，以便日后做出正确、有效的调整，店主也需要对其进行统计以及数据分析。

在友情店铺统计页面中（见图 8–12），店主可以清楚地看到自己的顾客是哪家友情店铺带来的顾客，昨天这家店铺一共带来了多少顾客，累计为店铺带来了多少顾客。

从上面显示的真实数据，可以分析出店铺应该与什么样的店铺合作才能带来不错的客流量；与哪些类型的店铺合作不会有实际效果，以后就可避免与这样的店铺合作。

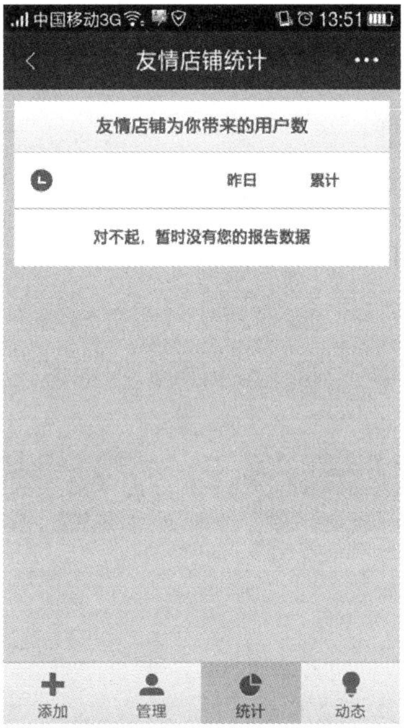

图 8–12 友情店铺统计

毕竟友情店铺数量有限，为了运营效果，店主只能添加那些能够为店铺带来流量的友情店铺。

8.2.6 分成推广报表

在营销功能中，“分成推广”是一个比较独特的功能，它是专门为店主发展分销商设置的一个推广功能。当店主设定好佣金比例后，如果有分销商为自己的店铺商品做推广，那么他们就能为店铺带来一定的客流量。

想要了解分销商为自己带来多少收入，可以通过“分成推广报表”进行分析。

在“分成推广报表”页面中（见图 8–13），店主可以从中了解自己累计支付了分销商多少佣金，分销商为店铺带来了多少收入。具体收入可以从推广成交金额中了解到。

只有顾客真正交易了，分销商才能获得相应的佣金，店铺才能获得收入，因此从分成推广报表中，可以分析出店铺内有多少收入是由分销商带来的，比重有多少。如果一半以上的销售额是由分销商带来的，那么店主就要考虑重点培养分销商。

8.2.7 店铺优惠券报表

在微店营销中，“店铺优惠券”是一个不错的功能。当店铺有促销需求时，可以使用“店铺优惠券”功能。店铺优惠券促销活动结束后，如果店主想要了解这次活动的营销情况，可以从店铺“优惠券报表”入手。

在店铺“优惠券报表”页面中，可以了解到优惠券领取和使用的情况。其中，在领取详情页面中（见图 8–14），店主可以清楚地了解到店铺总领

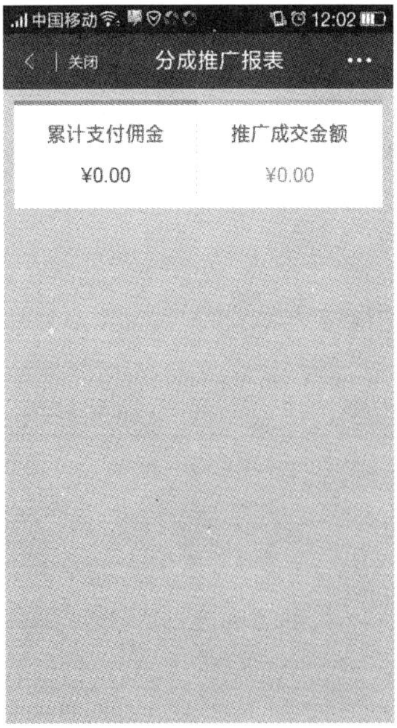

图 8–13 分成推广报表页面

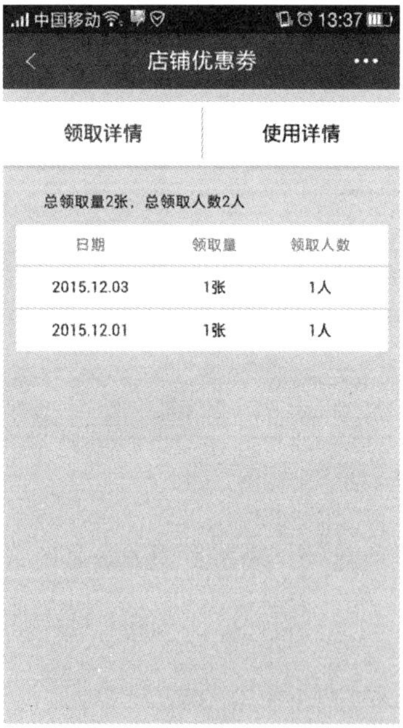

图 8–14 领取详情页面

取优惠券的数量以及领取人数，而且还能详细了解到具体哪天、有多少人领取了优惠券。这样就能初步判断出店铺优惠券活动吸引了多少顾客，哪天领取优惠券的顾客最多。分析一下其中的原因，日后做类似活动时，可以适当调整一下促销活动的开始日期或结束日期。

在优惠券使用详情页面中（见图 8–15），上面的数据是最真实的，因为只有顾客为喜爱的商品付款了，才会使用优惠券。在这个页面中，店主不仅可以了解到店铺优惠券的总使用数量和总使用人数，还能具体到某一天的使用量和使用人数。

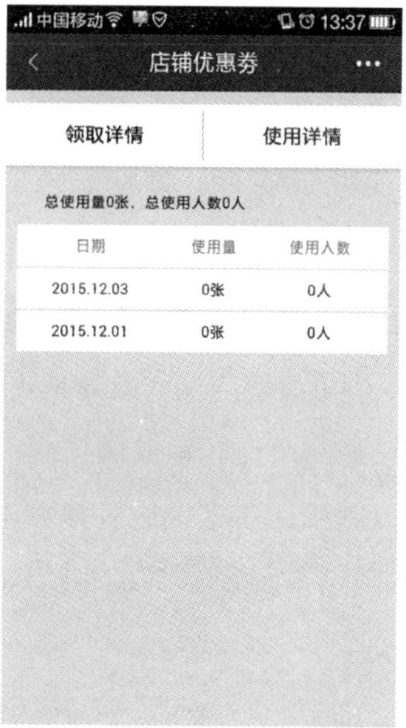

图 8–15 使用详情页面

从顾客使用优惠券的具体日期，可以分析出为什么店铺那天的优惠券使用率最高，是因为恰逢节假日还是周末，这样店主就知道什么时候开始优惠券促销活动能达到最佳效果。

8.3 如何评估微店运营效果

在微店运营过程中，推广商品和获取流量是店主必须要做好的事情。营销后的运营效果如何，店主必须定期、及时地进行评估。

虽说微店的运营效果是一个比较抽象的概念，并没有一个整齐划一的确切标准，但是店主可以利用微店提供的各种数据，掌握微店的销售额和市场占有率提升情况，从而正确评估微店的运营效果。

8.3.1 粉丝增加数量

在微店中，粉丝的多寡直接影响生意的兴旺程度，因此粉丝增加数量就成了评估微店营销效果的一个重要参考指标。

一般来说，粉丝数量最能体现一家店铺的知名度。店铺某段时间开展营销活动，其粉丝增加数量能体现店铺的运营效果。

营销活动结束后，微店的粉丝数量呈逐渐上升趋势，能充分说明微店的运营效果不错。反之，则说明微店的运营效果不佳。

8.3.2 商品转化率

在微店中，商品成交量是最能体现店铺一切营销活动的根本标准（见

图 8-16）。在微店营销活动中，如果店主能够掌握营销活动期间的商品点击率和商品销量，就能初步评估商品销量在商品点击率中所占的百分比，即商品转化率，它是反映店铺营销效果的最佳标准。

图 8-16 商品成交量

实际上，微店开展的一切营销活动，其目的都是促进商品销售。顾客完成交易，店铺就有了销量。商品销量的好坏，会直接影响顾客转化率的高低，店主进而就可以看出店铺营销工作做得好不好，以便及时调整营销策略，提高微店运营效果。

8.3.3 店铺点击率

虽然 100 个点击率与 150 个点击率相比没有多大的差异，但 100 个点击率与 1000 个点击率相比，其差异是非常明显的，因为量变会引起质变。

在微店经营过程中，微店的点击率有没有提升，提升的幅度有多大，都能体现出微店的运营效果。如果店铺某段时间点击率不高，说明店铺的营销工作没有做好，微店运营效果不佳，需要及时调整营销策略，转变局面。

反之，店铺的点击率有明显变化，呈增加趋势，则通常说明店主的营销工作做得很好，运营效果不错。

微店运营效果如何，店主可以从店铺点击率的多少来评估。店铺的点击率，店主可以从微店的“统计”功能中获得。

8.3.4 店铺收藏人数

在微店中，想知道微店的运营效果如何，也可以从店铺收藏人数来评估。只有顾客对店铺感兴趣，想要长期关注店铺的动态，才会收藏店铺（见图 8-17）。

中国移动
10:40
[redacted]特产
微信号：13[redacted]5
担保交易 七天退货 保证金保障
他的动态
上新与折扣(37)
v5 满30可用 领取
v8 满150可用 领取
大家好本店产品都是本地特产，纯天然绿色食品请大家放心购买！水果都是包邮价，快递是汇通或国通！因为是生鲜水果所以不接受退货哦，（偏远地区没包邮，请联系客服补邮费/新疆、西藏、青海、甘肃、
没包邮）也可加13605030985微信号联系客
亲们可以加我微信，本店会定期有惊喜活动推出，尝鲜
联系卖家
收藏（1819）
商品分类

图 8-17 店铺收藏数

由于顾客不能重复收藏店铺，因此店铺显示的收藏数据是真实的。通过店铺收藏数，店主不但可以从中看出店铺的受欢迎程度，还能从侧面反映微店的营销效果。一般来说，收藏人数越多，越能体现店铺的营销质量和运营效果。

8.3.5 顾客评价

在微店营销活动中，顾客对店铺的商品和服务是否满意，从顾客的商品评价中就能看出来（见图 8-18）。顾客是商品和服务的最终体验者，他们会通过文字描述来表达自己对店铺服务和商品最真实的看法和感受。

中国移动
11:06
商品评论
2015.12.02 13:11
非常好喝哦，而且卖家非常好！
2015.11.29 18:42
不错，闻了下味道
2015.11.23 18:19
东西很好！口感超级棒！好吃！
2015.11.15 10:26
还没有喝，先给个好评
2015.11.15 09:45
不错试试看
2015.11.13 12:20
包装很结实，包了好多层，卖家很用心，打开很浓的姜味很不错的，刚开始喝希望好孕
2015.11.11 16:08
朋友说挺好的，发货超级快，还以为要等很久，很给力，
2015.11.08 19:34

图 8-18 顾客评价

一般来说，顾客对商品和服务的评价越高，顾客的满意度就越高，这说明微店的运营效果不错。店主可以从宝贝详情页的商品评论中，了解顾客对商品的评价，这样就能大致评估出店铺的运营效果如何。

8.4 销售业绩评估

在微店中，销售业绩是体现店铺营销效果的重要评估指标之一。虽然销售业绩并不能作为评估微店营销效果的唯一标准，但店主可以从销售业绩的多个角度进行研究与分析，再结合其他数据，对店铺的营销效果做出最正确的判断，以便为店铺以后的发展制定出一套可行的营销方案。

8.4.1 总销售额

总销售额是反映微店整体效益的一项重要参考指标，它能帮助店主快速了解微店运营情况的大致走势，它的高低能直接反映出微店营销效果的好坏。

要想提高店铺的总销售额，店主需要及时跟进店铺的销售情况，用心观察与研究店铺总销售额的变化趋势，并制定相应的营销推广方案。

8.4.2 销售费用占比率

销售费用占比率是指营销推广所需费用与销售总额的比率。它的高低能充分反映出微店营销效果的好坏，在一定程度上也是评估销售业绩的重要指标。

在店铺销售量一定的条件下，如果销售成本很高，并不能说明店铺销售业绩就好。这种情况下，店主就需要及时改进营销方案，以免影响店铺的销售业绩。反之，如果店铺销售费用占比率较低，则说明店铺销售业绩不错。

正确计算销售费用占比率，店主才能较好地评估店铺的营销效果和运营效果。

8.4.3 商品销售率

商品销售率是指已出售的商品数量与商品总量的比率，它能够帮助店主了解在营销期间，店铺商品售出的实际情况。通过商品销售率，能够知道商品在这一阶段的销售情况以及库存情况，再比较投入和产出，就可以及时对店铺的投资比率做出调整。

当商品销售率较高时，店主需要及时补货、调货；反之，就要寻找问题的根源，及时采取相应的营销策略，提高商品销售率。

不难看出，商品销售率能够体现微店的营销效果，而商品销售率的高低将直接影响店铺的销售量。因此从商品销售率高低，店主就能评估出店铺的销售业绩如何。

8.4.4 附加率

附加率是指销售件数与销售单品的比例。它不但能帮助店主了解商品搭配销售的情况，还能了解顾客的消费心理。通过附加率，可以正确分析商品搭配销售是否合理。

如果附加率较低，就需要对搭配的商品进行调整，以提高附加率。可以说，附加率的高低，在一定程度上直接影响店铺的销售业绩。因此，通过评估附加率，在一定程度上能够评估出店铺的销售业绩如何。

8.4.5 平均单价

平均单价是指销售额与销售件数的比率。它能够帮助店主了解顾客的消费水平。同时，店主还可以据此及时调整自己的销售技巧。

与客单价一样，店主也需要对店铺内的商品进行适当调整。比如，店主可以将高于平均价的商品放在比较明显的位置，以吸引顾客的关注。如此一来，就可能提高销售高价商品的能力。

8.4.6 客单价

客单价是指销售额与交易次数的比率。通过它，店主可以找到目标顾客承受价格能力的范围，比较商品价格与顾客消费能力是否相符。如果不相符，就需要适当调整一下商品价格。可以将平均单价作为商品价位的参考依据，以此迎合顾客的需求，促进交易。

在店铺中，店主是否增加了以平均单价为主的商品数量；是否将高于平均单价的商品特殊陈列，设置为“店长推荐”；是否将低于平均单价的商品设置为“限时折扣”，吸引那些实用型的顾客。这些活动在一定程度上能左右营销的效果。

8.5 粉丝质量评估

移动互联网时代，粉丝经济蓬勃发展。只要拥有足够多的粉丝，店主便无须发愁商品卖不出去。但粉丝多并不代表店铺的顾客多，相反，拥有多少高质量的粉丝才是至关重要的。

在粉丝经济中，有一个“二八法则”：20% 的粉丝为企业创造 80% 的业绩。这说明不同的粉丝为店铺创造的价值是不同的。

要想知道店铺的运营销效果如何，店主必须正确评估粉丝质量。

8.5.1 僵尸粉丝

在微店中，有些顾客是被店铺开展的促销活动吸引过来的。他们进入店铺后，通常只是浏览一下商品，既没有与店主联系，也没有购买商品的意向，这种类型的顾客是店铺的“僵尸粉丝”。

虽然“僵尸粉丝”只是进店浏览商品，并没有购买商品，对店铺没有产生实质性的作用，但他们是被店铺采取的营销活动吸引过来的，这在一定程度上也能反映出店铺的营销效果。

顾客的访问量和浏览次数决定店铺的活跃度，尤其是顾客对店铺内某一商品的浏览次数，还能反映出该商品的受欢迎程度。

8.5.2 潜在粉丝

在微店中，有些顾客在浏览商品时，对某件商品比较感兴趣，为此还向店主做了简单的咨询，但最终他们却因为某种原因而没有将其购买下来，这种类型的顾客是店铺的“潜在粉丝”。

一般来说，潜在粉丝是有需求，有购买意向的。他们之所以没有付款，很可能是因为没有找到真正符合自己需求的商品，或者是其他原因，比如商品价格有些贵等。

如果店主与其沟通比较顺利，极有可能说服这类顾客下单。即使这类顾客这次没有下单，若日后有需求，也有可能会与店主达成交易。

这类粉丝是店主的潜在顾客，其数量的多少在一定程度上也能反映出微店的运营效果。如果店主想知道自己有多少这样的粉丝，可以在店铺的“订单”功能中查询，比如待付款订单的顾客、已关闭订单的顾客等。

也可以依据微店的“统计”功能，了解粉丝访客数量和浏览次数。从这些数据中，店主就能大致评估出店铺的潜在粉丝数量。

8.5.3 普通粉丝

在微店中，有些顾客可能是被店铺营销活动吸引过来的，也有可能是由“潜在粉丝”转化过来的，甚至有可能是顾客推荐过来的。不管这些顾客是以哪种形式转化过来的，他们都有一个共同的特点，就是在店铺中有过一次或两次以上的购买记录。这种类型的顾客是店铺的“普通粉丝”。想了解自己有多少这样的粉丝，可以通过店铺的“客户”功能查看。

在店铺的粉丝群中，如果普通粉丝所占比重较大，说明微店的营销效果不错。反之，则说明微店的营销效果不佳，店主需要及时调整营销方案，制定正确的营销策略。

由于普通粉丝有过购物体验，已经与店铺建立了良好的信任关系，为店铺创造了一定的价值，因此这类粉丝可以重点培养，努力和她们建立长久的合作关系。

只要店主多与这种类型的粉丝进行互动，“普通粉丝“也有可能发展成为店铺最忠实的顾客。想知道这类粉丝的数量，可以通过“客户”功能，根据顾客购买记录，大致评估出店铺拥有多少普通粉丝。

8.5.4 忠实粉丝

在微店中，有一部分顾客只要有需求，就会进入店铺购买商品。他们在店铺中已经有过多次购买记录，这种类型的顾客是店铺的“忠实粉丝”。对店铺来说，这种类型的顾客会经常光顾店铺，并时时关注店铺的最新动态。一旦店铺有新品上市，他们对其比较感兴趣，通常会毫不犹豫地购买下来。

不难看出，忠实粉丝的价值不可估量，他们是维持店铺正常运营的忠实支持者，同时还是店铺基本收入的提供者，甚至还会为店铺带来源源不断的顾客。他们带来的这些顾客有可能是潜在粉丝，也可能是普通粉丝，甚至也有可能发展成为店铺的忠实粉丝。

总之，忠实粉丝是店铺高质量的粉丝群体。这类粉丝数量的多少，最直接地体现了店铺的真实运营效果。也就是说，店主想要知道自己的微店是否赚钱了，就看自己拥有多少高质量的忠实粉丝。

想知道自己拥有多少忠实粉丝，可以通过“客户”功能，根据顾客购买记录，对顾客进行分类，准确评估出店铺的忠实粉丝数量。

8.6 投资回报率评估

在微店经营过程中，店主进行任何投资，都希望得到一个合理的回报，甚至是一个理想的回报，因为没有人愿意做亏本的生意。

如果店主想要评估自己的投资是否有价值，可以看微店的投资回报率。它不仅能反映店铺的盈利情况，还能从侧面反映出微店的运营效果，给店主提供一个货物采购和营销活动的参考依据。

8.6.1 以"%"表示投资回报率

想知道店铺是否盈利，可以通过投资回报率计算公式得出投资回报率，看看自己是赚是赔。投资回报率的计算公式是：

投资回报率 =（回报总额 – 投资总额）/ 投资总额 ×100%。

比如，在微店运营中，店主总共投资 10000 元，最后获得了 17000 元，那么投资回报率就是（17000–10000）/10000×100%=70%，投资回报率高达 70%。

通过投资回报率计算公式可以得出投资回报率。根据投资回报率，店主不仅能了解投资给店铺带来的收益，还能做出正确的预算分配。

比如，某个投资项目的投资回报率比其他投资项目高，店主就可以将更多的预算投资在这个效果比较理想的项目中，这样可以有效减少效果不佳的项目的支出。

8.6.2 根据投资类别分别计算投资回报率

实际上，店主投资的类型不同，其投资回报率也是不一样的。店主在计算投资回报率时，不能粗略地把它们放到一起计算总的投资回报率，而是要根据不同的投资类别分别计算，这样得出的投资回报率才是最准确的。比如童装和儿童玩具，这两项投资是不同的类别，店主需要分别计算它们的投资回报率。

另外，通过不同投资类别的投资回报率计算数据，店主还可以将它们的投资回报率进行对比，这样店主就能知道，在自己投资的项目中，哪个项目的投资回报率最高，哪项投资回报率最低，以便及时调整店铺投资方案，从而朝着对店铺有利的方向发展。

8.6.3 以“年”为周期衡量

投资回报率能体现投资对店铺收益产生的真实效果，因此被店主作为最重要的评估指标。

一般来说，衡量微店投资回报率的周期不能过长，也不能过短。如果周期太短，评估出来的店铺投资回报率容易产生误差，直接影响店铺投资回报率的准确性。比如，店铺上个月处于客流量高峰期，因此多卖了几件商品；这个月顾客需求量变少，因而少卖几件商品。这种偶然的变化，在短时间内很有可能会给投资回报率的结果带来很大影响。

如果周期太长，店主无法及时对微店的投资回报率作出评估。一旦店铺的运营方向有问题，因为调整不够及时，可能导致店铺出现亏损。因此，要想正确评估微店的投资回报率，可以以“年”作为计算投资回报率的基础单位。

8.6.4 以转化率来衡量

要想了解店铺的投资回报率，可以根据店铺的各种转化率来衡量。

一般来说，店主想要了解店铺的转化率情况，可以利用微店各项功能提供的数据来分析，比如店铺收藏指数、订单成交量、分成推广等。

当然，如果店主开通了口袋购物直通车，也可以根据它提供的转化率数据报表，确定口袋直通车推广的转化率。微店的各项转化率较高，店铺的投资回报率自然也就越高。